《南京稀见文献丛刊》

已出书目

《六朝事迹编类·六朝通鉴博议》 （宋）张敦颐 （宋）李焘　定价：32.00 元

《洪武京城图志·金陵古今图考》 （明）礼部 （明）陈沂　定价：15.00 元

《金陵琐事·续金陵琐事·二续金陵琐事》 （明）周晖　定价：47.00 元

《金陵世纪·金陵选胜·金陵览古》 （明）陈沂 （明）孙应岳 （清）余宾硕

定价：44.00 元

《客座赘语》 （明）顾起元　定价：42.00 元

《留都见闻录·金陵待征录》 （明）吴应箕 （清）金鳌　定价：24.00 元

《板桥杂记·续板桥杂记·板桥杂记补》 （明末清初）余怀 （清）珠泉居士

（清末民初）金嗣芬　定价：25.00 元

《白下琐言》 （清）甘熙　定价：26.00 元

《盋山志》 （清）顾云　定价：19.00 元

《秣陵集》 （清）陈文述　定价：39.00 元

《随园食单·白门食谱·冶城蔬谱·续冶城蔬谱》 （清）袁枚 （民国）张通之

（清末民初）龚乃保 （民国）王孝煃　定价：24.00 元

《金陵琐志九种》 （清末民初）陈作霖 （民国）陈诒绂　定价：90.00 元

《运渎桥道小志》 （清末民初）陈作霖

《凤麓小志》 （清末民初）陈作霖

《东城志略》 （清末民初）陈作霖

《金陵物产风土志》 （清末民初）陈作霖

《南朝佛寺志》 (清末民初)孙文川　陈作霖

《炳烛里谈》 (清末民初)陈作霖

《钟南淮北区域志》 (民国)陈诒绂

《石城山志》 (民国)陈诒绂

《金陵园墅志》 (民国)陈诒绂

《金陵岁时记·岁华忆语》 (民国)潘宗鼎 (民国)夏仁虎　定价:13.00 元

《秦淮志》 (民国)夏仁虎　定价:15.00 元

《明孝陵志》 (民国)王焕镳　定价:27.00 元

《金陵大报恩寺塔志》 (民国)张惠衣　定价:23.00 元

《首都计划》 (民国)国都设计技术专员办事处　定价:40.00元

《总理陵园管理委员会报告》 (民国)总理陵园管理委员会　定价:138.00 元

《总理奉安实录》 (民国)总理奉安专刊编纂委员会　定价:60.00 元

《陷京三月记》 (民国)蒋公穀著　定价:13.00 元

南京稀见文献丛刊

秣陵集

（清）陈文述 撰

管军波
欧阳摩一 点校

南京出版社

《南京稀见文献丛刊》学术顾问

《南京稀见文献丛刊》编委会

总　序

南京是我国著名的七大古都之一，又是国务院首批公布的24座历史文化名城之一。有将近2500年的建城史，1700年的建都史，号称“六朝古都”、“十朝故都”。南京的地方文献是中华历史文化资源的一个重要组成部分，是研究我国政治、经济、军事、文化和民风民俗的重要资料。按照南京市委、市政府以科学发展观统领全局的要求，配合经济发展与城市建设，深度挖掘历史文化资源，做好历史文献整理出版工作，不仅有利于传承、弘扬南京历史文化，提升南京品位，扩大南京知名度，也有利于当前的物质文明、精神文明、政治文明和社会文明建设。

长期以来，南京地方文献还没有系统地整理出版过，大量的南京珍贵文献散落在全国各地的图书馆和民间。许多珍贵的南京文献被束之高阁，无人问津，有的随着岁月的流逝而湮没无闻。广大读者想要查找阅读这些散见的地方文献，费时费力，十分不便。为开发和利用好这一祖先留给我们的文化瑰宝，充分发挥其资治、存史、教化、育人功能，南京出版社联合相关部门和单位组成丛书编委会，组织了一批相关专家和人员，致力于搜集整理出版南京历史上稀有的、珍贵的经典文献，并把《南京稀见文献丛刊》精心打造成古都南京的文化品牌和特色名片。为此，我们在内容定位上是全方位、多视角地展示南京文化的深层内涵和丰富魅力；在读者定位上是广大知识分子、各级党政干部以及具有中等以上文化程度的人；在价值定位上，丛书兼顾学术研究、知识普及这两者的价值。这套丛书的版本力求是国内最早最好的版本，点校者力求是南京地方文化方面的专家学者，在装帧设计印刷上也力求高质量。

总之，我们力图通过这套丛书的出版，扩大稀见文献的流传范围，让更多的读者能够阅读到这些文献；增加稀见文献的存世数量，保存稀见文献；提升稀见文献的地位，突显稀见文献所具有的正史史料所没有的价值。

《南京稀见文献丛刊》编委会

导读

《秣陵集》又名《金陵历代名胜志》，清朝陈文述撰，六卷附二卷。

陈文述(1771～1843,《艺林年鉴》作1771～1844)，原名文杰，字云伯，号退庵、颐道居士，名其所居为“香禅花隐之庐”。浙江钱塘(今杭州)人，嘉庆五年(1800)举人。历知江都、昭文、全椒等县。工诗文，亦善画。诗学吴伟业、钱谦益等，博雅绮丽，然亦贪多，仅自行刊印者即有万余首。又仿效袁枚，广收女弟子。曾促成修复金陵张丽华祠墓。著有《碧城仙馆诗钞》、《颐道堂集》、《西泠怀古集》等。道光七年(1827)著《画林新咏》成书。卒年七十三(一作七十四)。

嘉庆二十四年(1819)秋，陈文述因公来金陵，“往返匝月”。其间，他“昼览江山，宵咏花月，剪灯命酒，泼墨题襟，得诗三百余篇，皆登临山水，咏怀古迹，表章忠烈，分别贤奸之作。吞花卧酒亦间及之，并考订地舆，证其谬误”。陈氏承袭康熙中余宾硕《金陵览古》的诗文相辅体例，以所作题咏历代名胜古迹之诗300余首为主体，博稽载籍，附以与该史迹、人物有关的资料及考证文字，按年代先后排列，编成此集。因金陵古称秣陵，故名《秣陵集》。书前附有《金陵历代纪年事表》、《金陵图考》各1卷。

该书版本有：道光三年(1823)刊本，光绪十年(1884)淮南书局刊本，民国十七年(1928)上海扫叶山房石印道光刊本，民国二十二年(1933)南京翰文书店铅印本。

自古以《秣陵集》为书名者，另有三部：明欧大任撰《秣陵集》八卷，清刊本、抄本；清陈鹏年撰《秣陵集》二卷，康熙刊本；清陈鹏年撰《秣陵集》六卷，光绪十年(1884)淮南书局刊本。此《秣陵集》非彼《秣陵集》也。

《秣陵集》目录，原分见于每卷之前。此次出版，将其集中置于书前。

本书《序》四、《自叙》一、《跋》一，各版本次序不一。此次出版，四《序》按时间先后排列，其后为《自叙》和《跋》。

"附录"有二，一为《金陵历代纪年事表》，起于东汉建安二年(197年)孙策受封为吴侯，终于清顺治二年(1645)南明弘光政权结束。二为《金陵图考》(按：此名为点校者所加)，始于春秋，迄于清代，大多摘引于明代陈沂所撰《金陵古今图考》一书。只是《金陵古今图考》有图十六幅、文十六篇，而《金陵图考》摘引其图十三幅、文十三篇，另加一幅《国朝省城图》及《国朝省城图考》，介绍清代南京城的承袭及变化，共为图十四幅，文十四篇。《金陵图考》引用《金陵古今图考》之图为：《吴越楚地图》、《秦秣陵县图》、《汉丹阳郡图》、《孙吴都建业图》、《东晋都建康图》、《南朝都建康图》、《隋蒋州图》、《唐升州图》、《南唐江宁府图》、《宋建康图》、《元集庆路图》、《明都城图》、《历代互见图》，而缺《应天府境方括图》、《境内诸山图》、《境内诸水图》三幅；《金陵图考》摘引其考证文字十三篇，多全文引用，惟《明都城图考》只摘录前半段叙述内城、外城文字，而对介绍皇城、衙门等文字，则未摘录。除《国朝省城图考》外，其余十三篇摘引《金陵古今图考》的文字，皆在每篇文后加或长或短的“按语”，为陈云伯先生对金陵舆地考证、辨误之心得。

正文可分文、诗两部分，对金陵（今南京）的古迹名胜，均以一文一诗或数首诗来表述。本书条目计295条，涉及金陵古迹、人物近300个，诗300余首。

其文又大致分为人物事迹、遗迹考述两部分。这两部分，或人物事迹在前，遗迹考述在后。或反之。并无定规。人物事迹在前、遗迹考述在后者如《萧思话弹琴石》、《宋光禄大夫颜延之墓》、《半山报宁寺是王安石故宅》、《明道先生祠》等；遗迹考述在前、人物事迹在后者如《招隐馆》、《宋征南大将军江州刺史檀道济旧宅》、《景公祠》等。另有纯遗迹考述者如《瓦官寺寻杜少陵旧游处》、《高适曾镇金陵集中无诗咏之以存其概》、《杨吴三门》等。

书中摘引有关金陵古迹和人物的资料甚多。所引史籍有《三国志》、《晋书》、《南史》、《南齐书》、《新唐书》、《南唐书》、《宋史》、《元史》、《明史》等正史及清赵翼《陔余丛考》等；所引地志、笔记、诗文有《丹阳记》、《建康实录》、《太平御览》、《舆地志》、景定《建康志》、至正《金陵新志》、明嘉靖《南畿志》、万历《应天府志》、《晋记》、《搜神记》、《金陵杂咏》、《襄阳记》、《过后湖记》、《焦氏笔乘》、《客座赘语》、《白下余谈》、《续齐谐记》、《乐府诗集》、《吴都赋》、《乐苑》等。

但陈氏不仅采引古籍，且在文末臧否人物，纵论是非，并对该古迹名胜的地址及变迁作记述和考证。如“晋平西将军周孝侯读书处”，在文末对周处及“周处读书处”评论、考述道：“处策马观戎，艰难百战，殉节于行阵之间，其死可谓烈矣！然仕吴职兼文武，列阶卿贰，以孙氏四世之泽，岂无可与共殉国难者！不死于吴而死于晋，是可惜也！作俑入洛者，不能不归咎‘二陆’矣！台在南门外饮虹桥东，抵城接赤石矶。徐温筑城时，犹全。明初开拓城垣，遂劈其半于城外。今城内半阜有小庵，建台以存古迹。”

《礼贤馆吊宋文宪公濂》诗前摘录介绍宋濂生平事迹，其后议论云：“夫濂之品学，高祖知之稔矣；其不为惟庸党，亦可信矣。因后人疑似之罪，辄欲加元辅以大戮，虽以中宫茹斋，储贰堕水，犹令窜谪以死，不少宽假，考之列朝开国诸臣之不幸，未有如明者，太祖真少恩哉！”

本集之诗，分五绝、五言、七绝、七言、古风等，以七律为多。除陈氏自作诗外，还附有其他诗人对同一古迹的咏怀之诗。如“青溪小姑祠”、“西浦是杜兰香遇张硕处”等遗迹，即附有“钱塘女史”汪端和陈华娵的诗作。

陈氏抒思古之幽情，发兴亡之慨叹，指点江山，评论古今，直抒胸臆，词气慷慨，情意深切，多有佳作。如《娄湖苑是孙吴辅吴将军张昭旧居》:“东吴张子布,忠蹇有高名。交谊同公瑾,盟心比孔明。著书人未老,罢酒气难平。欲访娄湖苑,苍茫白下城。”《三山是晋龙骧将军王濬平吴驻师处》:“万里楼船下益州,龙骧威望冠中流。乘风帆影横天堑,破竹军声指石头。战伐已收三国势,江山渐起六朝愁。当年浑濬争功处,剩有遥青几点浮。”《水西门访赏心亭并吊张丽华墓》:“中桥遗址水泠泠,惆怅青溪一曲青。结绮阁中吟窈窕,红粱梦里见娉婷。景阳草长迷眢井,玉树花残吊后庭。欲访丽华埋骨处,更无人识赏心亭。”

《秣陵集》引用史料校勘未精,讹误较多(笔者另有专文考析),如:

《汉丹阳郡图考》:“元符二年”、“《吴苑记》”二处,据景定《建康志》等史志,应为“元封二年”、“《宫苑记》”。

《东晋都建康图考》:“宫城正南曰大司马门,北昌平门……”,据相关史志记载,“昌平门”应为“平昌门”。

卷一《晋平原内史陆机宅》:“豫诛贾谥功,赐爵关内侯。”“贾谥”应为“贾谧”。(《晋书》卷五十四)

《晋平西将军周孝侯读书台》:“仕吴,为东观右丞……吴平,入洛,迁新兴太守……转汉广太守,以母老罢归。”此三官职分别应为“东观左丞”、“新平太守”、“广汉太守”。(《晋书》卷五十八)

卷二《白石垒是晋征西将军陶侃讨苏峻监军李根所筑》:“将还江陵,为王敦所留,将杀之,俄而意解,左转广州……平南将军温峤要侃向赴朝廷，推为盟主……加都督吏、广、宁七州军事……后将军郭默矫诏袭杀平南将军刘清，辄领江州。”“广州”、“向赴朝廷”、“都督吏”、“刘清”分别应为“广州刺史”、“同赴朝廷”、“都督交”、“刘胤”。（《晋书》卷六十六）

《晋丞相王文献公导墓》：“导字茂宏，光禄大夫凭之孙。”“咸和五年薨，年六十四。”“凭”、“咸和”分别应为“览”、“咸康”。（《晋书》卷六十五）

《晋广州刺史吴隐之故居》：“城破陷贼，循表朝廷，以隐之党桓温，宜加裁戮，诏不许。”“桓温”应为“桓玄”。（《晋书》卷九十）

《晋元帝庙》：“六月，司空、并州刺史刘琨、幽州刺史段匹碑等百八十人上书劝进……四年，改元永兴……本纪以《元石图》‘牛继马后’，谓恭王妃夏后氏通小吏而生元帝。”“段匹碑”、“改元永兴”、“夏后氏”分别应为“段匹磾”、“改元永昌”、“夏侯氏”。（《晋书》帝纪第六）

卷三《萧思话弹琴石》：“平司马朗之乱，为南秦二州刺史，走杨难当。平汉中，置戍葭萌，荐官至中书令……”其中二句应为“为梁、南秦二州刺史”、“置戍葭萌水”。（《南史》卷十八）

《摄山栖霞寺是齐处士明僧绍故居》：“魏剋淮南，乃渡江。”此处“淮南”应为“淮北”。（《南史》卷五十）

《周氏草堂访周彦伦隐处》：“问：‘精信佛法何如何允？’”“何允”应为“何胤”。（《南齐书》卷四十一）

《梦笔驿》:"建元置史官,与檀起共掌其任。""檀起"应为"檀超"。(《南史》卷五十九)

卷四《徐勉宅》:"普通末,武帝赐后宫《吴声》、《西女》各一部。""《西女》"应为"《西曲》"。(《南史》卷六十)

《沈约郊园》:"卒,谥曰隐。初,谥曰文武……""谥曰文武"应为"谥曰文"。(《南史》卷五十七)

《青塘吊梁散骑常侍赠护军将军韦忠贞公粲》:"粲以右卫率、领直,出为衡州刺史,召为散骑常侍。""右卫率"应为"左卫率"。(《南史》卷五十八)

《烈山吊梁湘州刺史王琳战场》:"故吏朱场致书徐陵,求其首,瘗八公山侧。茅智胜等密送丧柩达于建邺。""朱场"、"达于建邺"应为"朱玚"、"达于邺"。(《南史》卷六十四)

卷五《访南唐昭惠后周娥皇懿陵》:"后主自制诔刻之石,与后所爱烧槽金屑琵琶同葬。""烧槽"应为"檀槽"。(《十国春秋·南唐后主昭惠周后传》)

《三宿岩访南宋右仆射虞允文题名》:"允文求去益力,授四川按察使,卒于任。""四川按察使"应为"四川宣抚使"。(《宋史》卷三百八十三)

卷六《天界寺吊王忠文公祎并题遗集后》:"正统中,改谥忠文。人化中,建祠祀之。""人化"应为"成化"。(《明史》卷二百八十九)

《岐阳武靖王李文忠》:"洪武二年,代常遇春为副将出塞者七,获元顺帝孙及后妃、宫主、诸王、将相数万人,及宋元玉

玺、玉册、镇圭……”“数万人”应为“数百人”。(《明史》卷一百二十六)

其诗校核较好,但也有缺失之处。如《石头城吊宋司徒袁粲》诗末:“……宋室忠臣有君在,史家立传昭定评。至今吊古说遗事,宁为粲死毋渊生。君不见石头城……”“石头城”三字后疑缺。

以上诸讹误,此次点校一并校正过来。本书成书虽为急就,所引史料校勘未精,但内容丰富,诗文并茂,举凡自东吴至清初的金陵古迹、人物,均有介绍、考证、吟咏,对研究南京地方史志,对我们今天的文化建设和文物遗迹保护,仍具有重要的参考价值。

本文在写作过程中,参阅了俞剑华《中国美术家人名大辞典》、杨永泉《南京文献综合目录》、方长啸文及本书《序》、《跋》等资料,谨此致谢。

欧阳摩一　管军波

2008 年 12 月 28 日

目　录

卷　一

卷　二

卷　三

卷　四

卷　五

卷　六

序　一

钱唐陈云伯先生，在京师刻其才藻之作，为《碧城仙馆诗钞》；及官江左，刻其纪事怀人考古明道之作，为《颐道堂文钞》及《诗选》。先生既慨名场，宦海之巉岩崄巇，躁进适以致败也，改字曰“退庵”。而读其书者，咸称“颐道先生”，盖敛才华于朴实矣。先生之改官江左也，江以南言文章者，莫不宗之。金陵为制府驻节地，所遭大吏，或不及知，或不惬心于先生，或不为先生所心折，故试吏十四年，而牛首、楱霞，屐齿未至。今年秋，以公事至白下，既登览其山川，又凭吊古人之遗迹，往返匝月，为诗数百篇，多卓然可传之作。忠邪之辨，兴衰之故，尤三致意。于张悌、郭璞、卞壶、桓彝、袁粲、韦粲、王琳、孙晟、刘仁赡、皇甫晖、杨邦乂、福寿、花云、方孝孺、景清、黄观、卓敬，则表章其忠烈；于王浚、王导、陶侃、羊侃、王僧辩、曹彬诸人，则美其功，而未尝不论其失；宫闱则潘玉儿、张丽华、孔贵嫔、南唐净德院宫人、黄观妻、方孝孺女，许其贞烈；山林则葛洪、刘瓛、雷次宗、陶宏景①、明僧绍，称其高尚；达摩、云光、宝志之所栖托，王昌龄、冷朝阳之居处，李白、杜

① 陶宏景：即陶弘景。

甫、高适、苏轼之所游览，咸寻绎而歌咏之。有经义焉，有史裁焉，洋洋乎，诚诗家之大观也！夫山川之美，因人而彰；先哲之前言往行，有待后人之扬诩也。金陵历六朝，至今二千余年，中间不乏作者，而才不称题，事不证古，传者鲜焉。兹集于先生，辟邓林之旁枝，荣河之别派也，而丹青人物、藻绘山水也。如此，且冠以图，加以考，综以表，汇以纪事，俾鼓白门之棹者，一开卷而得之，则岂非金陵为东南之巨观，而兹文又为金陵之巨制也乎！均从先生游也久，知之也深，既为校录，并综其大略叙之，俾读是集者，得所指归焉。

嘉庆己卯十一月嘉善李裕均拜序于吴门桂叶书堂。

序　二

余家居茂苑，壤接秣陵。双桨寻秋，一筇选夕。徘徊邀笛之步，流连听筝之堂。访旧院之莺花，吊故宫之燕麦。云山满目，霜露惊心，亦复古愁郁生，吟趣闲触，而尘事牵溷，意绪乖方。愧乏倚马之才，殊少探骊之作。颐道先生，南屏梦禅，西溪渔隐，湖渌涤笔，山翠拥襟。旅食春华，京邑最久；壮游秋气，边徼为多。凤阙龙楼之地，紫濛白霫之区。拟骆宾王帝京之篇，追李君虞关塞之作。羁宦江表，侨寓苏台，录风土于吴趋，考山川于越绝。歌楼持钵，禅榻吹箫。咏山塘七里之花，听水阁昨宵之雨。可谓风云气盛，兼多花月闲愁，儿女情深，不改英雄本色者已。偶因羁宦，来游旧都。揽蒋阜之烟霞，醉秦淮之花月。龙蟠虎踞，尚论三国之人才；燕语莺啼，旁及六朝之佳丽。综二千年之轶事，继三百篇之正声。厥制可谓茂矣，览者能无感乎！夫以天堑所限，王气屡钟，吴王铸剑之池，楚国埋金之路，青龙之舰教战，赤乌之碑纪功。征帆东指，壁祓军门，迎担南来，樽开幕府。台城宫殿，齐梁之废基；钟山云树，陈隋之旧垒。元武湖空，旌旗日落，景阳钟动，楼阁灰飞。嘶石马于松楸，卧铜驼于荆棘，已足唏嘘浩劫、絫息雄图矣！加以半壁江山，中原人物，怆怀天阙，雪涕新亭。谢安石别墅围棋，淮淝告捷；祖士稚中流击楫，关洛归心。温峤成陶侃之功，郭璞死王敦之难。孤城寂寞，畴问桓彝；遗冢萧条，客悲卞壸。夜筑白石之垒，晓立青塘之营。袁粲，宋室忠臣；孙晟，唐家宰相。以及彦卿搏床，陈乔撤榻，莫不手扶日月，气壮山河。悼神州之陆沈，识忠臣于板荡。至若六宫赠绶，九子飘铃；彼歌玉树之声，此艳金莲之步。保仪掌书，宫人入道，娥皇制曲，小妹提鞋，亦各绝丽殊，尤专房倾国。而烽火晨惊，钗钿夕委。水咽青溪之栅，花谢红罗之亭。寿阳妆冷，通替棺埋。谁歌桃叶之迎来，空羡兰香之仙去。则又辱井洗红，鉴春波而起怨；舞衣惨碧，聆秋唱而凄魂者焉。亦有内史麾扇，散骑弹琴。恺之作画，尚有层楼；文通梦花，仅余荒驿。茅亭药院，王昌龄之故居；乌榜白门，冷朝阳之旧宅。李供奉脱裘换酒，百年三万六千场；杜司勋蜡屐寻诗，南朝四百八十寺。又或稚川神仙，著书抱朴；华阳宰相，卧阁听松。郭文举倚树之台，阮孝绪求参之谷。篱门旧居，辄思何点；檀桥老屋，尚识刘瓛。萝月仄暝松，飙荡秋风；流式存霞，想斯结斯。又白云在霄，肖其高致；明星堕地，振其朗吟矣。若其慧契禅宗，默参净业，折芦憩达摩之洞，雨花礼云光之台。龙女献泉，金轮造像。设重云之会，舍同泰之身。谈经灵谷，昙隐卓锡而来；说法华林，宝志留谶而去。风旛不动，烟磬长圆。是又瓦棺出地，曾听经声；宝塔凌霄，难消兵劫者乎。今夫山水方滋，所期得助，简册既邈，有待阐幽。其或学逊左思，作吴都之赋，才输谢朓，咏东山之诗作矣。弗美，美矣；弗备，未免。慨胜迹之长湮，黯旧京之无色。先生胸罗丘锦，手染班香，模范山水，裁为篇章，啸傲林泉，加之图绘，兴怀觞咏。仿永和会稽之游，旷论古今；括景定建康之志，洵史家之外乘，抑诗国之辨才矣！更有请者，先生雅志鸿骞，清标蝉蜕。石门慕高凤之居，草堂续卢鸿之志。异日者，卜宅陶谷，营园谢墩，花放梅湖，树栽松岘。筑张昭之湖苑，赋沈约之郊居。萧寺题碑，摄山采药；落星高岩，蓬池招饮；江潭旧苑，昌谷赋诗。赏心亭上，愿陪东坡之俊游；建康军中，请侍南轩之讲席。谨叙。

道光二年九月长洲后学王嘉禄序于广陵琼花观之无双亭。

序　三

余侨寓金陵之陶谷，在清凉山麓，相传是华阳隐君旧居。陈君曼生为余书“青峰草堂”额，云伯并为余营“松风阁”。余以暇日，棲息于此。风日清美，辄与二三同志登览凭吊。六朝以来，层楼阙殿，半为僧寮酒肆。王侯将相，才士美人，荒冢残碑，历历可数。暮烟斜日，怅惋者久之。今年客南阳，君以《秣陵集》见寄。自春秋以逮胜国，莫不叙其缘起，加之考订，参以论断，题咏而赞叹之，凡三百余篇。余惟秣陵诗人，自唐王昌龄、冷朝阳外，不多见。流寓诸贤，则李白《凤凰台》《落星石》诸篇外，亦鲜名作。国朝乾隆中，蒋心余太史侨寓鸡鸣山麓，署“红雪楼”；袁简斋大令营“随园”小仓山下。均以诗名海内，所咏金陵古迹，不过数篇，绝无考证。王葑亭《金陵杂咏》，诗富矣，考之亦未详。君游兹地，不过旬日，且出簿书鞅掌之余，而所作之该博闳丽，乃如是。美矣，备矣，蔑以加矣！洵诗乘之巨观，名山之绝业矣！去陶谷二里许，为谢公墩，是安石与羲之登览处。太白游金陵，尝欲营园其上。君尝独游于此，悦其幽旷，思卜居焉。此志倘遂，余当东归，与君沽白门之酒，泛青溪之棹，驱染烟墨，吟啸云树。陶谷有古梅，齐梁物也，花开作旃檀味。新雪初霁，残月在林，唤秦淮美人吹笛，暗香疏影中择卷中诗，次第歌之，当不让王谢诸贤，独擅晋人风味也。书以复君并为之叙。

道光二年九月仁和钱杜书于汉上寓庐。

序 四

高青邱有《姑苏杂咏》。而于金陵，惟“白下有山皆绕郭”一语。谢肇淛《五杂俎》地部引之。夫潮打空城，出围故国，昔贤探骊之作，后无闻焉。盖以东门西户之形势，左山右湖之标置，外以长淮为襟带，内以大江为藩篱，六代相承，二百余载，自非兴亡事迹，罗列胸中，安能山水英灵，铩攗腕底也哉！《秣陵集》者，云伯先生览古之所著也。先生画地成图，升高能赋，青灯论史，浊酒谈诗，雅兴飙流，逸情云上。望云礼岱，曾订玉检金绳之文；出塞游滦，并多紫濛白霫之作。其来金陵不过浃旬，凡山川之丽崎，郡邑之沿革，宫观之驳娑，林亭之幽邃，人民城郭之隐赈，风土物产之异尚，靡不口吟手画，目谍思存，洵艺圃之新闻，词林之佳构矣。予惟孟坚志《地理》、道元注《水经》，往往借证风诗，按图吻合。宋叶石林居留日，尝命诸邑官能文者，搜访古迹制《图经》，主上元簿林迈考最详，多以王荆公诗引证，号《上元古迹》，后史志道修《建康志》，为助良多。故知登眺之篇什，抑掌故之权舆也。金陵自陈彭年《江南录》、张敦颐《六朝事迹》、景定《建康志》外，则有王士点禁扁所引《建康宫阙簿》、《金陵志》诸书，已不概见。明周吉甫、焦弱侯、朱元介、顾文庄诸公，搜罗考核，巨细必登，彬彬乎、郁郁乎，可谓盛矣！然板桥作记，只是东京梦华、秦淮本事，既非南渡续志，风骚之旨无与，外乘之例亦乖。又若分钟隐为二人，误“芧”、“茅”为一字，注玉溪者不知景阳之井，正胡误者反昧白下之门。几乎我屋公墩，难分王谢；黄肠丹穴，莫辨梁陈。先生荳管琼花，来寻玉树，流连画舫，觞咏青溪。相与觅思话弹琴之石，过桓伊邀笛之步。酒酣耳热，说龙蟠虎踞之规模；纸醉金迷，写粉汰脂妖之情状。诗符三百余首，事萃二千余年。至于才藻之繁富，声调之沈雄，则太白凤台一律，犹嫌貌袭；文潜月堂数语，逊此襟灵。嘉福捧袂周旋，题襟宴集。获预敦槃之末，侧闻金玉之音。花风四吹，薇露三盥，敬达喤引，聊申瓣香。欲起昌黎八代之衰，愧非元晏三都之序云尔。

道光三年二月长洲后学王嘉福拜书于青溪小毗卢精舍。

自　叙

金陵于《禹贡》为扬州之域。旧说春秋时，进退吴楚之间。考《左传》：鲁襄公三年，楚子重伐吴，克鸠兹，至于衡山。鸠兹，今芜湖；衡山，今江宁、上元、溧水境之横山也。悬军深入，始及边鄙，则吴地而非楚地可知。勾践灭吴，于此筑城以谋楚，今长干里之越城是其遗址。楚人灭越，埋金以厌王气，爰有金陵之名。《江表传》以为楚武王，《寰宇记》以为楚威王，以《史记·越世家》证之，则威王为可信矣。《甘茂传》：范蜎言楚南塞厉门，而郡江东。是楚置金陵邑，属江东郡也。秦并天下，置三十六郡，属会稽。始皇东巡江淮，既凿曲阿以通江，又凿方山以通淮，并改金陵为秣陵。而项羽数败，乌江亭长曰：江东虽小，地方千里。犹举楚故郡名言之。秦汉之际，又分会稽为鄣郡，汉为丹阳郡。汉时，扬州治寿春。汉末，袁术据寿春，徙扬州治于金陵。孙策渡江，刘繇徙居曲阿，金陵遂为孙氏所有。建安十六年，孙权徙治秣陵；明年，城石头，改秣陵为建业，遂徙都焉。晋武帝太康元年，平吴，改建业为秣陵。元帝渡江，是为东晋。宋齐梁陈，递相篡夺。隋平江南，城郭宫室，悉皆荡平，别建蒋州于石头。唐初废郡，以江宁县隶润州，屡更其名。后置扬州，更名蒋州。又置江宁郡，改昇州。杨吴时，为金陵府，更建城郭。南唐名江宁府。宋初为昇州，寻为江宁府。建炎三年，改名建康。元初，为建康路。天历二年，以文宗潜邸，改名集庆路。明初，为应天府。式廓旧基，外门十七，内门九，凡九十余里。成祖北迁后，遂为留都。入国朝为江宁府，上元、江宁二县隶焉。计自春秋至今，二千余年，八为国都。其间，帝王之所缔造，将相之所经营，奸雄之所觊觎，忠臣义士之所慷慨而奋发，以及文人词客之所登览，艳妃佚女之所藻饰，名儒隐君高僧之所栖托，咸于是乎。在闲，尝升高而望，山则钟阜、天阙、卢龙、落星、鸡笼、覆舟之属，蜿蜒而绵亘；水则秦淮、青溪、运渎、潮沟、城濠、御河，绮交脉注，而大江虹贯于其外；遗址则台城、石头、东府、官司之署，苑囿之娱，篱门之卫，侨置之乡邑，星罗棋布，咸使人流连凭吊，想见当日之壮丽，诚东南一大都会也！仆羁官江左十有四年，兹以于役始遂游览，深惟《图经》芒昧有乖，文献人物湮塞，未尽扬诩，乃博稽载籍，形为咏歌，证其谬误，加以论断，匪曰辞章，抑史论之亚也。昔少陵有咏怀古迹之作，香山有《秦中吟》，东坡有《凤翔八观诗》，不揣梼昧，窃附斯义，俾后之览者，有所寻绎云尔。

嘉庆己卯八月钱塘颐道居士自叙于秦淮停云水榭。

跋

山水之美，莫如钱塘；花月之娱，厥惟吴苑。两美必合兼之者，其惟秣陵。诗人著籍，王昌龄、冷朝阳外，概不多见。太白游迹较多，然《凤凰台上》一篇，亦未突过崔颢《黄鹤楼》也。钱塘陈颐道先生，以海涵地负之才，羁宦吴下者，十有四年。金陵大府节钺所在，曾未一至。今年秋，始以公事蒞白下，寓延陵氏水榭者浃旬。昼览江山，宵咏花月，翦灯命酒，泼墨题襟，得诗三百余篇，皆登临山水，咏怀古迹，表章忠烈，分别贤奸之作。吞花卧酒亦间及之，并考订地舆，证其谬误。盖先生于史学最深，兹编尤撷《吴志》、《晋书》、《南史》、《南唐书》之精，参以《丹阳》①、《建康实录》、景定、嘉泰诸志，用能上追六代，下掩三唐，含吐沈任，凌轹鲍谢。昔先生在京师刊《碧城仙馆诗集》；及官江表，又刻《颐道堂诗集》。其中岱游、滦游，衔其山川，自成一编，咸可观览。兹集尤钜细兼综，微显毕贯，清华简要，又为集中另开一境。行见人握隋珠，家宝和璧，则是集之传，以为诗集也可，以为图经也可，以为史论也亦无不可。世有桓谭，将与其证之也。尚之侍先生几席最久，兹游舟车，并从往来，用就见闻所及，叙其大略云尔。

嘉庆己卯八月吴门徐尚之拜跋。

---

① 即南朝宋山谦之《丹阳记》，南朝地志。

金陵历代纪事年表

金陵自孙吴以来，九为国都。非立表以载，无以资稽考。《景定志》[1]表失之过繁，又托始周秦可征者鲜。今从新《江宁府志》，断自三国孙吴始。

孙吴

汉献帝建安二年，孙策始封吴侯。

十六年，孙权徙治秣陵。明年，城石头，改秣陵为建业。

大帝权黄龙元年，迁都建业。

赤乌八年，陈勋凿破冈作邸阁。

十年，改作太初宫。

十三年，废太子和处故鄣，立子亮为太子。作棠邑涂塘。

太元二年，薨，葬蒋陵。

废帝亮太平二年，孙琳废帝为会稽王。迎立景帝。

景帝永安五年，立子䨻为皇太子。

六年，建业石头小城火烧西南一百八十丈。

七年，帝崩。濮阳兴张布言于朱太后。废䨻，立皓。

后主皓甘露元年。杀朱太后于苑中。十一月，徙都武昌。以丁固、诸葛靓镇建业。

宝鼎元年，自武昌还建业。

二年，起昭明宫。

建衡三年，载太后后宫自牛渚陆道西上，呼云“青盖入洛

---

① 即宋景定《建康志》五十卷。

阳”，遇雪始返。

天纪四年，晋王浚以舟师至建业，皓降。

西晋

武帝太康元年，平吴，改建业为秣陵。

二年，分秣陵北为建业，改业为邺。

三年，分建邺，置江宁。

十年，吴敬王宴受封，食丹阳、吴兴并吴三郡。丹阳设立内史。

惠帝太安二年，张昌反，遣其将石冰攻破扬州。

永兴二年，陈敏克石冰，遂据江东反。顾荣等密图斩之。

怀帝永兴元年，以琅邪王睿都督扬州、江南诸军事，假节镇建业。

孝愍帝建兴元年，改建业为建康。

东晋

元帝建武元年，愍帝诏使居摄，乃即晋王位，备百官、立宗庙社稷于建康。

太兴元年，改丹阳内史为丹阳尹。

二年，立郊邱于建康之己地。

三年，立怀德县以处琅邪国人。

永昌元年，王敦举兵武昌反，入石头城，不朝帝，返。闰月，帝崩，葬建平陵。

明帝太宁二年，王敦举兵自姑熟至，温峤等败其军，敦愤惋死。

三年，帝崩，葬武平陵。

成帝咸和二年，豫州刺史祖约、历阳太守苏峻反，入姑熟，屠于湖。卞壸等拒战于冶城，死之。峻逼迁天子于石头城。

四年，帝在石头，匡术以苑城归顺。峻子硕攻台城，焚太极东堂秘阁皆尽。峻旋被斩于阵。温峤等议欲迁都，王导不可，乃止。

五年，造新宫，始缮苑城。

八年，始于覆舟山南立北郊。

咸康元年，石季龙入寇，帝观兵广莫门。

三年，诏立太学于淮水南。

六年，复琅邪，比汉丰沛。

七年，实编户，王公以下皆土断白籍。

八年，崩，葬兴平陵。

海西公太和六年，桓温诣阙，废帝，迎立会稽王昱，是为简文帝。

简文帝葬高平陵。

孝武帝宁康元年，除丹阳、竹格等四航税。

太元三年，作新宫。

八年，谢元破秦师于淮淝，卫将军谢安劳还师于金城。

十年，苻坚为慕容冲、姚苌所逼，请救。太保谢安救秦帝于西池。饯安，安病归，八月薨。

十七年，新作东宫。

二十一年，造清暑殿，新作永安宫。九月，帝崩于清暑殿，葬隆平陵。

安帝隆安二年，兖州刺史王恭反，其前锋刘牢之降，还袭恭，破之。

五年，妖贼孙恩反，至建业，豫州刺史谯王尚之等击走之。

元兴元年，荆州刺史桓元反，命骠骑大将军元显讨桓元，王师败，桓元杀元显。

二年，桓元篡位，僭国号楚，改元永始，迁帝于寻阳，降为平固王。

三年，帝在寻阳，刘裕起兵破桓元，兵于江乘，又破于覆舟山，元走。裕乃具百官置留台。是年，涛水入石头，败舟万计。

义熙元年，乘舆反正。

六年，广州刺史卢循反，袭建康，京师戒严，筑药园、柤浦、廷尉三垒。

九年，罢临沂、湖孰皇后脂泽田以赐贫人。

十年，城东府。

十四年，帝崩，葬休平陵。

恭帝元熙元年，刘裕废帝为零陵王，宫于故秣陵。宋永安二年，弑之，葬冲平陵。

宋

武帝永初元年，即位。诏旧郡县以北为名者，悉除之。寓立于南者，听以南为号。

三年，崩，葬建康县蒋山初宁陵。

少帝景平二年，徐羡之、傅亮等废帝为营阳王，迎立宜都王义隆，是为文帝。六月，徐羡之使邢安泰弑帝于金昌亭。文帝元嘉十四年，凤凰见于都下，改其地曰凤凰里。

十五年，立儒学馆于北郊。作东宫。

十六年，立元素学、史学、文学[①]。江左风俗，于斯为美。

二十二年，筑北堤，立元武湖于乐游苑北，兴景阳山于华林园。

二十五年，新作阊阖、广莫二门。改先广莫曰承明，开阳曰津阳。

二十七年，魏太武帝窥江至瓜步。

三十年，元凶劭弑逆，帝崩于合殿，葬长宁陵。

孝武帝元嘉三十年起兵讨逆劭，帝至新亭，众推即位。改新亭曰中兴亭，二凶及同逆并伏诛。

孝建元年，南郡王义宣反，伏诛。诏开建仲尼庙，起正光殿。

大明元年，改景阳楼曰庆云楼，清暑殿曰嘉禾殿、芳香琴堂、连理堂。建康、秣陵二县各令置都官从事一人，司水火劫盗。

三年，以扬州所统六郡为王畿，以东扬州为扬州。于元武湖北立上林苑。移南郊坛于牛头山，以正阳位。立皇后蠶宫于西郊。

五年，起明堂于国学南丙巳之地。初立驰道，自阊阖门至朱雀门，又自承明门至元武湖。

六年，新作大航门，置淩室于覆舟山，修藏冰之礼。诏上林苑内士庶邱墓欲还合葬者勿禁。

---

① 南朝于建康设立四馆。儒学馆，位于城东北紫金山麓；玄学馆，位于鸡笼山东麓；文学、史学馆，位于城南。

七年，于元武湖大阅水师。二月，校猎于乌江，登六合山。十一月，祀梁山，大阅水师于中江。十二月，于博望梁山立双阙。

八年，崩，葬秣陵县岩山景宁陵。

前废帝即位，以王畿诸郡为扬州，以扬州为东扬郡，罢南北驰道。

永光元年，以石头城为长乐宫，东府城为未央宫，北邸为建章宫，南第为长杨宫，毁殷贵妃新安寺。十一月，湘东王彧等使寿寂等弑帝，葬秣陵县南郊坛西。

明帝泰豫元年，崩，葬临沂县莫府山高宁陵。

后废帝元徽元年，桂阳王休范反，萧道成出，顿新亭，讨斩之。

五年，王敬则等阴结杨玉夫弑帝，葬秣陵县南郊坛西。萧道成以太后令贬帝为苍梧王，迎立顺帝。

顺帝昇明元年，沈攸之举兵，袁粲据石头城谋诛萧道成，不果，死。

三年，萧道成废帝为汝阴王，居丹徒宫。齐建元元年，监人弑王，以疾赴葬遂宁陵。

齐

高帝建元元年，即位。

二年，立六门都墙。

四年，崩。

武帝以宋元嘉二十七年生于青溪宫。齐国建，为世子，以石头为世子宫。建元四年即位，立河南王长懋为太子，是为文惠太子。

永明元年，筑青溪旧宫，作娄湖苑。

五年，幸芳林园禊宴。初，起新林苑。先是立商飙馆于孙陵冈，世呼九日台，至是幸焉。

六年，幸琅邪城讲武。

九年，幸琅邪城讲武，观者倾都，普赐酒肉。

十一年，皇太子薨，立皇孙昭业为皇太孙。七月，帝崩，葬景安陵。

废帝郁林王。武帝崩，帝以太孙即位。隆昌元年，西昌侯鸾以太后令，废帝为郁林王。萧谌等弑之，迎立海陵王昭文。废帝海陵王立，宣城王鸾辅政，寻以太后令，废帝为海陵王，使宣城王入纂皇统。十一月，王有疾，遣御师，殒之。先是，武帝立禅灵寺于都下，当时以为壮观，识者谓鼎业迁移之象。

明帝即位，罢武帝所起新林苑，以地还百姓。废文惠太子所起东田，斥卖之。

永泰元年，王敬则反，伏诛。巫觋云后湖水头经过宫内，致帝疾，帝决意塞之，欲南引淮流。会崩，事寝。葬兴安陵。

东昏永元元年，淮水变赤如血，都下大水，死者甚众。始安王遥光据东府反。陈显达反，至都。

二年，崔慧景反，入建业。雍州刺史萧衍举兵反。

三年，龙斗于建康，淮激水五里。九月，萧衍兵至南豫州。李居士以新亭降，徐元瑜以东府城降。十二月，王珍国、张稷率兵入，弑帝。宣德太后令追封为东昏侯。立和帝。

帝以阅武堂为芳乐苑。又于苑中立店肆，模大市，置射雉场二百十六处。置屏除，长围道路，隔绝殿内。火烧璿仪十余殿，北至华林园、西至秘阁三千余间。起芳乐等七殿，又别为潘妃神仙、玉寿、永寿三殿，剥取诸寺塔宝珥以为饰。

和帝中兴二年，梁受命奉帝为巴陵王，宫于姑孰。戊辰，梁遣郑伯禽弑之，追尊为和帝。

梁

武帝：宋孝武大明元年，帝生于秣陵县同夏里三桥宅。东昏既诛，帝入镇殿内。是日，凤凰集建业。命焚东昏淫奢异服六十二种于都街。

天监四年，立建兴苑于秣陵建兴里。诏立孔子庙，置建康三官号南狱，廷尉三官为北狱。置集雅馆，作东宫。

六年，有三象入建业。改阅武堂为德阳堂，听讼堂为仪贤堂。

七年，作神龙仁虎阙于端门、大司马门外。新作国门于越城南。

九年，新作缘淮塘，起后渚篱门，迄三桥。幸国子学，试胄子。

十年初，作宫城门三重楼，及开二道。

十二年，新作太极殿为十三间，以从闰数。

普通二年，置孤独园，改作南北郊。火延烧后宫屋三千间。

大通元年初，帝创同泰寺。至是，开大通门以对寺之南门，幸寺舍身。

中大通元年，都下疫，帝于重云殿为百姓设救苦斋。

大同元年，幸同泰寺，舍身，铸十方银像。

二年，都下地震，生白毛长二尺。

三年，幸同泰寺，舍身，铸十方金铜像。幸阿育王寺，设无碍法喜食。

七年，于宫城西立士林馆。

太清元年，帝舍身光严、重云二殿，游仙化生皆震动，三日乃止。

二年，侯景反，至建业，陷东府城。

三年，陷宫城，帝崩于净居殿，葬修陵。帝于钟山造太爱敬寺，青溪边造智度寺。又修饰国学，增广生员，立五经博士。

简文帝太宝元年，侯景逼帝幸西州曲宴。

二年，幽帝于永福省。

元帝承圣元年，王僧辩等乘潮入淮，进至禅灵寺前，侯景塞淮口，缘淮作城，自石头至朱雀街十余里。陈霸先于石头西落星山筑栅连八城，景亦于石头东北筑五城，寻为僧辨所灭。

二年，王僧辩镇建康。有齐师，移镇姑孰，旋还建康。

敬帝绍泰元年，王僧辩纳贞阳侯渊明入建康。陈霸先使侯安都袭石头，杀王僧辩父子。徐嗣徽袭建康，据石头北，齐遣兵据姑孰，又于胡墅渡米及马以应之。侯安都袭胡墅。霸先立栅于冶城。

太平元年，徐嗣徽合兵十万向梁山。齐兵至秣陵故城，跨淮立栅，自方山进及儿塘，潜至钟山龙尾，趋幕府山，又至元武湖。陈霸先屯乐游苑东及覆舟山北，纵兵大战，齐师溃，江乘、摄山、钟山诸军相次克捷，生擒徐嗣徽。

二年，逊位于陈，陈奉为江阴王，薨于外邸。

陈

武帝永定元年，幸钟山，祠蒋帝，诏出佛牙于杜姥宅。

二年，营太极殿，有樟木流泊陶家后渚。

三年，崩，葬万安陵。

文帝天嘉元年，迎葬梁元帝于江宁。诏逐食流移者不问侨旧，悉令著藉，同土断之法，以建安等八郡置东扬州。

五年，罢南丹阳郡，城西城。

天康元年，崩，葬永宁陵。

宣帝大建四年，诏自梁乱离，东宫焚烬，太子居永福省，可创筑东宫。

五年，齐泰州、瓜步、胡墅等城降。

七年，焚陈桃根所上织成文锦被于云龙神虎门。幸乐游苑，采甘露，宴群臣。诏于苑内龙舟山作甘露亭。

十年，立方盟坛于娄湖。立建兴郡，领建安、同夏、乌江、江乘、临沂、湖熟六县，属扬州。

十四年，始兴王叔陵据东府反。帝崩，葬显宁陵。

后主至德二年，于光照殿前，起临春、结绮、望仙三阁。

祯明二年，有群鼠无数，自蔡洲岸入石头，渡淮至于青塘。

大风激涛，水入石头，建业城无故自坏。青龙出建阳井。起齐云阁。隋大作战舡，投木柹于江。

三年，隋总管贺若弼自广陵北道济京口，陷南徐州，进据钟山白土冈，至乐游苑。韩擒虎自南道横江济采石，陷南豫州，至新林石子冈。任忠引从朱雀桁趋南掖门而入。帝自投于井。隋晋王广自六合桃叶山济江，入据京城，斩张贵妃，榜于中桥。

隋

文帝开皇九年，平陈，诏建康城邑并平荡耕垦。于石头置蒋州。江左自东晋以来，刑法疏缓，至是尽更变之。

十年，苏威作五教，百姓怨之，陈之故境皆反，杨素平之。废丹阳郡，并秣陵、同夏、建康三县入江宁。

炀帝大业初，置丹阳郡。

十三年，起宫丹阳，将逊于江左。

唐

高祖武德二年，置扬州、东南道行台、尚书省。

三年，以江宁、溧水二县置扬州，析置丹阳、溧阳、安业三县。更江宁曰归化，以句容、延陵二县置茅州。以杜伏威为使，持节总管江淮以南诸军事。扬州刺史辅公祏克丹阳，进屯溧水，平李子通。杜伏威徙居丹阳。

六年，以延陵、句容复隶扬州。更归化曰金陵。辅公祏据石头反。

七年，赵郡王孝恭平公祏，更扬州为蒋州，废行台。

九年，废都督，更金陵为白下，以延陵、句容隶润州，以溧水、溧阳、丹阳隶宣州。

太宗贞观七年，更白下县曰江宁县。

肃宗至德元载，封颜真卿丹阳县子。

二载，以江宁县置江宁郡，以高适镇江东，密图永王璘。

乾元元年，改江宁郡为昇州。置浙江西道节度兼江宁军使，治昇州，后徙治苏州。

二年，颜真卿拜浙西道节度使，徙浙西观察使，治宣州，罢领昇州。

上元元年，刘展反，袭下蜀，李峘溃，遂陷昇州，更置上元县。宝应元年，废昇州。

德宗建中元年，分浙江观察使为东西二道。

二年，合二道观察，置节度，寻号镇海军节度使。

四年，节度使韩滉筑石头城，修坞壁，起建业迄京岘。

宪宗元和二年，镇海节度使李锜反，治石头城。

僖宗光启三年，复以上元、句容、溧水、溧阳四县置昇州。

昭宗景福元年，杨行密有国于淮南，并据金陵。

天复二年，封行密为吴王。

三年，田頵袭昇州刺史李神福。

杨吴

宣帝唐天祐六年，徐温领昇州刺史，留广陵使知诰为昇州防遏使，往治之。

十一年，知诰城昇州，广金陵旧城二十里。

十四年，城成。温徙镇海节度使，治于昇州。

睿帝顺义元年，改昇州大都督府为金陵府，建紫极宫于冶城故址。

大和五年，徐知诰营宫城于金陵，欲徙帝都金陵，不果，迁。

天祚元年，知诰进封齐王。

二年，置百官，以金陵府为西都。

三年，建齐国，立宗庙社稷，改金陵曰江宁府。

南唐

烈祖昇元二年，广济仓灾，焚米三十万石。改吴兴阁曰昇元阁，瓦官寺曰昇元寺。

元宗保大十一年，金陵大火逾月，焚庐舍营署殆尽。夏六月至秋月，不雨，淮流可涉。

十五年，都下大火。

交泰元年，去帝号，称江南国主，用周显德年号。

周显德六年，命修城隍，治要害。为子孙计，乃城金陵，增戍兵。

后主宋建隆二年，元宗南迁，帝留金陵监国。

宋开宝三年，命境内崇修佛寺。

八年，宋遣曹彬、曹翰、潘美伐江南。用樊若水策作浮梁，渡采石，下金陵，后主归命。

宋

太祖开宝八年，平江南，以江宁府为昇州。

太宗淳化五年，置上元县淳化镇。

真宗景德元年，改陶吴铺为金陵镇。

三年，置秣陵镇于江宁县。

大中祥符元年，于茅山池中获龙。

天禧元年，改长干寺曰天禧寺。置常宁镇于句容县。

二年，以昇州为江宁府，治上元、江宁二县，皇子封昇王。

仁宗天圣五年，凿义井于天禧寺侧。

嘉祐四年，以吴宿言昇为始封之地，进为大国，无得封从之。程颢为上元主簿，多及民之政。

英宗治平四年，王安石知江宁府，旋召入。

神宗熙宁五年，分京东武卫军权，驻泊江宁府。

九年，王安石罢判府事，寻为集禧观使。

元丰七年，王安石请以所居宅舍为寺，赐额报宁。

徽宗大观元年，御笔以江宁险固足守，改江宁府为帅府。

高宗建炎元年，李纲议以建康为东都，葺城池宫室，沿江置帅府，以备控扼。

二年，叶适请上南渡。

三年，上发临安如建康，驻跸神霄宫。御笔改江宁府为建康府。太子薨，殡于铁塔寺。上如浙，留杜充领行营。

金人寇乌江，杜充闭门不出。金由马家渡渡江，陷建康，通判杨邦乂不屈，金人剖腹取其心。

四年，金人焚掠建康，欲自靖安渡宣化而去，岳飞败之于靖安，伏于牛头山。兀术次龙湾，飞破之于新城。韩世忠扼兀术于黄天荡。或教于冶城西南隅，凿大渠十余里接江口，出世忠之上。世忠尾击，败之。

绍兴二年，诏韩世忠措置江南北岸屯田沿江修守备。

六年，张浚请幸建康。刘猊欲犯建康，杨沂中败之于藕塘。

七年，岳飞扈驾至建康。时东南所恃韩、张、岳三军。建康，张氏部曲所在。

八年，上复幸浙西。叶梦得为留守。因旧址新府学，面秦淮。

十一年，兀术窥江。张、刘诸将败之。命淮西江东军马钱粮移置于建康。

十六年，颁御书石经于府学。

二十五年，秦桧封建康郡王。

三十一年，金人败盟，诸将败之。

三十二年，修筑建康城，张浚判府事。

孝宗隆庆元年，张孝祥奏通青溪水口入江。汪澈请修筑建康城。

三年，史正志总舟师。

四年，史正志以蔡宽夫宅基创贡院。

淳熙三年，刘珙重修府学，立明道先生祠。

十三年，移采石水军二千五百人屯靖安镇。

光宗绍熙元年，厢禁军旧营皆茅庐，章森易瓦屋数千间，始不与民居杂。

宁宗庆元元年，重修北门亲兵寨千二百八十七楹。

六年，郡人朱舜庸编《金陵事迹》，二十余年始成。至是献之遂修为续志。

嘉泰二年，吴琚乞免句容和买绵绢。

开禧三年，叶适措置屯田并沿江堡坞，团结淮西山水寨四十七处。

嘉定五年，作晋元帝庙，祀王导以下三十六人。

八年，刘榘建明道先生祠。江东旱蝗，运使真德秀开东门外新河，因役以饱饥民。立范忠宣祠于漕司，创置唐湾水军二千五百人。创漕司、贡院于青溪之西。

十年，李珏开浚行宫后古珍珠河。

十四年，并唐湾、靖安两水军为一军。

理宗绍定二年，增收后湖田租，遂为额。

淳祐五年，立策胜六军，右军、中军屯驻建康。

七年，募立精锐军。

宝祐四年，马光祖创游击将军寨屋三千余间于武定桥东。

五年，重建府治，赐“忠实不欺”之堂额。

开庆元年，创游击新军寨屋三千余间于西门内。

景定元年，浚城濠四千七百六十五丈，创栅寨门，浚青溪。创新府城内外亭台祠馆数十处。

三年，姚希德创建蜀三神祠于青溪侧。

四年，建祠神宫于三神祠左。

度宗咸淳三年，重建贡院于青溪之南。

恭帝德祐元年，元巴延入建康。都统翁福出迎，起赵淮戍银树东坝。

元

世祖至元二十一年，立江淮行枢密院，治建康。二月，徙江淮行省于杭州。

二十二年，徙行枢密院于建康。

二十三年，徙杭州行御史台于建康。

二十八年，改按察司为肃政廉访使。

成宗元贞元年，诏易江南诸路。天庆观为元妙观，毁所奉宋太祖神主。

大德二年，罢建康金银铜冶转运司。

八年，徙建康道廉访使于宁国。其建康路簿书命监察御史钩考。

武宗至大二年，封绰和尔为句容郡王。

明宗天历二年，改潜邸所幸诸路名，建康日集庆。命改集庆潜邸建大龙翔集庆寺。

顺帝至元元年，罢江淮总管府所管集庆等处提举司。

至正十四年，大兵平六合，朱国珍自滁救之，与耿再成守瓦梁垒。

十五年，滁州兵拔采石，取太平。使张天祐攻集庆路，不克。徐达自太平进克溧水，陈梦先屯板桥，兵败死之，其子兆先复集兵屯方山。

十六年，太平兵取集庆路，御史大夫福寿坐凤皇台下督兵拒战，死之。于是建国号曰吴，称吴公，改集庆路为应天府。建康军吴公以御史台为府。张士诚攻镇江，吴徐达与战于龙潭，败之。

十九年，陈友谅攻建康。吴公亲总大兵于卢龙山，破之。

二十四年，吴公进位，称吴王，建百官，绘塑功臣像于卞壶及蒋子文庙。

二十五年，以集庆路学为国子监。

二十六年，杖张士诚于竹桥，缢杀之。明改筑应天城，作新宫钟山之阳。置江南行中书省，治应天府。

明

太祖以至正二十七年为吴元年，建庙社宫室。

以至正二十八年为洪武元年，以应天为南京。初建国号意在大中，既而祈天，乃定曰明。

二年，令府县立学，降溧水州为县。建新城，立十庙于鸡鸣山后。又增功臣庙为十一，后又增四庙。

四年，筑浦子口城。

九年，析置江浦县。

十一年，改南京为京师，改大都督为五军都督府。

二十三年，以扬州之六合县属应天府。

三十年，命工部建马草场于六合。

三十一年，崩，葬孝陵。

恭闵帝建文四年，燕王反，兵至六合。己丑，燕兵犯金川门，都城陷，帝不知所终。

成祖既克京师，以建文四年为洪武三十五年，明年为永乐元年。分命诸将守城，还驻龙江。

永乐元年，设溧水广通镇闸。

四年，狩北京。以皇太子监国，大小庶务悉以委之，府部大小诸臣六军按堵如故。

十七年，皇太子归青宫，以皇太孙留守，南京六部政悉移而北。

十八年，行在六部去“行在”字。诸九卿大小省署之留者，皆称南京。

二十二年，皇太子即位，是为仁宗。

仁宗洪熙元年，始设南京守备，命皇太子谒孝陵，遂命居守南京。亡何，晏驾，皇太子来自南都即位，是为宣宗。始制诏太监郑和等称内守备，驸马都尉沐琮、襄城伯李隆等称外守备。

孝宗宏治四年，置高淳县。

武宗正德十四年，自将击宸濠，幸南京。

十五年正月，谒孝陵于南京，备诸剧戏。六月，幸牛首，宿焉。八月，受江西俘。旋跸发龙江，渔于江口。

国朝

顺治元年，是年三月，流寇陷京师，明帝崩。五月，江南迎立福王即位于南京，号宏光。

顺治二年，豫王下江南。明忻城伯赵之龙及军民人等咸投诚，执福王北去。江南平。

吳越楚地圖
盧龍山
鷄籠山
覆舟山
鍾山
楚金陵邑
石頭
吳冶城
大江
越長干城
聚寶山
三山
天印山
青龍山
固城
平陵縣

吴越楚地图考

金陵在春秋时，本吴地，未有城邑，惟石头东有冶城。传云：夫差冶铸于此，即今朝天宫地。去府东南一百二十里，当溧水、溧阳之间，有固城，云古濑渚县，亦吴所筑。周景王四年，楚灵王败吴军，陷固城，吴移濑渚于溧阳南十里，周回七里，为陵平县。又败于楚，更名平陵县。后阖闾将伍员破楚，烧固城，遂废。元王四年，越句践用范蠡谋，将图楚，称伯江淮，乃筑城于金陵长干里，以强威势。城周二里八十步，在今聚宝门外长干里，俗呼越台即其地。金陵有城邑，自此始也。显王三十六年，楚威王灭越，尽有吴故地。乃擅江海之利，因山立号，置金陵邑于石头，后之石头城据此。今石头城门北冈垄削绝，皆城故区。

按：城邑之设，冶城最先，越城次之，楚金陵邑又次之。至诸山之名，古人尚质，鸡笼、覆舟，义取形似。卢龙名，始晋元，以五马南渡，形似塞上卢龙得名。兹图列之误也。

秦秣陵縣圖
盧龍山
江乘縣
鍾山
雞籠山
覆舟山
石頭
冶山
大江
青龍山
越城
聚寶山
三山
天印山
秣陵

秦秣陵县图考

秦始皇二十五年，灭楚，并天下，分三十六郡，置守、尉、监。以金陵地属鄣郡，改金陵邑为秣陵县。三十七年，东巡会稽，过吴，从江乘浦渡，置江乘县，皆统于鄣。又以望气者之言，凿钟阜，断长堑，以泄王气。水自方山西北，巨流环绕，至石头，达于江，后人名曰秦淮。考之鄣郡，不详治所，志云在石头城地，史载吴兴郡西。金陵本吴兴西境也。秣陵，云在城东南六十里秣陵浦处，今秣陵镇即其地。江乘，按《建康志》云，在城西北十七里。《南徐州记》云：在县西二里，有浦，发源于石头，东入大江，因以为名。又按：吴徐盛作疑城，自石头至江乘，当在石头之东北，幕府之西南也。《建康志》图载江乘于琅琊东，恐非。

按：兹图所列，淮水为经；吴越楚城，未闻毁削，宜仍其旧。兹图有越城，而无吴楚，误也。

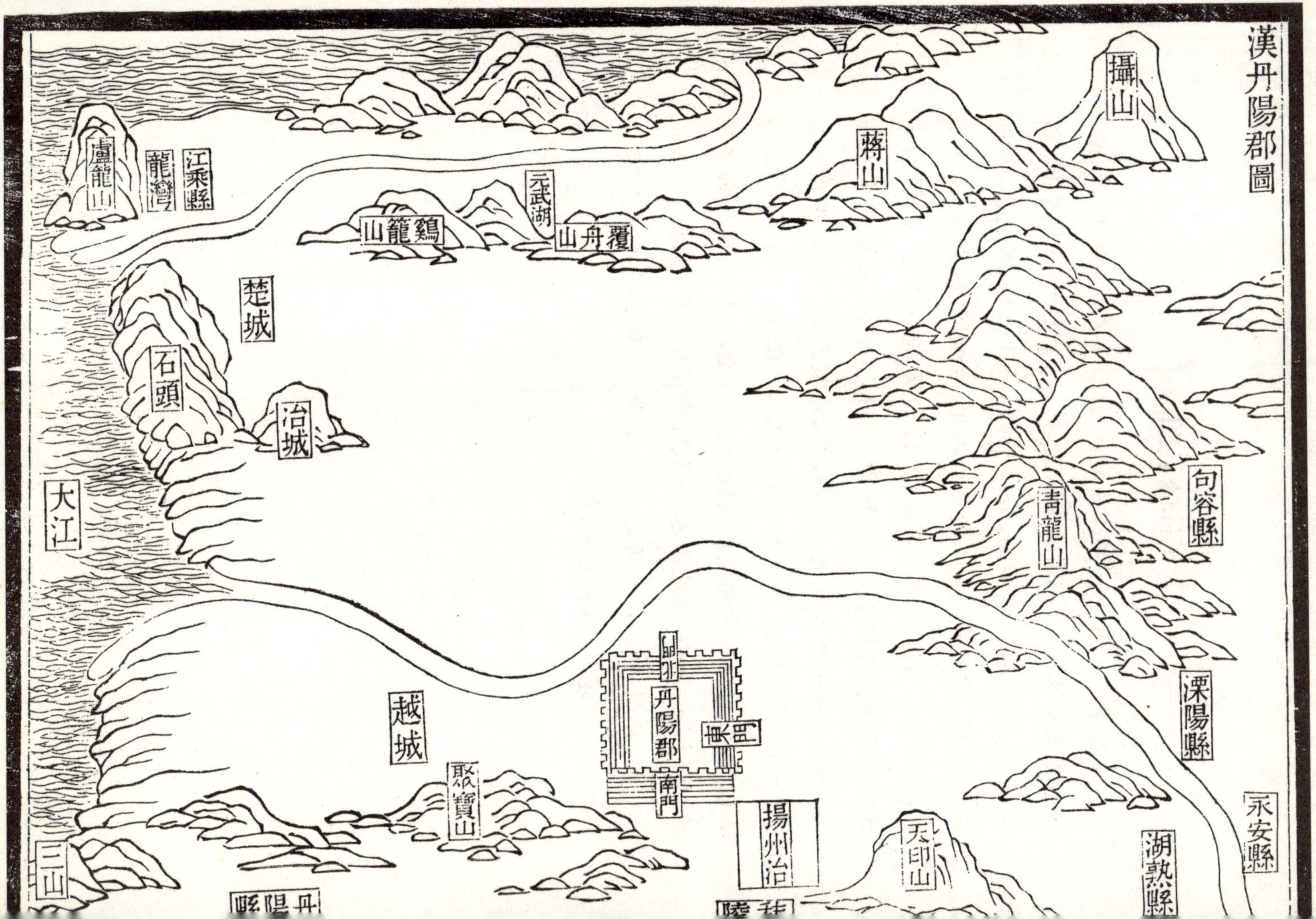
漢丹陽郡圖
攝山
蔣山
江乘縣
龍灣
盧龍山
元武湖
鷄籠山
覆舟山
楚城
石頭
治城
大江
句容縣
青龍山
北門
丹陽郡
東門
南門
溧陽縣
越城
聚寶山
揚州治
天印山
三山
永安縣
湖熟縣

汉丹阳郡图考

汉灭秦，以江南地封楚王韩信、荆王刘贾、吴王刘濞，皆大国。元符二年①，改鄣郡为丹阳郡，属扬州，统县十七，秣陵、湖熟、永平、江乘、句容、溧阳隶焉，皆鄣郡旧地。东汉移郡治宛陵。至建安十三年，孙权领丹阳郡，自宛陵还治秣陵，改秣陵为建业郡，在淮水之南。按《吴苑记》②，去长乐桥东一里，南临大路。长乐桥，今武定桥。东南有长乐巷，盖自东城角之内外皆是。郡治城周一顷，开东、南、北三门。汉扬州无定治，或治寿春，或治曲阿，或治历阳；治建业为多，亦在淮水之南，去丹阳城东南二里。建邺，即秣陵旧治。湖熟，在今东南六十里淮水之北，有湖熟镇。永平，在今溧阳南十五里。溧阳，在今溧水之固城。江乘，仍秦之治。句容，即今治也。

按：蒋山本名钟山，因孙吴移都建业，上避祖讳，又以蒋子文见神骑亭，改名蒋山，则汉时未名蒋山也。又，后湖至宋元嘉中因黑龙见，始名元武，则湖名亦误也。

① 应为元封二年，即公元前109年。

② 据《景定建康志》，应为《宫苑记》。

孫吳都建業圖
攝山
蔣山
幕府山
盧龍山
江乘縣
元武湖
覆舟山
鷄籠山
句容縣
青溪
燕雀湖
青龍山
元武門
苑城
太初宮
倉城
右掖門
明陽門
公車門
昇賢門
左掖門
宣陽門
治城
石頭
大江
運瀆
白鷺洲
大航門
柵塘
秦淮
朱雀航
建初寺
長干
大市
北門
丹陽郡
東門
南門
溧陽縣
永平縣
湖熟縣
石子岡
般山
聚寶山
三山
建鄴
天印山
金城

孙吴都建业图考[①]

初，东汉末，以秣陵地封孙策，为吴侯。至弟权，据有江东，筑石头，改秣陵为建业。建安十三年，移丹阳郡治建业。黄龙元年，遂徙为都。都城在淮水北五里，据覆舟山下，东环平冈以为安，西城石头以为重，后带元武湖以为险，前拥秦淮以为阻。周回二十里十九步，详见后考。赤乌十年，作太初宫，周回五百丈，作八门。前五门曰公车、曰昇贤、曰明阳、曰左掖、曰右掖，东一门曰苍龙，西一门曰白虎，后一门曰元武。都城之正门曰宣阳。又，南五里至淮水，有大航门。时都城皆设篱，曰古篱门。宫之后有苑城，晋所谓台城即此[②]，今西十八卫以南、元津桥大街以北皆是。赤乌四年，东凿渠，名青溪，自城北堑，泄元武湖水，九曲西南入秦淮。西凿运渎，水自仓城东入今内桥，与青溪合，南由今乾道桥至斗门桥，达于秦淮。又夹淮立栅，谓之栅塘。金陵建都自吴始。

按：《建康实录》载：吴大帝赤乌四年，诏凿东渠，名青溪，通北堑、潮沟。又《舆地志》：青溪发源钟山，入于淮，连绵十余里。则青溪当自蒋山溯源至运渎，在西州之东，自笪桥西南，流入秦淮，而不言上游所受何水。今以《建康志》、《建康实录》诸书考之。其记潮沟云，东经阊阖、西明二门，接运渎。又云其沟东头已湮塞，才有处所，西头则现通运道，乃知运渎所受，乃潮沟水

① 此处本书原缺“考”字。

② 此处原缺“此”字。

耳。盖潮沟之水分两派，一由城外入青溪，“志”所谓凿东渠通北堑者是也；一由宫中通运渎，“实录”所云开城北渠引后湖水流入新宫，《齐书》所云后湖水头经过宫内是也。今其道久湮，计在唐时此水犹在，故“实录”以为现通运渎，则上游瞭然矣。至潮沟，当即陈之珍珠河。《建康志》云：潮沟，吴大帝所开，以引江潮。考六朝时江水，当由卢龙山畔通后湖，故《晋书》、《南史》皆有于湖肄舟师阅水军之事。潮沟名引江潮而实通湖水。今珍珠河，正由北水关引后湖水入城。又以青溪通城北堑、潮沟之说证之，今珍珠河入自北水关，于六朝略当北堑。又“实录”云：吴宝鼎二年，开城北渠引后湖水，流入新宫。然则潮沟入宫，实自宝鼎。至陈，人乃有珍珠河之号耳。此图青溪，不详发源钟山之处，又有运渎而无潮沟，皆误也。潮沟当自太平门北水关入城，经大桥、珍珠桥至浮桥，合于杨吴城濠之水，至竹桥合青溪之水，至复成桥合明御河之水，过大中桥至东水关，与淮水合，乃为详尽。又，燕雀湖，乃梁昭太子[①]迁葬，始有其名，今先列之，亦误。

① 原文缺字，应为“梁昭明太子”。

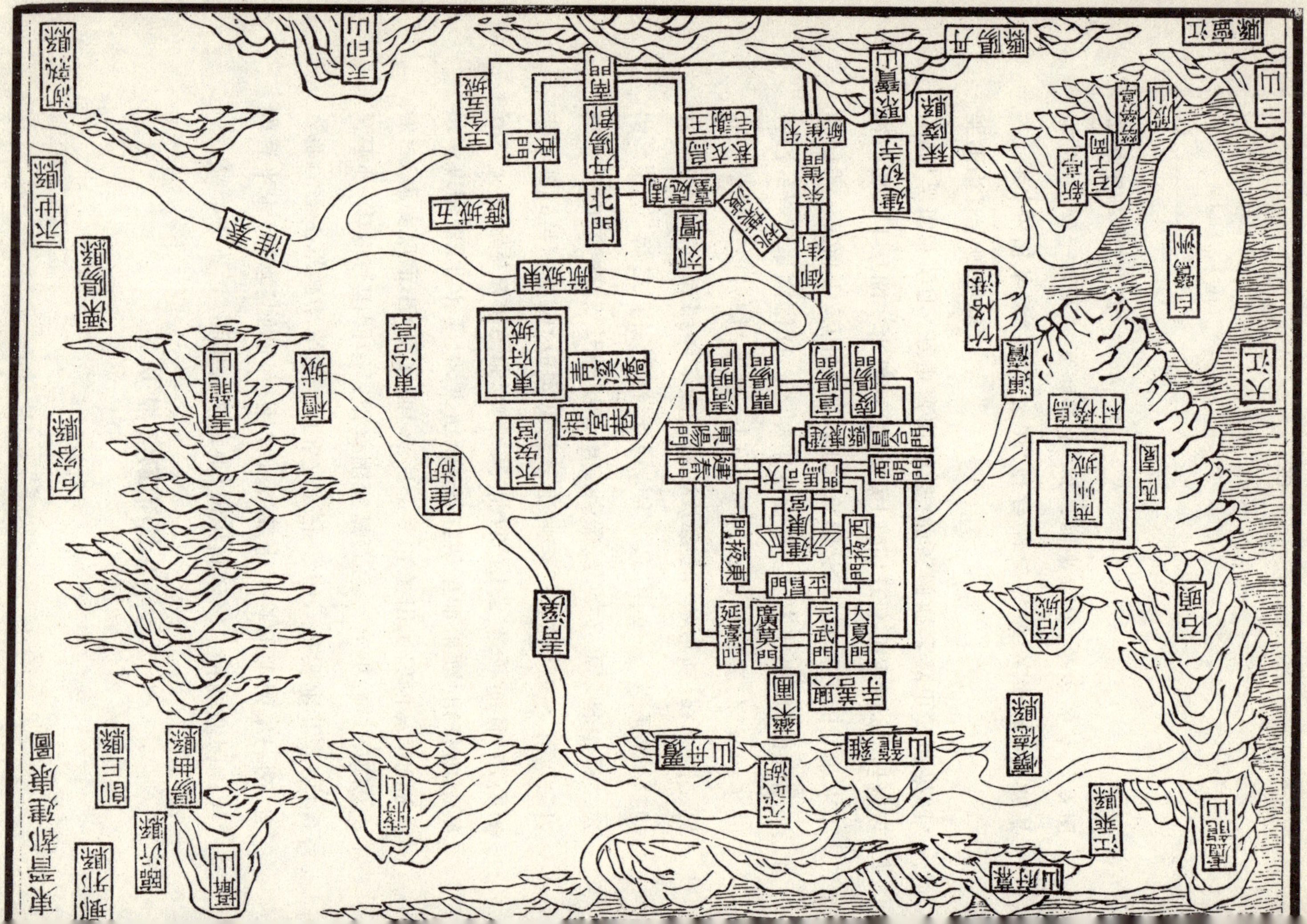
東晉都建康圖
瑯邪縣
臨沂縣
朐山縣
陽曲縣
蔣山
句容縣
溧陽縣
永世縣
湖熟縣
秦淮
青龍山
檀城
東冶亭
雀湖
永安宮
東府城
湘宮寺
青溪橋
青溪
覆舟山
玄武湖
雞籠山
同泰寺
藥園
大夏門
元武門
廣莫門
延熹門
平昌門
建康宮
東掖門
西掖門
大司馬門
建春門
東陽門
清明門
開陽門
宣陽門
陵陽門
建康縣
閶闔門
西明門
竹格港
運瀆
冶城
西州城
西園
石頭
白鷺洲
大江
三山
江寧縣
新亭
石子岡
勞勞亭
丹陽縣
秣陵縣
聚寶山
建初寺
朱雀門
朱雀航
御街
烏衣巷
王謝宅
郊壇
丹陽郡
南門
東門
北門
東城航
天印山
幕府山
江乘縣
盧龍山
懷德縣

东晋都建康图考

晋武帝平吴，徙扬州治建业，在冶城之东。丹阳郡仍旧治，统县永平、江乘、湖熟、丹阳、句容、溧阳。改建业仍为秣陵，后又徙秣陵于宫城南八里一百步小长干巷内。分淮水北之地，复置建业，治在宣阳门内。以丹阳西置江宁。元帝渡江，避愍帝讳，改建邺为建康，遂为都，号东晋。以宰相领扬州牧，筑城于青溪东南，临淮水上，名东府城，别旧治为西州城，以丹阳守为尹。于江乘南置琅琊郡，领临沂、即邱、阳都、怀德四县，以处从帝之渡江者。琅琊，在今句容之琅琊乡。临沂，在今上元之长宁乡。即邱、阳都，在临沂之境。怀德，在今上元之钟山乡。又侨置淮南、魏、广川、高阳、堂邑、南东海、南东平、南兰陵八郡，并寄京邑。宫城仍吴之旧。成帝作新宫，缮苑城，修六门。宫城正南曰大司马门，北昌平门[①]，东西二门曰东掖、西掖。大司马门与都城宣阳门对。又南出至淮水，上置朱雀门，即吴之大航门也。都城十二门，南北各四，东西各二，详见于图。淮水上设浮航二十有四。朱雀航，即朱雀门处，在今镇淮桥东，后移至桥处，盖据淮为阻，有事撤航为备，即吴栅塘之意也。成帝时，徙建康县于御街西。

按：此图青溪，发源蒋山，引后湖之水，而无潮沟，是混青溪、潮沟而一之也。至湘宫寺，乃宋明帝故居，舍宅为寺。今图已有湘宫港，亦误。

---

① 此门应为平昌门。

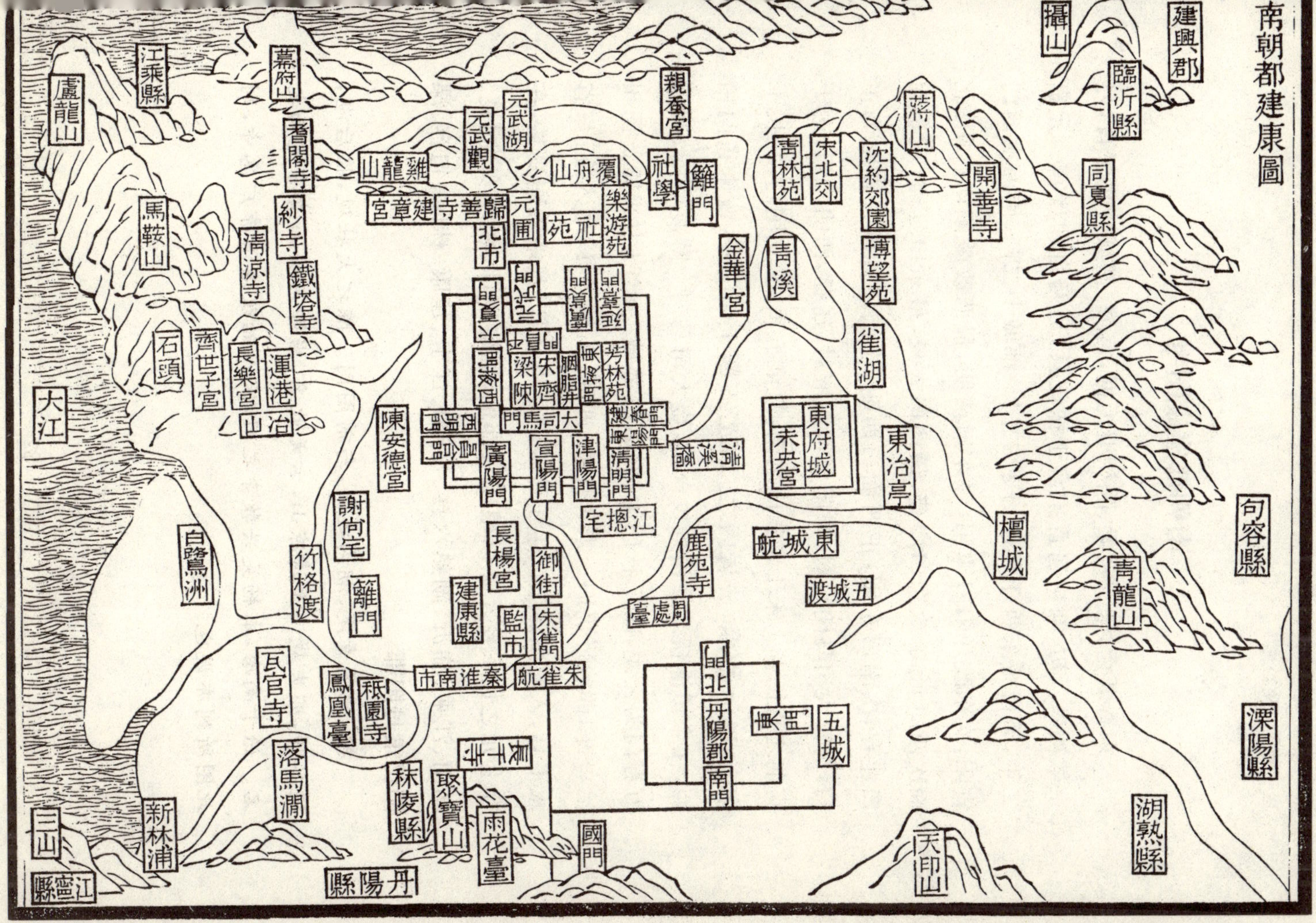

南朝都建康圖
建興郡
攝山
臨沂縣
同夏縣
蔣山
開善寺
沈約郊園
宋北郊
青林苑
博望苑
雀湖
東府城
未央宮
東治亭
檀城
句容縣
青龍山
溧陽縣
湖熟縣
天印山
五城
東門
北門
丹陽郡
南門
國門
丹陽縣
雨花臺
聚寶山
長干寺
秣陵縣
落馬澗
新林浦
三山
江寧縣
瓦官寺
鳳凰臺
祇園寺
秦淮南市
朱雀航
監市
建康縣
長楊宮
御街
鹿苑寺
周處臺
五城渡
東城航
江總宅
清溪橋
竹格渡
謝尚宅
籬門
白鷺洲
陳安德宮
石頭
齊世子宮
長樂宮
運港
冶山
清涼寺
鐵塔寺
馬鞍山
盧龍山
江乘縣
幕府山
元武湖
元武觀
雞籠山
歸善寺
建章宮
覆舟山
樂遊苑
親蠶宮
籬門
金華宮
青溪
北市
元圃
大司馬門
宣陽門
廣陽門
津陽門
清明門
大江

南朝都建康图考

东晋既亡，宋、齐、梁、陈相继为据，宫城、都城皆仍于晋，号京辇神皋。初，刘裕逼晋主宫于秣陵县，后乃自即晋宫。元嘉二年，于台城东西开万春、千秋二门。都城十二门，南面次西门宣阳，次东改开阳曰津阳，最东曰清明，最西改陵阳曰广阳；北面次西曰元武，次东曰广莫，最西曰大夏，最东曰延熙；正东面曰建春，次南曰东阳，正西面曰西明，次南曰阊阖。宣阳为正门，与宫大司马门直对；津阳与宫南掖对；建春、西明二门，达于宫前之直街者。宋于朱雀门之南，渡淮五里，又立国门，在长干东南，以示观望。齐皆因之。梁置石阙于端门外，改朱雀门稍西，在今镇淮桥北。侯景攻台城，烧大司马门。陈复营治，改宫万春门为云龙，改千秋门为神武，改都城广莫门为北捷。扬州治、丹阳郡治皆仍旧。宋省怀德、即邱、阳都三县，尽入临沂；省永平县，入溧阳。梁武生于秣陵同夏里，因以其地置同夏县，在今上元之长乐乡。陈以琅琊三郡地，置建兴郡，领建安、同夏、乌山、江乘、临沂、湖熟六县。丹阳、江宁、建康、秣陵、句容、溧阳仍隶丹阳郡。

按：此图青溪、潮沟之误，与前图同。陈之大壮观，临后湖，观水师，亦失载。至清凉山，古无此名，当即石头山清凉道场之名。始于南唐，本杨吴兴教寺之旧，宋人始改名清凉广惠寺，则此图所列亦误也。

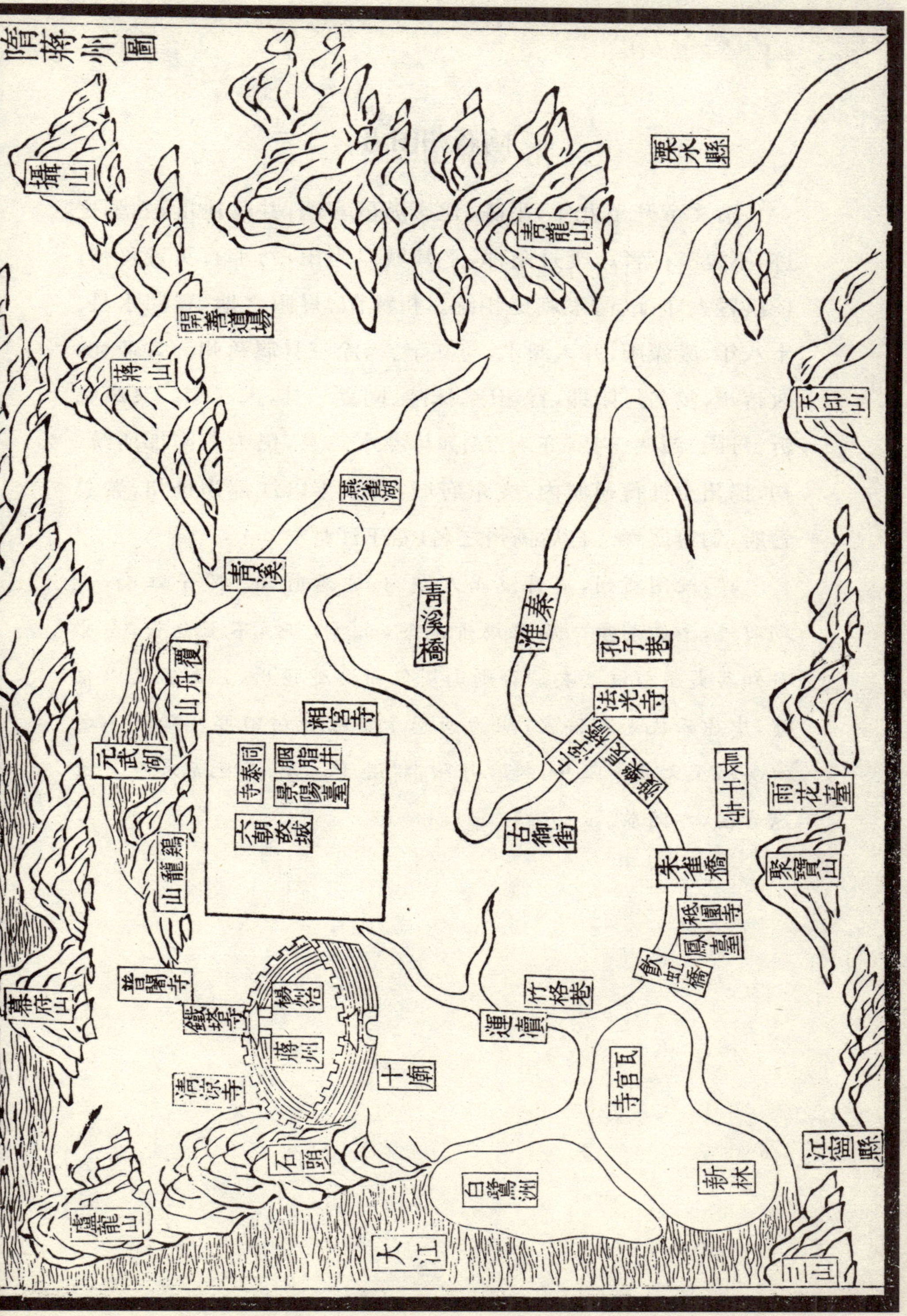

隋蔣州圖
攝山
開善道場
蔣山
青龍山
溧水縣
天印山
燕雀湖
青溪
覆舟山
青溪橋
淮秦
孔子巷
法光寺
元武湖
湘宮寺
同泰寺
胭脂井
景陽臺
六朝故城
雞籠山
古御街
雨花臺
朱雀橋
聚寶山
祇園寺
鳳凰臺
飲虹橋
竹格巷
運瀆
幕府山
鐵塔寺
蔣州
清涼寺
十廟
瓦官寺
石頭
盧龍山
白鷺洲
新林
大江
江寧縣
三山

隋蒋州图考

隋文帝开皇九年，平陈，建康城邑宫阙，并荡耕垦，六朝之迹，不复有存者。废丹阳郡，平其城以为田，乃于石头置蒋州。依汉置太守，以司隶刺史相统。析溧阳、丹阳之地，置溧水县。十八年，废溧阳，并入溧水，与江宁、当涂三县属蒋州。大业初，改蒋州，复名丹阳郡，省建康、秣陵、同夏三县，入江宁。又废临沂、丹阳、湖熟三县，亦入江宁，与溧水二县，仍为丹阳郡所统。初，扬州治徙蒋州城内，废东府城，后末年以江都为扬州，置总管府，句容属焉。自后扬州之名，专于江都矣。

按：此图所列，有青溪而无潮沟，亦沿前误。隋平江南，六朝旧迹，悉遭荡垦。后来炀帝南巡，止于广陵，不至金陵，当亦自知其夷堑之过甚矣。否则山川佳丽远过扬州，且形胜足以自守，中原云扰尚可偏安，胡为恋恋于雷塘数亩田耶？殆天夺之魄矣！至大业十三年，起宫丹阳，将逊于江左，而已无及也。清凉寺误，亦同前。

唐昇州圖

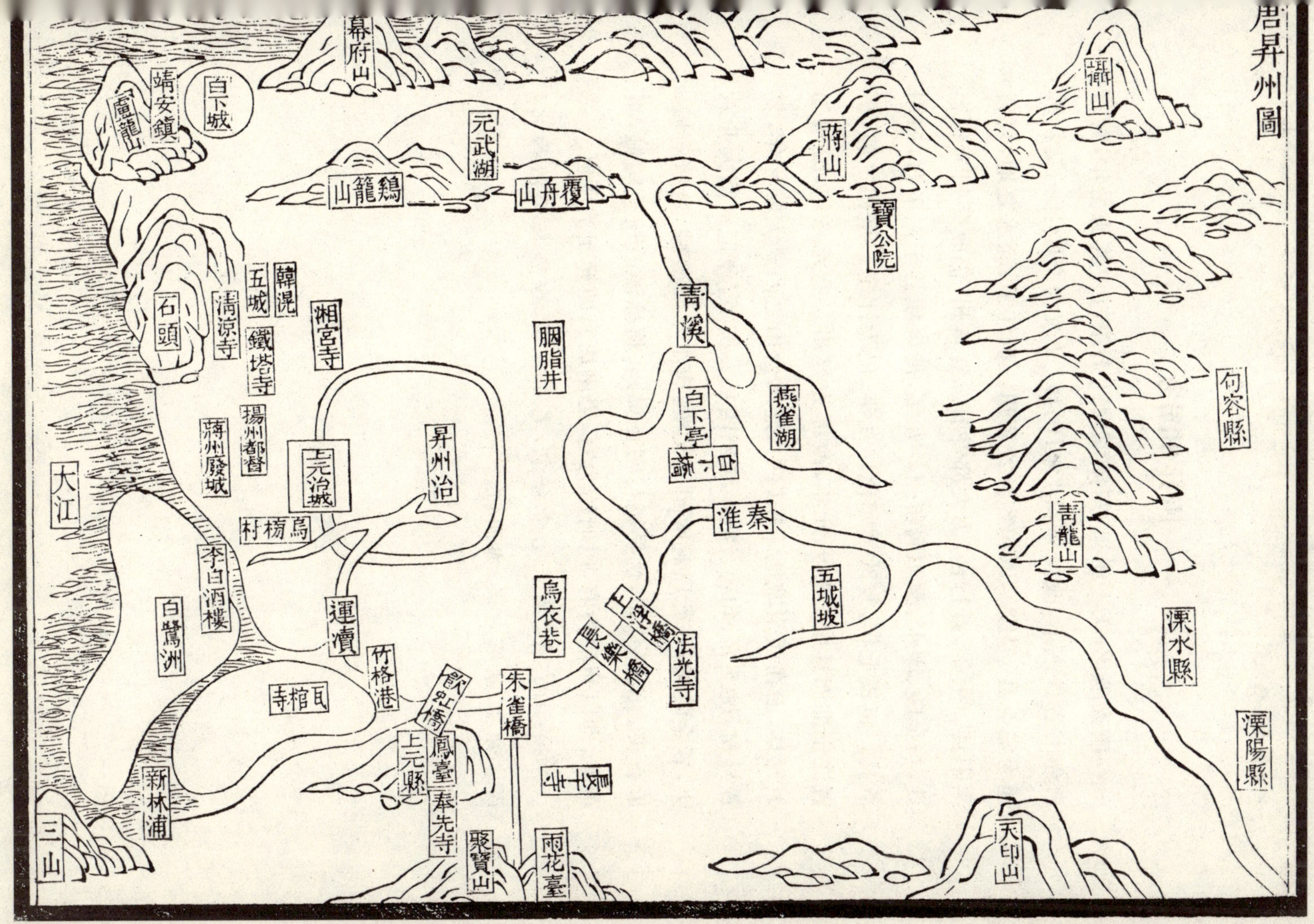

幕府山
白下城
靖安鎮
盧龍山
元武湖
蔣山
攝山
鷄籠山
覆舟山
寶公院
石頭
清涼寺
五城
韓滉
鐵塔寺
湘宮寺
胭脂井
青溪
燕雀湖
句容縣
白下亭
白下
蔣州廢城
揚州都督
上元治城
昇州治
淮秦
青龍山
大江
烏榜村
李白酒樓
白鷺洲
運瀆
烏衣巷
上浮橋
長樂橋
法光寺
五城坡
溧水縣
竹格港
瓦棺寺
飲虹橋
朱雀橋
鳳臺
上元縣
奉先寺
長干寺
新林浦
三山
聚寶山
雨花臺
天印山
溧陽縣

唐昇州图考

唐灭隋，分天下十道，丹阳郡属江南东道。武德二年，置行台尚书省。三年，改江宁县为归化县，又改为金陵县。又析其地为安业县，寻废。以句容县置茅州。析江宁、溧水之地，复置溧阳县。七年，置行台，为大都督府。复蒋州，仍改茅州为句容县，与金陵、溧水、溧阳属蒋州。九年，徙金陵县于白下村，曰白下县。贞观七年，复改为归化。九年，仍为江宁。至德二载，析置江宁郡而县废。乾元元年，改郡为昇州。上元二年，废州为上元县，治在西州城地。先启中，迁凤台山之西。大顺元年，复置昇州，统上元、句容、溧水、溧阳四县。按《宫苑记》，隋大业六年，置金陵城，在元风观南园。又按：唐李孝恭破贼，筑唐府城，近石头。天复二年，伪吴杨行密克昇州，将徐温改筑金陵城，贯秦淮，即以州治为府，以府治为宫，恐南唐宫即昇州治所也。

按：湘宫寺，为宋明帝舍宅，宅在青溪，今移在州治西北，误。青溪、清凉寺误，亦同前。

南唐江寧府圖

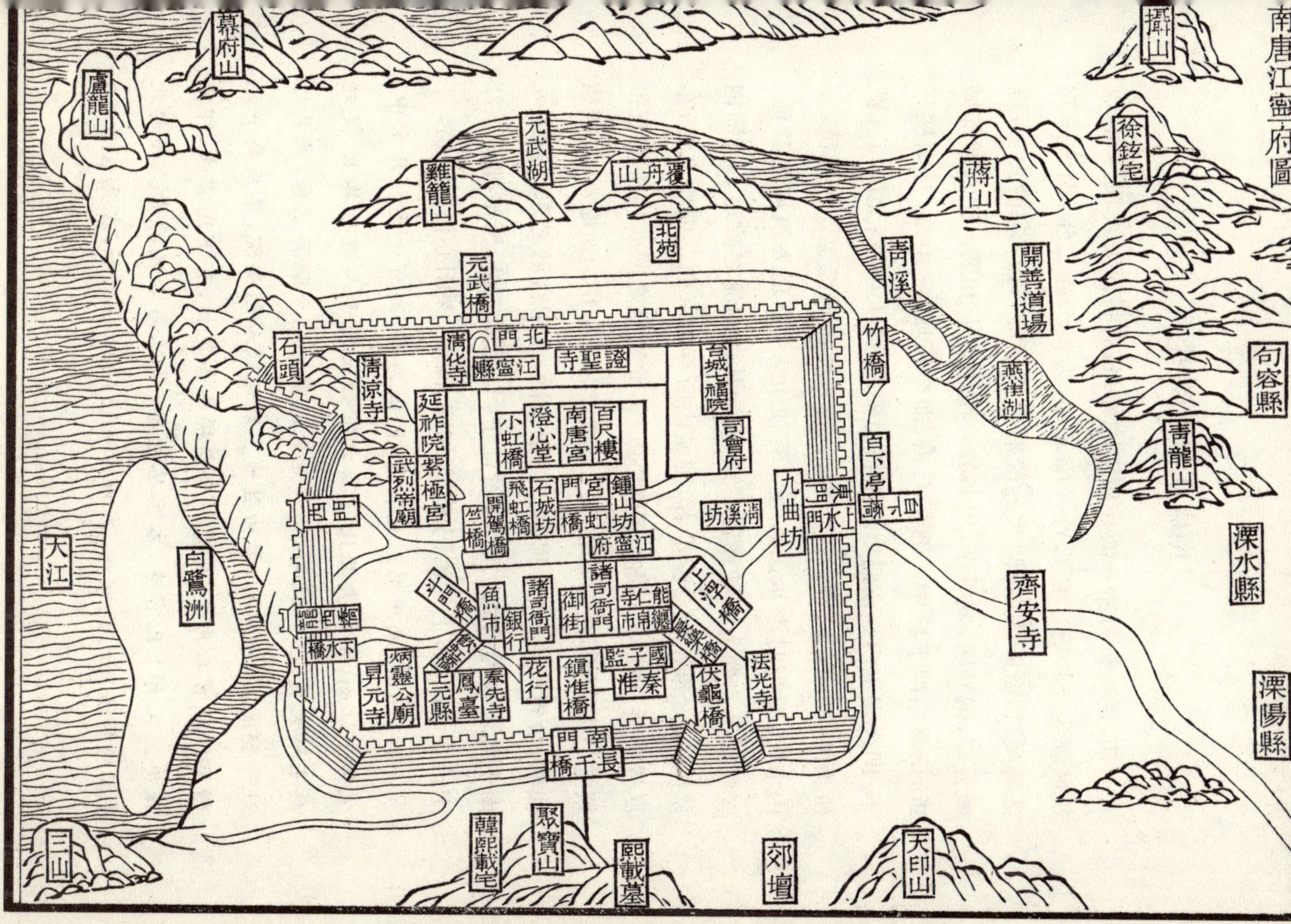

攝山
幕府山
盧龍山
元武湖
覆舟山
雞籠山
北苑
蔣山
徐鉉宅
青溪
開善道場
句容縣
燕雀湖
青龍山
溧水縣
齊安寺
溧陽縣
元武橋
北門
清化寺
江寧縣
證聖寺
台城七福院
竹橋
石頭
清涼寺
延祚院
紫極宮
武烈帝廟
百尺樓
南唐宮
澄心堂
小虹橋
司會府
白下亭
宮門
石城坊
飛虹橋
鍾山坊
虹橋
開鶯橋
竺橋
九曲坊
上水門
東門
清溪坊
江寧府
大江
白鷺洲
諸司衙門
御街
能仁寺
繒帛市
上浮橋
魚市
銀行
斗門橋
下水橋
昇元寺
鳳臺
上元縣
花行
鎮淮橋
國子監
秦淮
伏龜橋
法光寺
南門
長千橋
三山
韓熙載宅
聚寶山
熙載墓
郊壇
天印山

南唐江宁府图考

初，伪吴杨行密子溥在唐末取昇州，后将徐温自领昇州，改筑城郭为金陵府。至石晋天福元年，为吴天祚二年，温假子知诰篡吴，以金陵为西都，改金陵府为江宁府，遂以府治为宫，以城为都，国号唐，复姓李，更名昪。城周二十五里。比六朝都城近，南贯秦淮于城中。西据石头，即今石城、三山二门；南接长干，即今聚宝门。东门以白下桥为限，即今大中桥；北门以元武桥为限，即今北门桥。桥所跨水，皆昔所凿城濠也。今通济、三山水关，即当时淮水出入处。青溪九曲，至是为筑城绝其流。今竹桥下水西入旧城濠者，乃自潮沟从西南流之故道。自旧内傍南流，经淮清桥合秦淮者，则城内所存之一曲。内桥之北，东尽昇平桥，西尽大市桥，北至小虹桥，此宫城之限。内桥南直抵聚宝门大街，即当时御街也。按志：宫前御街，傍夹大沟，杂植槐柳，台省相望，今沟犹存。江宁府治，改于宫城之东。割上元南十九乡与当涂北二乡，复置江宁，与上元二县，皆治郭下。江宁治在北门内，上元治仍唐旧，句容、溧水、溧阳亦仍旧治焉。

按：陆游《南唐书》：瓦官寺，因山为基，高可十丈。开宝中，宋师下江南，士大夫豪民富商之家妇女数千人避难其上，吴越兵士举火焚之，一旦而烬。《焦氏笔乘》云：今骁骑卫仓，是其遗址。登阁，江山满目，最为胜处。后诏毁私创庵院，集庆庵一黠僧妄以瓦官名其处，得免。今新桥西杏花村，有下瓦官寺，即集庆庵。又有上瓦官寺，本名丛桂庵，焦竑易名凤游寺。顾起元《客座赘语》云：瓦官寺，在淮水南。城外小长干，在瓦官寺南，西出大江，其后洲渚渐生，江去长干远。而杨吴筑城，围淮水于内，瓦官寺遂在城内。瓦官寺，南唐改曰升元寺，阁曰昇元阁，其地当与凤台相近，而此图不载，实为缺略。

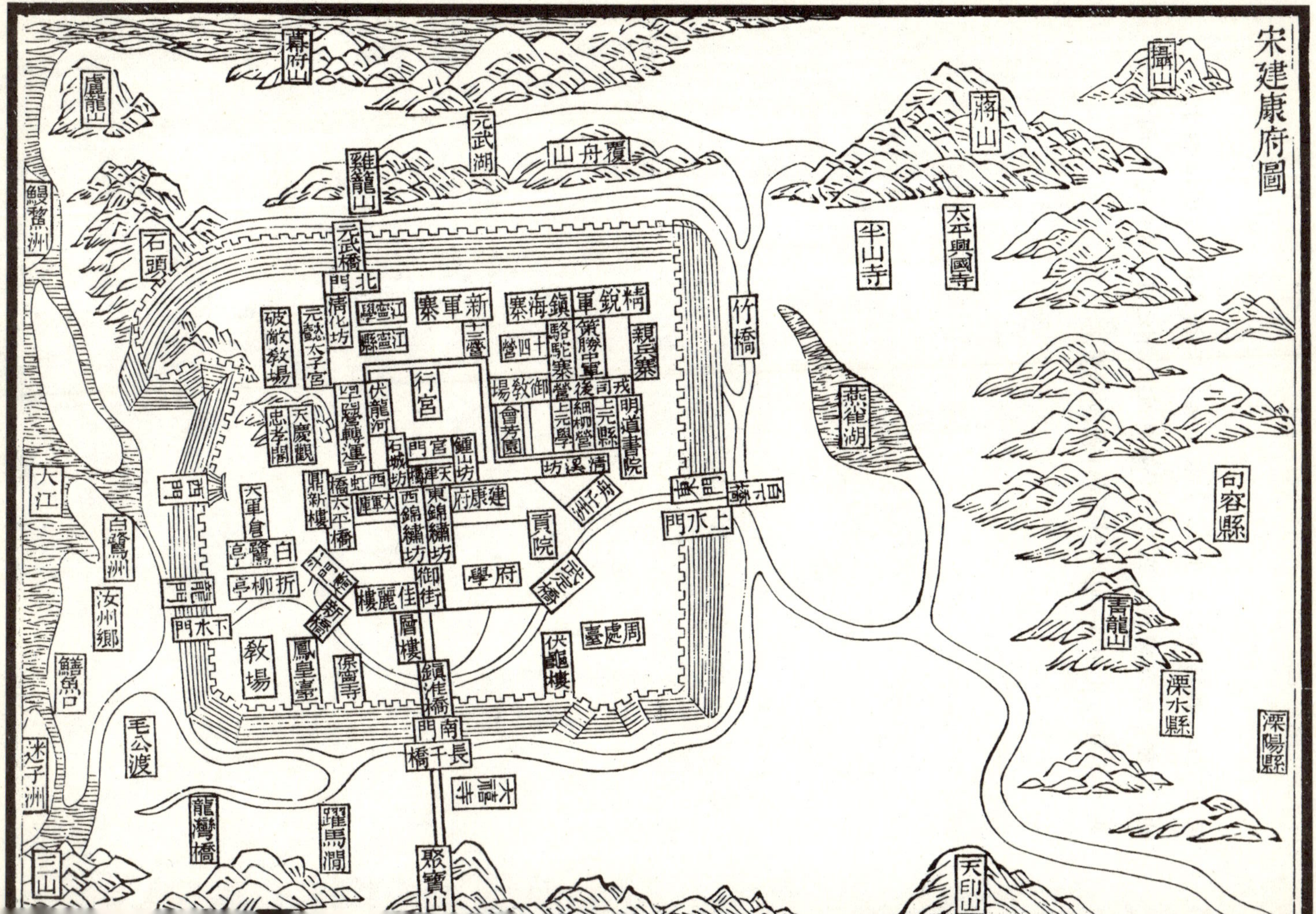
宋建康府圖
攝山
蔣山
太平興國寺
半山寺
句容縣
青龍山
溧水縣
溧陽縣
天印山
燕雀湖
竹橋
上水門
覆舟山
元武湖
幕府山
盧龍山
雞籠山
元武橋
北門
石頭
大江
白鷺洲
汝州鄉
毛公渡
三山
龍灣橋
躍馬澗
聚寶山
長干橋
南門
鎮淮橋
層樓
御街
佳麗樓
府學
貢院
建康府
行宮
武定橋
伏龜樓
周處臺
鳳皇臺
保寧寺
教場
下水門
西門
折柳亭
白鷺亭
六軍倉
鼎新樓
太平橋
天慶觀
忠孝閣
破敵教場
元懿太子宮
清化坊
江寧縣
新軍寨
鎮海寨
精銳軍
親兵寨
明道書院
上元縣
上元學
細柳營
會芳園
清溪坊
東錦繡坊
西錦繡坊

宋建康府图考

宋开宝八年，南唐灭。复昇州，仍以宫为州治，隶江南东路。天禧二年，升江宁府建康军节度使，封寿春郡王为昇王，建国后即位，是为仁宗。以昇为大国，不以封诸皇子，其守臣皆以宰执近臣为之。徙上元县于城东北南唐司会府地。建炎三年，改江宁府为建康府，又徙上元于城东隅。绍兴三年，高宗驻跸。明年，徙府治于东锦绣坊今旧内处，以府治地为行宫，设留守，命守臣兼之，安抚制置总领、转运提领、御前马步军诸司，皆治于此。行宫即南唐宫地，前内桥今改天津桥，其下水引青溪，由东虹桥今昇平桥周绕大内东、西、北[①]三隅，经西虹桥今大市桥复合青溪，曰护龙河。城皆伪吴顺义中所筑。由尊贤坊今里仁街口出东门，由镇淮桥出南门今聚宝门，由武卫桥出西门今石城门，由清化坊出北门今北门桥南大街，由斗门桥出龙光门今三山门。以上元、江宁为赤县，句容[②]、溧水、溧阳为畿县，比西京故事。

按：明初，改建都城，惟南城[③]、大西、水西、三山不改，更名聚宝、石城。三山，则尚属杨吴之旧也。志载：赏心亭在宋下水门城上。下水门，今水西门，下临秦淮，丁谓出镇张《袁安卧雪图》处，称为山水绝境。今城上并无此亭，隘于民居，山水亦未见称最胜。又志载：折柳亭在赏心亭下，宋张咏建为祖饯之所。又志载：白鹭亭在白鹭洲上，去府治西南八里。今洲已坍没，地

① 此处原缺“北”字，据明代陈沂《金陵古今图考》补。

② 此书原缺“句容”，据《金陵古今图考》补。

③ 据本书《明都城图考》，此处应为“南门”。

名草鞋夹。今有折柳亭，而无赏心亭，既略。北宋府治即南唐旧宫，在内桥卢妃巷、广储仓一带。南宋府治即今旧内，与白鹭洲皆不合西南八里之数。又志载：横江馆在水西门外赏心亭侧，事有明证。此图折柳、白鹭二亭，并绘入水西门内，似未确也。张丽华墓在赏心亭天井中。赏心亭有着，则墓亦有着。折柳、白鹭二亭有着，则赏心亭亦有着也。盖六朝相沿，惟台城、石头、东府三城，为犄角之势，余皆在城垣之外，故青溪与赏心亭处不甚远耳。

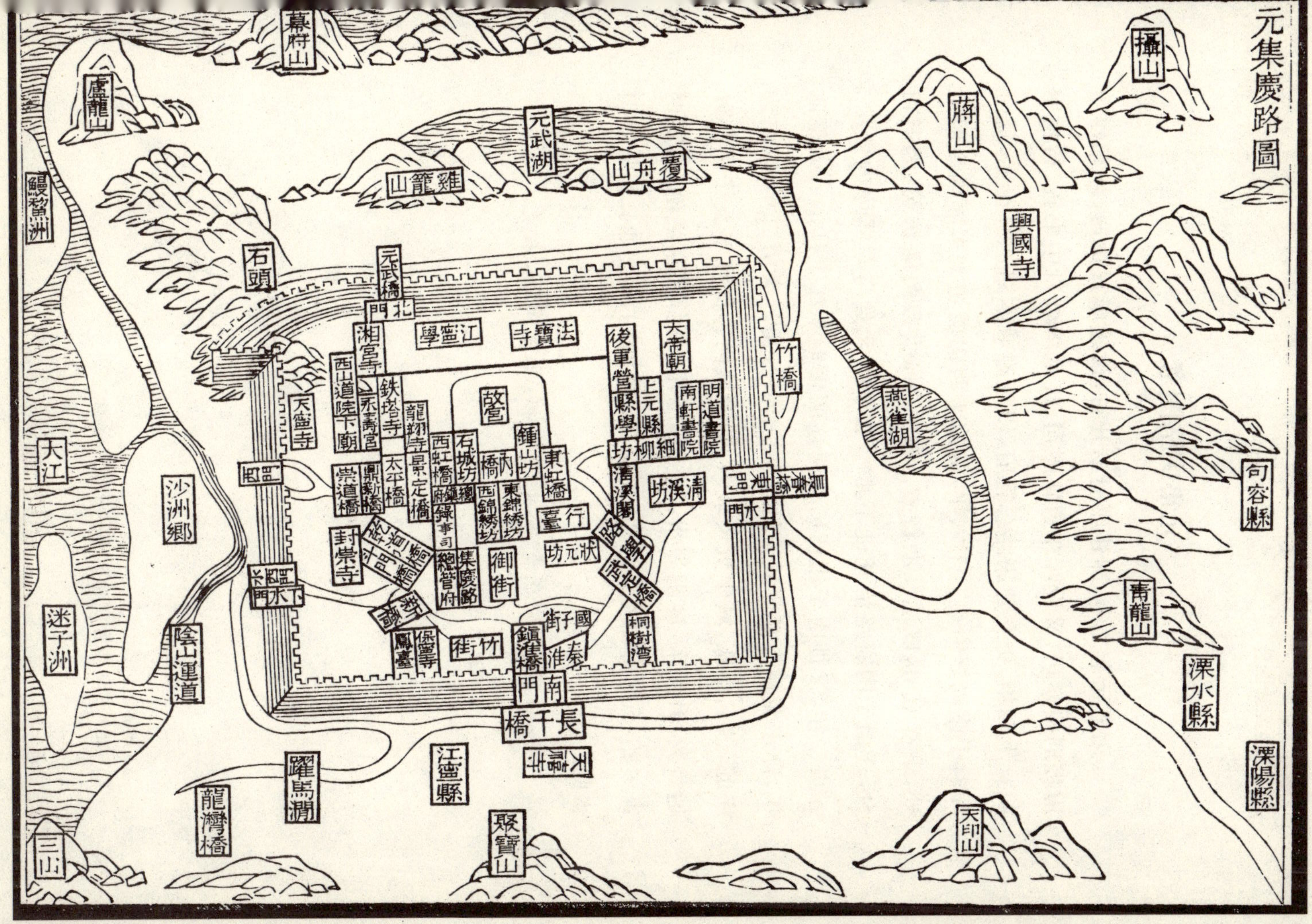
元集慶路圖
攝山
蔣山
興國寺
幕府山
盧龍山
鰻鱺洲
元武湖
雞籠山
覆舟山
石頭
元武橋
北門
江寧學
法寶寺
大帝廟
後軍營
縣學
竹橋
燕雀湖
句容縣
天寧寺
大江
沙洲鄉
迷子洲
東門
上水門
鍾山坊
東虹橋
行臺
狀元坊
御街
封崇寺
竹街
南門
長干橋
陰山運道
江寧縣
躍馬澗
龍灣橋
三山
聚寶山
天禧寺
天印山
青龍山
溧水縣
溧陽縣

元集庆路图考

元至元十二年，即建康府治开省，设建康宣抚司、江东建康道提刑按察司，又设江东道宣慰司、江淮等处行中书省、行枢密院。十四年，更立建康路总管府，以宣慰兼本路达鲁花赤，就金厅君子堂内署府事。十六年，徙治于西锦绣坊大军库内今府治处，隶宣慰司，以达江浙行省。按察司政[①]肃政廉访司，因避行台，迁治宁国府路治迁徙不常[②]，尝于上元县与军器库内置治。元贞二年，又徙府于银行街东南佳丽楼地今江宁县治。大德四年，徙于龙翔寺基今武学处，后终于银行街。天历二年，以路为潜邸，改名集庆，城中置录事司，管治城内。徙江宁县于南门外越台侧，升溧水、溧阳为州，领三县二州一司，比京畿例，与陕西奉天路径隶行御史台。城仍宋旧，呼西门曰大西，龙光门曰水西。

按：湘宫寺，应在青溪，此图在北，距青溪远，未是。

① 此字应为“改”。

② 此句有误，应为“迁治宁国路，府治迁徙不常”。

明都城圖

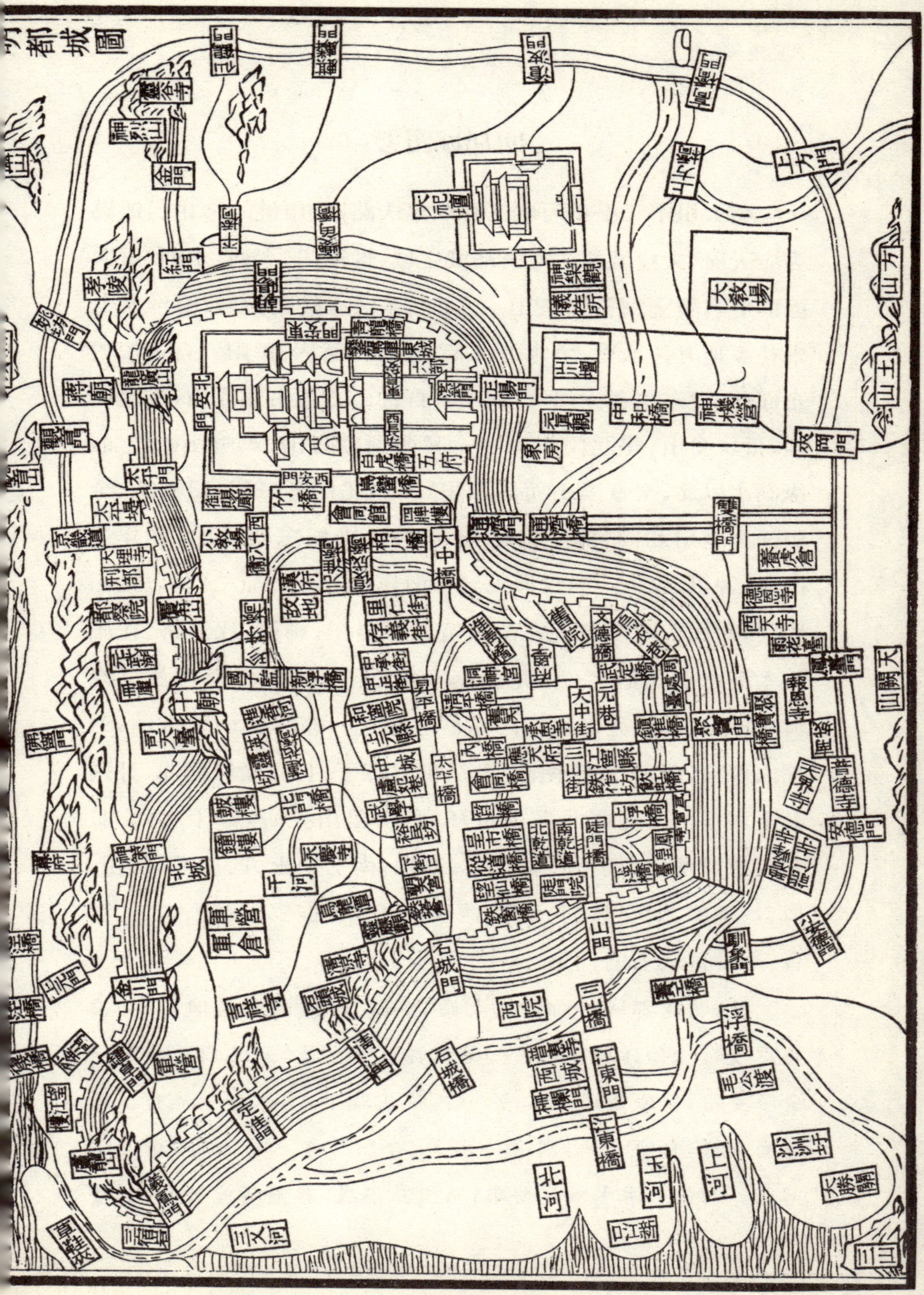

明都城图考

明太祖于元至正丙申三月取集庆路，戊申混一海内。改路为应天府，大建城阙。考诸都城之域，惟南门、大西、水西三门，因旧更名聚宝、石城、三山。自旧东门处，截濠为城，沿淮水北崇礼乡地开拓八里，增建南出者二门，曰通济、正阳。自正阳以东而北，建东出者一门，曰朝阳。自钟山之麓由龙广山，围绕而西，抵覆舟山，建北门曰太平。又西据覆舟山、鸡鸣山即鸡笼山，缘湖水以北，至直渎山而西八里，又建北出者二门，曰神策、金川。自金川北，绕狮子山即卢龙山于内，雉堞东西相向，亦建二门，曰钟阜、仪凤。自仪凤迤逦而南，建定淮、清凉二门，以接旧西门，而周门西出者五。由聚宝北至金川、神策，比通济、正阳至太平之南北倍之；由朝阳至石城、三山，比定淮至神策之东城，三山水门至通济水门之东西亦倍之。东尽钟山之南冈，北据山控湖，西阻石头，南临聚宝，贯秦淮于内外，横缩屈曲，计周九十六里。外郭西北据山带江，东南阻山控野，辟十有六门。东五曰姚坊、仙鹤、麒麟、沧波、高桥，南七曰上方、夹冈、双桥、凤台、驯象、大安德、小安德，西一曰江东，北三曰佛宁、上元、观音，周一百八十里。

按：明建都城，惟南门、大西、水西三门，尚沿其旧，即杨吴据广陵时徐知诰所建也。知诰久怀篡夺之志，此三门为广陵至金陵要路，筑城最固。水西一门，桥伏城下，水涨舟不能行。增建南出者，自通济始，则通济水关，今所称东水关者，亦杨吴之旧也。此关为淮水入城要路，而伏在水底，非直不能行舟，且于受水不畅。知诰阴怀割据，明初诸臣亦皆无识，因循其旧。又断青溪之流，使居人既不得畅沾水利，又汾浍流恶之，谓何惜哉。或曰二水关之设，以防外侮。天下有道，守在四裔，蚁封鼠穴，岂帝王之度哉！

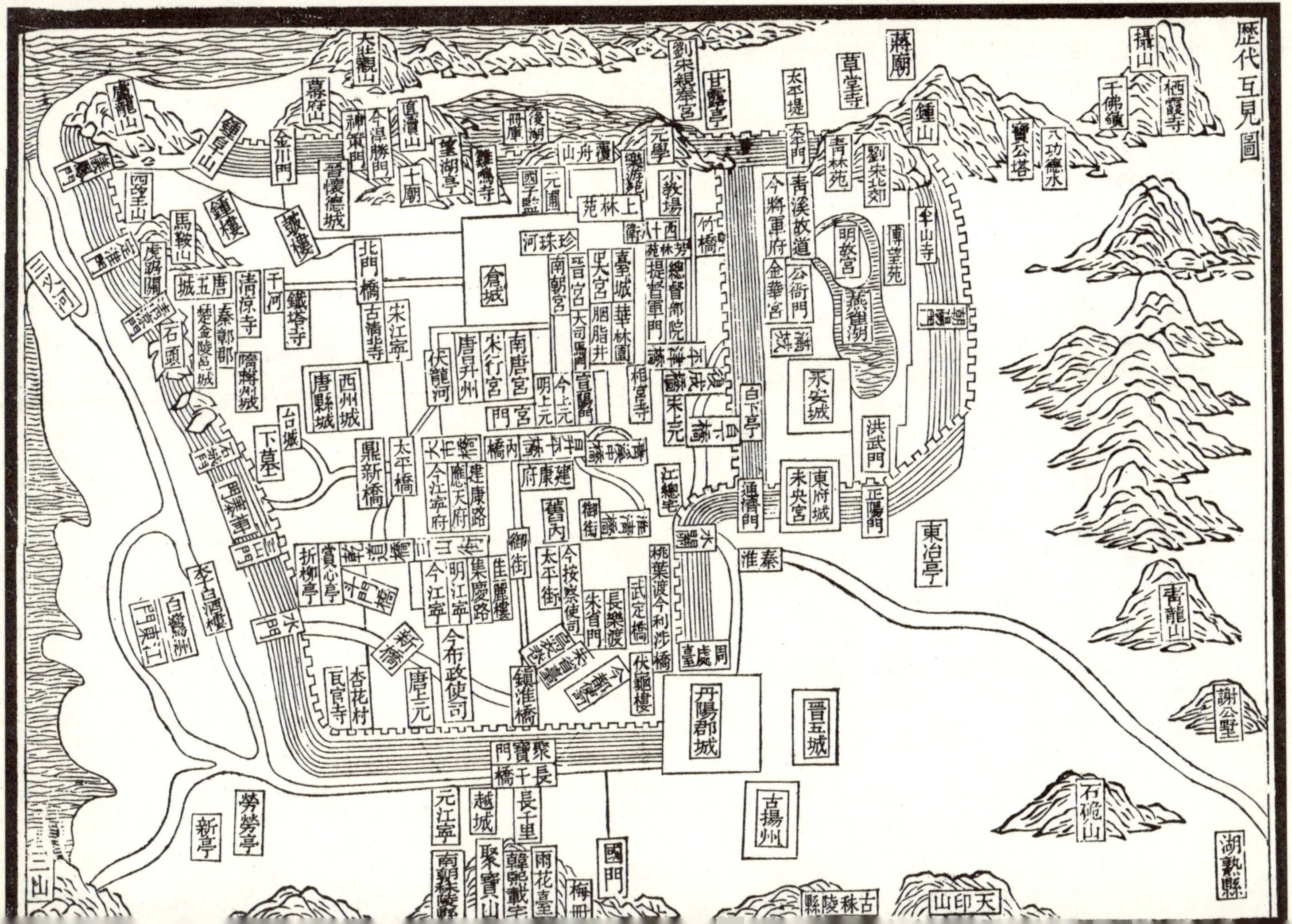
歷代互見圖
攝山
棲霞寺
千佛嶺
寶公塔
八功德水
鍾山
蔣廟
草堂寺
太平堤
太平門
青林苑
劉宋北郊
半山寺
覆舟山
元武湖
青溪故道
今將軍府
金華宮
公衙門
明故宮
燕雀湖
永安城
東府城
未央宮
洪武門
正陽門
通濟門
東冶亭
淮秦
甘露亭
劉宋親蠶宮
元學
大壯觀山
幕府山
神策門
金川門
直瀆山
盧龍山
鍾阜山
鍾樓
鼓樓
馬鞍山
四望山
清涼寺
干河
鐵塔寺
北門橋
古清涼寺
宋江寧
唐縣城
西州城
倉城
河珠珍
上林苑
教場
竹橋
南唐宮
宋行宮
唐昇州
伏龍河
南朝宮
華林園
胭脂井
總督部院
提督軍門
相國寺
台城
下墓
鼎新橋
太平橋
建康路
應天府
今江寧府
府康建
御街
舊內
太平街
明江寧
集慶路
今布政使司
唐上元
杏花村
瓦官寺
鎮淮橋
新橋
伏龜樓
江總宅
周處臺
丹陽郡城
晉五城
聚寶門
長干橋
長干里
越城
元江寧
國門
古揚州
勞勞亭
新亭
白鷺洲
李白酒樓
三山
青龍山
謝公墅
石硊山
湖熟縣
天印山
古秣陵縣
雨花臺

历代互见图考

历代城邑变置，若不可悉辨。然钟山自东北而迤逦于西南，大江自西南而环抱于东北，覆舟阻其后，聚宝当其前，青龙、石硊掖其左，石头、三山踞其右，秦淮横其中。考诸汉以后郡城，皆在淮水之南；六朝宫城皆在淮水之北，而近于覆舟；楚秦隋唐之城，皆在淮水西北，而据于石头；杨吴以后之城，皆跨淮水之南北，而近于聚宝。明因山距淮，尽乎四极，国朝因之为省城，以是据方辨位，庶几可得矣。按：六朝宫城，正门曰大司马门，南对都城之宣阳门二里，宣阳门南对朱雀门五里，台省相望为御街。朱雀门临淮水上，朱雀航北，今考镇淮桥东南桐树湾处，当是航所。中正街府军营内小桥，当是宣阳门处。直出北口西华门西大街，当是大司马门处。旧国学成贤街南口，当是宫后平昌门处，珍珠河正在宫内也。成贤街外号以东，直抵西十八卫之后，当为都之北城。宋上元县西、细柳营直北，当为东城；旧武学以北，当为西城。其规模大略可见。南唐之宫，前临内桥，东尽昇平桥，西尽大市桥，北尽小虹桥，为子城之限，宋行宫即此。内桥南直抵镇淮桥，此则南唐之御街也。志云镇淮桥即朱雀桥者，盖萧梁时移航于此，遂名旧航之处，唐所谓长乐渡也。南渡长乐一里，抵东城角，内外皆丹阳郡城之基。又东南近倪塘，乃晋王含五城。又南，当是古扬州治。清凉寺地以至石头山脊，为楚金陵邑城。又北，为唐韩滉五城。少东南，则隋蒋州城。又东，则冶城，今朝天宫处。又西，抵下街，有西州桥，即西州城地，唐上元县城亦是其处。皆石头之麓，相去不远。

南循三山水关内下浮桥，北为赏心亭，少西为折柳亭。出水关中街，水环绕处当为白鹭洲。洲之上，今普惠寺，当是李白酒楼。绕南城角高处，即昇元阁旧基。少北高阜，皆凤凰台山。少西即建初寺，寺西即杏花村。聚宝门外为长干，向西为越城，少南为秣陵城。东南为国门，转东至通济跨城处，当为东府城。大中桥东畔为白下亭。长安街西口，当为宋永安宫。北抵竹桥之侧，当为金华宫。六朝城后今府学处，为元圃小教场。西门内为上林苑，将台处当为乐游苑。蒋庙之西南，当为商飙馆，西北为亲蚕宫。此皆可因据而互见者也。

按：此图赏心亭，绘在城内，与宋图合，当有据。近得国朝刘锡旂《白下余谈》载王元倬《凤皇台寻赏心亭故址》诗注云：赏心亭，宋丁谓建张帝所赐《袁安卧雪图》者，在下水门城上，即今水西门，城俯临秦淮，似当自北少折于东，在今上下浮桥间，乃其城处，非今日形势，盖明初将故城尽扩之，亦不知其何所本也。

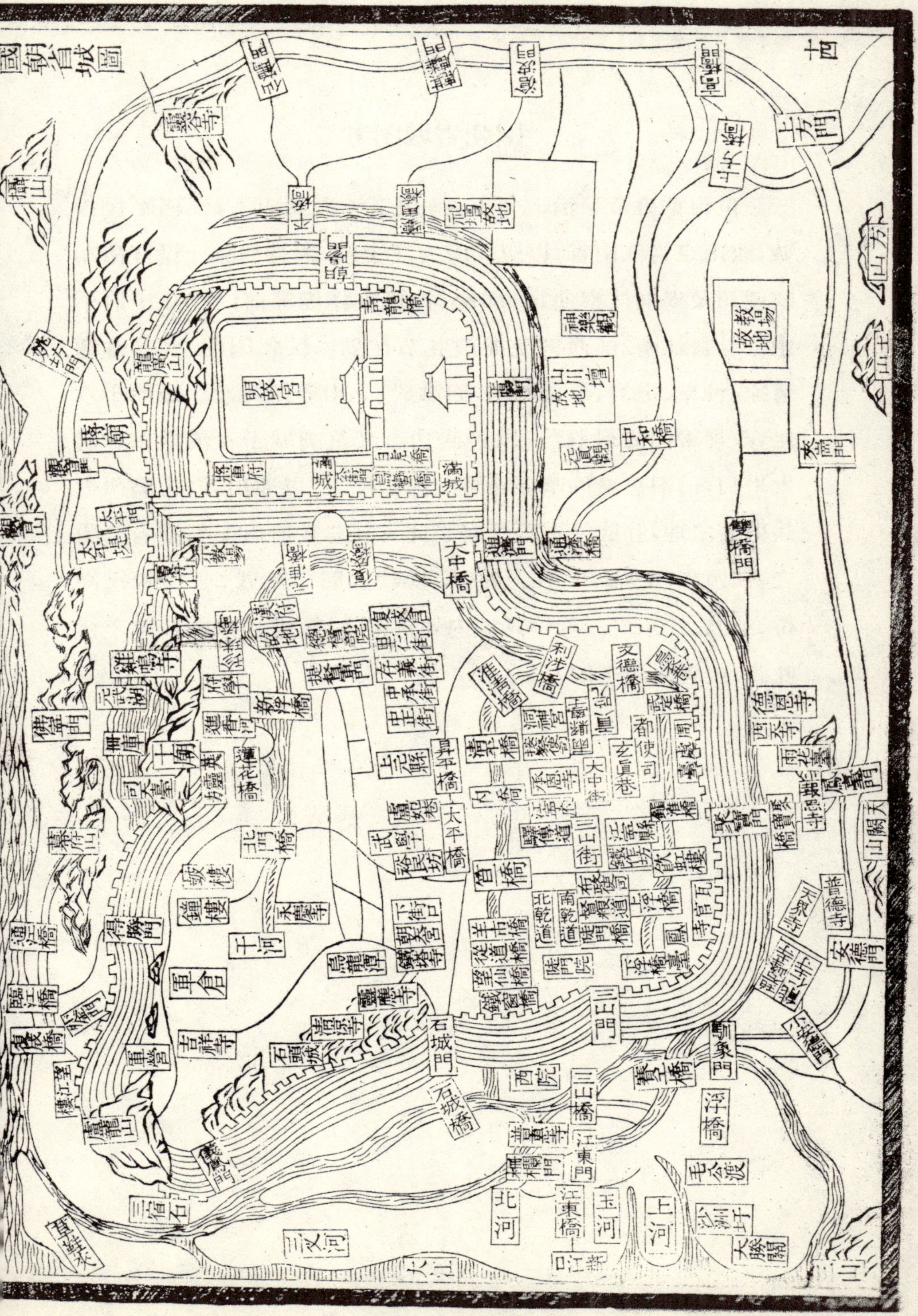

國朝首城圖
十四
明故宮
大中橋
石城門
聚寶門
三山門
太平門
太平堤
神策門
金川門
鍾阜門
儀鳳門
清涼門
定淮門
朝陽門
正陽門
通濟門
洪武門
上方門
夾岡門
雙橋門
安德門
鳳臺門
江東門
江東橋
上河
下河
北河
中河
三汊河
大勝關
石城橋
軍倉
吉祥寺
鍾樓
鼓樓
北門橋
內橋
淮清橋
武定橋
鎮淮橋
上元縣
江寧縣
都察院
刑部
大理寺
五軍都督府
將軍府
外五龍橋
內五龍橋
山川壇
故山川壇
故教場
故地壇
中和橋
玄武湖
雞鳴寺
覆舟山
盧龍山
獅子山
馬鞍山
清涼寺
鳳凰臺
上新河
三山
雨花臺
天界寺
報恩寺

国朝省城图考

世祖章皇帝顺治二年五月，豫王统大兵南下，江南军民投诚，改南京为江南省，以应天府为江宁府，领县如故。设江南布政使司及提刑按察使司、都使司、督粮驿传等衙门于江宁府治中。总督江南、江西部院衙门驻节在焉。城郭因明之旧，惟闭清凉、钟阜、定淮、金川四门，而洪武、三山等门无改。顺治十六年，改神策门为得胜门，以旌武功。又筑满城于青溪之东。起太平门，沿旧皇城墙基至通济门止，开二门以通出入，为满州大兵屯驻之地，驻防将军等开府于此。其总兵府以旧临淮府第为之，在西华门大街之右。外郭门城垣，旧多颓毁，所存者仅高桥、沧波、江东二三处。其城内外桥梁水道，惟利涉桥新建于桃叶渡，余皆无改于旧。

卷　一

吴

冶城是吴王夫差铸剑处

在上元县治西，今朝天宫是其遗址。按陆游《入蜀记》，称天庆观后为冶城山。天庆观即今朝天宫，本南唐紫极宫故址。《世说》注引《丹阳记》曰：丹阳冶城去宫三里，吴时鼓铸之所，以为孙权所筑。或仍夫差之旧，未可知也。

斗间云气望中原，剩有蛟龙剑血斑。欧冶干将俱寂寞，一痕青认冶城山。

尽有人间百炼锋，好从匣底卧芙蓉。韬光敛锷英雄事，莫但延津说化龙。

吴王剑池

在冶城山下。

回首吴王铸剑时，冶城遗迹未参差。虎丘旧有题名在，又向金陵问剑池。虎丘剑池石上，余旧有戊午年题名。

越

越城是范蠡为越王勾践筑

越城一名范蠡城。相传蠡佐越王句践谋楚，周元王四年所筑，在江宁县南。刘渊林《吴都赋》注：建业南五里，有大长干、小长干。大长干在越城东，小长干在越城西。或谓今报恩寺前江宁县丞廨即其址，俗呼为越台。六朝交兵在南者每据此为要地。故卢循之来众军修治越台也。

一样兴亡更可嗟，长干枯树噪啼鸦。越台争似苏台好，杨柳年年扫落花。

如何谋楚计全非，战士还家空锦衣。太息会稽山下路，春来唯有鹧鸪飞。

石室阴谋慨霸才，杜圻山色隐崔巍。杜圻山，在太湖，相传有范蠡宅。扁舟已泛烟波去，未必当年此筑台。

楚

金陵冈是楚威王埋金处

在上元西北龙湾路，相传楚人埋金于此，以压王气。旧志云：金陵邑城，周显王三十六年楚威王所置。孙吴即其地筑城曰石头城，即今石城门，近清凉门处。战国之金陵城，或即春秋之冶城耶?《建康志》云:宋靖安道间有埋金碑云:不在山前,不在山后,不在山南,不在山北,有人获得,富了一国。周应合云:耆旧指为秦时古碑,近年为好事者取去。按:埋金是楚威王事,则碑当亦楚人所立也。

龙湾路绕碧峰阴,落日苍苍带远林。吴国当年曾铸剑,楚王何事此埋金。秦关百二终难出,越甲三千枉就擒。野老不须夸王气,六朝遗迹久销沈。

秦

江楼望秦始皇所凿诸山

卢龙、马鞍本一山,秦分为二。天印、石馈亦然。天印一名方山,即淮水所从入也。

六国平来鬓未斑,东游江海不知还。亡秦人在君王侧,辛苦翻劳凿二山。

王气应知渐渐消,六朝遗事又南朝。四围山色青如许,长照秦淮水一条。

秦淮是秦始皇东巡所凿

《舆地志》、《丹阳记》诸书,皆言秦始皇用望气者言,凿方山,断长垄,以泄王气,导淮水入江,是为秦淮之始。其源有二:西源出溧水东庐山,东源出句容茅山,至方山合流,至通济门西流入城,合东濠、青溪、运渎诸水,出西水关,沿石头城,以达于江。

六王已毕阿房起，祖龙东巡行不止。赭衣辛苦开云阳，更向江乘凿淮水。淮水浩浩从西来，两源合并波潆洄。金陵王气泄不尽，牛首天阙风云开。六代纷纷奈何帝，别有真人皇觉寺。二千年后英雄人，何与当年乃公事。影落春潮画阁新，疏窗金粉画眉人。夜深明月来相照，淮水而今尚姓秦。

汉

后湖访王莽大司马甄邯墓

甄邯，史不著其籍。西汉末官奉车都尉，以定策功封承阳侯。王莽辅政，邯主击断，有事使白太后。居摄元年，邯为太保后承，又为轻车将军。槐里男子赵明、霍鸿等起兵和翟义，以邯为大将军，受钺高庙，领天下兵，左杖节，右把钺，屯城外。莽建国元年，以邯为大司马，承新公四年卒。《南史·何承天传》：刘宋时，张永开元武湖，遇古冢，冢上得一铜斗，有柄。文帝以访朝士。承天曰："此亡新威斗，王莽三公死，皆赐之，一在冢外，一在冢内。时三台居江左者，惟甄邯为大司徒，必邯之墓。"俄而冢内更得一斗，复有一石，铭"大司徒甄邯之墓"。按《王莽传》云，邯为大司马，邯卒，以宁始将军孔永为大司马。《南史》云司徒，未知孰是。惜碑文不可得见矣。

承恩溯前汉，佐命翊亡新。都尉司宫日，将军把钺晨。石铭摹未得，铜斗辩谁真。岂独元言者，鸿文解剧秦。

钟山汉秣陵尉蒋子文祠

干宝《搜神记》曰：蒋子文，广陵人也。嗜酒好色，常自谓青骨，死当为神。汉末为秣陵尉，逐贼至钟山下，贼击伤额，因解绶缚之。有顷，遂死。及吴先主之初，其故吏见文于道，乘白马，执白羽，侍从如生平。于是使使者封子文为中都侯，次弟子绪为长水校尉，皆加印绶，为庙堂，号钟山为蒋山。六朝以来，灵应甚著，荐崇帝号，今父老犹奉为土神。祠一在雉亭山，为齐武帝射雉处，即骑亭山，以子文见神得名；一在龙尾山，即蒋山之麓，子文死钟山之阴，故有蒋陵之号。后湖亦名蒋陵湖也。

灵旗落叶共飘萧，龙尾荒祠久寂寥。志阙赤乌前代事，魂归白马午时潮。玉颜姽婳怜三妹，香火繁华阅六朝。一角钟山埋骨地，传芭不用楚词招。

青溪小姑祠

吴均《续齐谐记》曰：会稽赵文韶，宋元嘉中为东扶侍，廨在青溪中桥。秋夜步月，怅然思归，乃倚门唱《乌飞曲》。忽有青衣，年可十五六许，诣门曰："女郎闻歌声有悦人者，逐月游戏，故遣相问。"文韶都不之疑，遂邀暂过。须臾，女郎至，年可十八九许，容色绝妙。谓文韶曰："闻君善歌，能为作一曲否？"文韶即为歌"草生盘石下"，声甚清美。女郎顾青衣，取箜篌鼓之，冷冷似楚曲。又令侍婢歌《繁霜》，自脱金簪扣箜篌和之。婢乃歌曰："歌繁霜，繁霜侵晓幕。何意空相守，坐待繁霜落。"流连宴寝，将旦别去，以金簪赠文韶，文韶亦赠以银碗及琉璃匕。明日，于青溪庙中得之，乃知所见青溪神女也。《异苑》曰：青溪小姑，蒋侯第三妹也。《乐府·神弦第六·青溪小姑曲》曰：开门白水，侧近桥梁，小姑所居，独处无郎。灵雀谢奂事，祠在金陵庙。

雉亭龙尾久荒芜，尚有丛祠祀小姑。碧水未窥双照影，青山曾写十眉图。云衣花落春惆怅，翠幔香销梦有无。灵雀箜侯俱寂寞，六朝明月夜来孤。

附　录 钱塘女史汪端小韫

碧水潺湲绕户流，中宵疑奏细箜篌。桂旗时拂三山雨，蝉鬓犹笼六代愁。凉月梦回人似玉，繁霜歌罢夜如秋。更怜烟树钟山北，寂寞无人祀蒋侯。

附　录 钱塘女史陈丽娵茗仙

门开白水近桥梁，乐府神弦第六章。曾否脱簪叩盘石，可因侵幕感繁霜。家临玉涧秋阴重，梦断青溪夜月凉。莫信箜篌银碗事，小姑居处本无郎。

诸葛武侯驻马坡

在石头城。相传武侯至吴，驻此以观形胜，谓"钟山龙蟠，石城虎踞"即此。在今蟠龙里北、收兵桥东。又，镇淮桥东北军师巷有武侯祠。《江表传》云：刘备之东，宿于秣陵，周观地形，劝权都之，则昭烈亦尝至其地也。

石头城上翠屏颜，虎踞龙蟠在此间。形胜旧传三国志，风云长护六朝山。登高感慨谁知己，揽辔澄清亦等闲。天遣艰难定西蜀，峨嵋万里隔秦关。

孙　吴

吴太初宫是长沙桓王初定江东军府

《三国志·吴王传》：赤乌十年，权适南宫。三月，改作太初宫。注引《江表传》载：权诏徙武昌宫材瓦，更缮治之，内有神龙殿。

少年豪气敌元龙，如此江山有故宫。佳耦大乔真国色，同心诸弟并英雄。眼前刘笮驱除后，海内袁曹顾盼中。功业未成身早死，至今遗恨满江东。

劳劳亭是孙吴时送别之所

《一统志》云：劳劳亭在应天府治西南，吴时置。《太平御览》、《舆地志》云：丹阳郡秣陵县新亭陇上有望远楼，又名劳劳亭，宋改为临沧观，行人分别之所。

黯然销魂者，惟别而已矣。行行重行行，千里复万里。骊驹南迈雁北征，送别自古难为情。柳绾旗亭花满路，此地犹传送别处。送别何劳劳，落日浮云骄。罗裙红粉燕赵妾，宝剑白马幽并豪。古来送别凡几辈，此地犹留一亭在。花残月缺水东流，空有春山碧于黛。我欲山铲林峦亭去桷，唤取石尤回舶趠。不然车轮生四角。

娄湖苑是孙吴辅吴将军张昭旧居

张昭字子布，彭城人。少好学，善隶书，从白侯子安受《左氏春秋》。博览众书，与赵昱、王朗皆发名友善。弱冠察孝廉，不就。刺史陶谦举茂才，不应。汉末大乱，徐方士民避难南土，孙策创业，命昭为长史、抚军中郎将。升堂拜母，如比肩之旧，文武之事，一以委昭。策临亡，以弟权托昭，昭率群僚立而辅之。上表汉室，下移属城，中外将校，各令奉职。刘备表权为车骑将军，昭为军师。权每田猎，乘马射虎，昭切谏。权于武昌钓台饮酒，以水洒群臣之面，昭正色不言，出车上坐，权乃罢酒。权置丞相，众议归昭，权不用，昭乃上还官位及所统领。更拜辅吴将军，班亚三司，改封娄侯。嘉禾五年卒，年八十一，谥曰文侯。湖为昭所开，因封娄，故名娄湖也。《南史·齐武帝纪》：望气者言，新林东府娄湖有王气，乃筑青溪宫，作新娄湖苑以厌之，约在今驻防城东南。又沈庆之有园在娄湖，一夕徙居之。庆之《应诏诗》："老朽筋力尽，徒步归南冈。"南冈即今周处台，则娄湖宜在其左右，而今无是湖。旧志又云：舰澳在江宁南十里，梁武帝开，以藏船，水出娄湖。今江宁亦无是湖，盖陵谷之变迁久矣。

东吴张子布，忠蹇有高名。交谊同公瑾，盟心比孔明。策临亡，谓昭曰：若仲谋不任事者，君便自取之。见《吴历》。著书人未老，昭在里宅无事，乃著《〈春秋左氏传〉解》及《〈论语〉注》。见《吴志》。罢酒气难平。欲访娄湖苑，苍茫白下城。

落星楼是吴大帝飨军处

落星楼在落星山，山在江宁板桥市，西临大江，山有冈，曰落星冈，即王僧辩连营拒侯景处。近水者曰落星洲，又曰落星矶。《吴都赋》云：数军实于桂林之苑，飨戎旅于落星之楼。注云：楼在建业东北十里。《景定志》云：吴大帝置三层楼，以其高，故名。又引《宫苑记》云：桂林苑在落星山。夫数军飨旅本属一事，楼与苑地必相近，则落星楼亦必在落星山，非第以其高也。

当年飨戎旅，曾建落星楼。河汉青天夜，江山赤壁秋。东风吊栖雀，西顾感牵牛。指点三山近，降帆出石头。

吴偏将军南郡太守周瑜宅

周瑜字公瑾，庐江舒人。孙坚起兵讨董卓，徙家于舒，坚子策与瑜同年，独相友善，推道南大宅以舍策，升堂拜母，有无通共。从策攻横江当利，击秣陵，破笮融、薛礼，转下湖孰、江乘，进入曲阿，刘繇奔走，还镇丹阳，与从父尚还寿春。袁术欲以瑜为将，瑜知其无成，求为居巢长，遂自居巢还，吴策亲自迎瑜，授建威中郎将，时年二十四，吴中呼为周郎。策欲取荆州，以瑜为中护军，领江夏太守。从攻皖，拔之。复进寻阳，破刘勋。讨江夏，还定豫章、庐陵，留镇巴邱。策薨，权统事，将兵赴丧，与张昭共掌众事，破曹操于赤壁，走曹仁于南郡。拜偏将军，领南郡太守，方图取蜀，卒于巴邱，年三十六。相传江宁府治是其故宅遗址。

忆昔周公瑾，曾偕孙伯符。江山自形胜，军旅共驰驱。赤壁人今昔，青山事有无。合肥有周公山。南来问遗宅，烟雨蒋陵湖。

吴折冲将军西陵太守甘宁墓

甘宁字兴霸，巴郡临江人。少好游侠，招合少年，负毦带铃，群聚攻劫。依刘表，不见进用。转托黄祖，以凡人畜之，后乃归吴。从权西伐，遂禽黄祖。后随周瑜破曹公于乌林，攻曹仁于南郡，以功拜西陵太守。从攻皖，获朱光，拜折冲将军。曹操出濡须，宁以百人夜斫其营。从攻合肥，壮气毅然，病卒，权痛惜之。墓在直渎山下。

铃声帆影总难当，乱世能知择主良。少日功名事游侠，中原形胜论荆襄。樽垒慷慨生知己谓救苏飞事，鼓角纵横入战场。太息当年埋骨处，几番陵谷变斜阳。

吴偏将军汉昌太守鲁肃墓

鲁肃字子敬，临淮东城人。家富于财，性好施与。周瑜为居巢长，过肃求资粮，肃指囷赠之。袁术闻其名，就署东城长。肃知其无成，乃就瑜，与同东渡。会孙策已薨，瑜因荐肃于权，说权与刘备并力以拒曹操。周瑜死，以肃代之，拜汉昌太守、偏将军，转横江将军。建安二十二年卒，年四十六。墓在上河，旧志不载。王葑亭《金陵杂咏》序云：乾隆中，婺源江姓买宅上河，掘地得断碑，审为肃墓，有诗纪事。

赤乌霸业定三分，佐命英才复几人。品较子瑜兼有识，味如公瑾觉尤醇。艰难战绩悲投子投子山，在桐城。地志云：是肃战败投子处,有投子寺,慷慨交情见指囷。天恐孤坟竟埋没,断碑重见上河滨。

吴大帝陵

大帝名权,字仲谋。兄策既定诸郡,权年十五为阳羡长。从征刘勋、讨黄祖。建安四年,策薨,权嗣立。十三年,破曹操于赤壁。十四年,刘备表权行车骑将军,领徐州牧。十六年,徙治秣陵。明年,城石头,改秣陵为建业。十九年,征皖城,克之。二十二年,遣都尉徐详诣曹操请降。二十四年,遣吕蒙袭荆州。二十五年,曹丕篡汉,权称藩,丕封权为吴王,加九锡。黄武元年,蜀兵来伐,为陆逊所破。魏遣使来盟,并征任子,权辞。魏人出师,权遂改年,临江拒守。使郑泉聘刘备于白帝,始复通。八年,改元黄龙。又四年,改元嘉禾。元年,遣使之辽东。又七年,改元赤乌。又十四年,改元太元。二年,薨,年七十一,谥曰大皇帝。葬蒋陵,陵在钟山阳孙陵冈。自朝阳门至麒麟门相距二十里,凡十三冈,第三即孙陵冈也。

旗鼓成三国,江山领六朝。霸才天堑险,王气秣陵消。宰木神鸦聚,荒陵石马骄。墓门花草尽,呜咽下寒潮。

步夫人冢

吴主权步夫人,临淮淮阴人,与丞相骘同族。汉末,其母携徙庐江,为孙策所破,东渡江,以美丽得幸于权,宠冠后庭。生二女,长曰鲁班,少曰鲁育。夫人性不妒忌,多所推进,故久见爱。待权为王及帝,欲以为后,而群臣议在徐氏,依违者十余年，然宫中皆称皇后，亲戚上疏称中宫。及薨，臣下缘权指，请正名号，乃赠印绶策命。葬于蒋陵，在孙陵冈吴大帝陵侧。梁何逊有诗。

孙陵冈下路逡巡，霸气荒凉古水滨。三国旌旗吴大帝，六宫玺绶步夫人。香销玉冷无铜雀，水剩山残有石麟。何事后来恩太薄，西陵家难最悲辛谓步阐事。

直渎是孙吴所凿

旧志：直渎山在上元北二十里，观音山在上元观音门外。按观音之名，始见明"南畿"、"应天"两志[①]，不应滨江，大山险峻如此，前志皆不言。观《景定志》论建康山水谓：自临沂山以至三山，围绕于其左；自直渎山以至石头，溯江而上，屏蔽于其右。今观音山正江宁诸山沿江初起处，其为直渎无疑，则直渎山即观音门山，直滨即观音门水，是直渎者古名，观音者明世俗称耳。伏滔《北征记》：甘宁墓有王气，孙皓恶之，乃凿，其后为直渎，其水东西流入大江。按：直渎东渠水当由燕子矶下出，今河道已不可辨。其西流经，明时建城隔断，全不可见矣。

金陵王气肯终埋，辛苦经营水一涯。试问孙吴开直渎，何如嬴政凿秦淮。

甘宁墓上草萧萧，青盖明年入洛遥。二百年来终割据，匆匆东晋又南朝。

① 此二志当为明嘉靖《南畿志》64卷、万历《应天府志》32卷。

天玺元年纪功碑

天玺元年纪功碑,《吴录》以为华核文,《东观余论》以为皇象书。旧在段石冈,元祐中移置漕台后圃,明初又移至江宁县学尊经阁下。碑毁于晋季,石凡三段,形如覆臼,字列三面而虚其一,字多驳蚀。按《吴志》云:天册元年,吴郡掘地得银,长一尺、广三分,刻上有年月,于是改元天玺。又言临平湖壅塞,复开,于湖边得石函,中有小石,青白色,长四寸、广二寸余,刻上作皇帝字。八月,又言历阳山石文理成字,凡二十,云:"楚九州渚,汉九州都。扬州士,作天子,四世治,太平始。"又吴兴阳羡山有空石,长十余丈,石室所在,表为大瑞,于是改元天纪。总孙皓在位十六年,凡八改元,言符瑞者累累,未几,青盖入洛庙社屋矣。符瑞之事果何有哉!碑字铦厉奇崛,董广川以为汉隶,杨东里以为八分,朱竹垞以为在篆隶之间,然不若谓之篆书为确也。近毁于火,江宁太守余霈元以旧拓本重摹勒石。

楚九州渚,汉九州都。扬州士,作天子。四世治,太平始。太平之主非孤谁,大帝逮孤四世矣。临平湖边石函启,天册改元作天玺。历阳山石灿文理,天玺改元作天纪。十五年中八改元,童昏作事乃如此。君不见代汉者当塗,高石马文大讨曹。西京谶纬此流弊,古来符瑞皆言妖。乃祖远迓罗阳王,乃孙亦设平虑郎。作法于凉古所训,赤乌之赤黄龙黄。阿童战舰方龙骧,明年青盖入洛阳。

板桥吊吴丞相张悌墓

张悌字巨先，襄阳人。少有名理，孙休时为屯骑校尉。魏伐蜀，吴人问悌，悌料魏必破蜀，吴人笑其言。既而蜀降于魏，晋来伐吴，孙皓使悌督沈莹、诸葛靓率众三万至牛渚。沈莹欲待晋师来与战，悌曰 ："吴之将亡，贤愚所知。若如子计，敌来君臣俱降，无一人死国者，不亦辱乎！"遂渡江战，败。诸葛靓欲牵与俱去，悌曰："仲思今日是我死日。我为儿童时，便为卿家丞相所识拔，常恐不得其死，负名贤知。顾今日以身殉社稷，复何遁耶！"遂死之。见《襄阳记》。吴丞相军师张悌、护军孙震、丹阳太守沈莹帅师与晋师战，晋人败吴军于板桥，获悌、震、莹等。见干宝《晋记》。夫以悌之忠义如此，而《吴志》不为立传，此承祚之所以不得为良史也。板桥在三山东北，悌墓在焉。

料敌先几远，谈兵决策精。四朝终丧乱，一死见忠贞。同难悲孙震，成谋失沈莹。板桥埋骨处，荒垒暮云平。

西　晋

三山是晋龙骧将军王濬平吴驻师处

濬字士治，宏农湖人。家世二千石，博涉坟典，不修名行，晚乃变节，恢廓有大志。辟河东从事，刺史徐邈以女妻之。参征南军事，羊祜深知待之。转车骑从事中郎，除巴郡太守，转广汉太守，迁益州刺史。武帝谋伐吴，诏濬修舟舰，寻拜龙骧将军，监梁益诸军事。时朝议咸谏伐吴，濬上疏，明其当伐，帝纳焉。太康元年，濬发自成都，克丹阳。二月庚申，克吴西陵。壬戌，克荆门。乙丑，克乐乡。顺流鼓棹，径造三山，孙皓降于军门。初，王浑与濬同受命伐吴，浑出横江，既破吴人，畏不敢进。濬将至秣陵，浑要令暂过论事，濬举帆直指，报曰："风利，不得泊也。"浑耻功出濬下，表濬违节，有司按槛车征，帝勿许。濬亦上书自理，以功拜辅国大将军，领步兵校尉，封襄阳县侯。博士秦秀等以濬功重报轻，表讼濬屈，乃迁镇军大将军，加散骑常侍，领后军将军，又转抚军大将军。太康六年卒，年八十，谥曰武浑。濬之争也，唐彬有殄敌之勋而称疾，以示不竞；范通有外亲之谊而进说，以劝让功；论者韪之。三山有二，上三山在烈山东岸，一曰仙人矶。濬所至之三山，在江宁板桥浦西。

万里楼船下益州，龙骧威望冠中流。乘风帆影横天堑，破竹军声指石头。战伐已收三国势，江山渐起六朝愁。当年浑濬争功处，剩有遥青几点浮。

魏司空太尉晋太保王祥墓

王祥字休徵，琅邪①临沂人。汉谏议大夫吉之后，祖仁，青州刺史。父融，公府辟不就。祥性至孝，继母朱不慈，祥愈恭敬。母尝欲生鱼，天寒水冻，祥解衣将剖冰求之，冰忽自解，双鲤跃出。母又思黄雀炙，复有黄雀数十，飞入其幙，复以供母。乡里惊叹，以为孝感所致。汉末遭乱，扶母携弟，避居庐江，隐

① 同"琊"，下同。

居三十余载，不应州郡之命。年垂耳顺，徐州刺史吕虔檄为别驾，讨平寇盗，州界清静，政化大行，累迁大司农。高贵乡公即位，与定策功封关内侯，拜光禄勋，转司隶校尉。从讨毋丘俭，迁太常，封万岁亭侯。天子幸太学，命祥为三老，祥南面几杖，以师道自居，天子北面乞言。祥陈明王圣帝君臣政化之要，闻者莫不砥砺。拜司农，转太尉，加侍中，封睢陵县侯。武帝为晋王，祥与荀顗往谒，顗以为当拜，祥曰："吾等魏之三公，公王相去一阶焉。有天子三司而辄拜人者？"顗拜，祥独长揖。武帝践祚，拜太保，进爵为公，以年老乞逊位，诏以睢陵公就第，位同保、傅，禄赐如前。泰始五年薨，明年，策谥曰元。嗟乎！祥之事亲，诚格鱼鸟，其孝可谓诚笃矣！其仕魏也，位登三公，礼隆北面，高不拜之节，岂不伟哉！惜乎，鼎祚迁移，拜爵异代，曾无扶颠持危之义，其贤于何曾诸人也几何？墓在江宁县西南八十里何湖侧。按：祥卒于西京，墓不应在此。《景定志》云：当是南渡时，丞相导奉之以来。

能以三公抗晋王，如何魏国任沧桑。未应不肖如冯道，即论名儒亦孔光。薄葬西芒遗令在，废茔南土墓田荒。东来淮水清如许，孝友家风奕世长。

晋步兵校尉阮籍墓

阮籍字嗣宗，陈留尉氏人。父瑀，魏丞相掾。籍容貌环杰，志气宏放，傲然独得，任性不羁，博览群籍，尤好老庄，嗜酒能啸，善弹琴。太尉蒋济闻其才，辟之，不就。曹爽辅政，召为参军，以疾辞。宣帝为太傅，命为从事中郎。高贵乡公即位，封关内侯，徙散骑常侍。籍本有济世志属，魏晋之际，天下多故，名士少有全者。籍由是不与世事，酣饮为常。尝游东平，乐其风土，乞为东平相。闻步兵厨营人善酿酒，乃求为步兵校尉。遗容世事，虽去佐职，恒游府内，朝宴必与。会帝让九锡，公卿将劝进，使籍为其辞，方据案醉眠，使者以告籍，便书按使写之，无所改。又能为青白眼，礼法之士，疾之若仇。时率意独驾，不由径路，车迹所穷，辄恸哭而返。作《咏怀诗》八十余篇，为世所重。景元四年卒，年五十四。考阮籍当日与嵇康齐名，顾康以卧龙之姿，不见容于典午，而籍独能托沈饮以自全，此岂独有天幸耶！观其恒游府内，朝宴必与，劝进之文，据案即得，当别有全身远害之术。后世徒以坦荡淳至目之，误矣！墓在凤皇台畔。按：籍卒于魏时，墓不应在此。旧志：明万历间，李昭掘得石碣，有"晋贤阮"三字已。又得半段曰"籍之墓"，因以为籍墓在此。曰"晋贤"，或为后人所立。籍卒于魏而书晋志，晋也。

巍巍凤皇台，其下秋草绿。草深没孤冢，伊人渺如玉。魏晋昔多故，篡夺继残局。当道凶顽踞，接轸善类蹙。名重张华死，功高卫瓘族。鹤唳陆机叹，龙卧嵇康戮。惟君婴世网，深心托高躅。《咏怀》八十篇，醇酒三百斛。怀古黍谷黍，同志竹林竹。辞昏既逃死，好色亦砭俗。慷慨广武叹，悲愤穷途哭。高骞逸鸾凤，远逝古鸿鹄。一卷西晋书，名德此为福。可惜《劝进表》，终古文章辱。何不从孙登，悠然啸空谷。

孙楚酒楼

孙楚字子荆，太原中都人。祖资，魏骠骑将军；父宏，南阳太守。楚才藻卓绝，迈爽不群，多所陵傲，无乡曲之誉。年四十余，始参镇东军事。尝为石苞作书与孙皓，使臣不敢达。参苞军事，以傲致嫌，遂制施敬，自楚始也。为征西将军扶风王骏参军，转梁令，迁卫将军司马。龙见武库井中，群臣将贺，楚上言，乃止。与同郡王济友善，济为本州大中正，状楚曰："天才英博，亮拔不群。"楚少时欲隐，谓济曰："当欲枕石漱流。"误云漱石枕流。惠帝初，为冯翊太守。太康三年卒。酒楼在城西白鹭洲上，唐李白尝饮于此。

秋色三山雨，江流六代烟。偶谈孙楚事，因过酒楼前。花月唐天宝，风流李谪仙。凭阑同一醉，高咏二千年。

晋征南将军山简墓

山简字季伦，山涛季子。性温雅，有父风。初为太子舍人，出为青州刺史，征拜侍中，荐至征南将军，都督荆襄交广四州诸军事，假节镇襄阳。于时四方寇乱，朝野危惧，简优游卒岁，惟酒是耽。诸习氏荆州豪族有佳园池，简每嬉游，多之池上，置酒辄醉，名曰高阳里。儿童歌曰："山公出何许，往至高阳池。日夕倒载归，酩酊无所知。时时能骑马，倒著白接篱。举鞭向葛疆，何如并州儿。"疆家在并州，简爱将也。卒，赠征南大将军。墓在鸡笼山侧。

亦是东山意，闲情寄出游。高名在荆土，爱将说并州。荒冢前朝失，残碑六代愁。泠泠幽涧水，还似习池秋。

晋平原内史陆机宅

陆机字士衡，吴郡人。祖逊，吴丞相；父抗，大司马。机少有异才，文章冠世。抗卒，领父兵，为牙门将。年二十而吴灭，退居旧里，作《辨亡论》。太康末，与弟云俱入洛，造太常张华，如旧相识。吴王宴出镇淮南，以机为郎中令。赵王伦辅政，引为相国参军。豫诛贾谧[①]功，赐爵关内侯。伦将篡位，以为中郎将。伦之诛也，齐王冏以机职在中书，九锡文及禅诏，疑机与焉，收付廷尉。成都王颖、吴王宴救之，得减死徙边。时中国多难，顾荣、戴若思咸劝还吴，不听。成都王颖以机参大将军军事，表为平原内史。太安初，颖与河间王起兵讨长沙王乂，假机后将军、河北大都督，督北中郎将王粹、冠军将军牵秀等诸军。机自以羁旅入官，顿居群士之右，辞都督，颖不许。遂行自朝歌至河桥，鼓声闻数百里。汉魏以来，出师之盛，未尝有也。长沙王乂奉天子与机战于鹿苑，机军大败，赴七里涧死者如积。为宦人孟玖所谗，言其有异志，牵秀等共证之，颖怒，使秀收机，机叹曰："华亭鹤唳，岂可复闻乎！"遂遇害于军中，年四十三。子蔚夏，同被害。弟云字士龙，与兄齐名，号曰"二陆"。入洛，荐至中书侍郎，成都王颖表为清河内史。张昌为乱，颖表云为使持节、大都督、前锋将军，以讨昌。会伐长沙王，乃止。机之败也，并收云。江统、蔡克等救之不得，并遇害。机、云之死也，莫不归咎于成都王之愦、孟玖之谮、牵秀等之证成，似已独不思

---

① 据《晋书》卷五十四，此字应为"谧"。

祖、父皆吴世臣，与国同休戚，既领父兵为将，晋师南下，先张悌诸人致命遂志者，宜莫如陆氏。诚能效节疆场，则吴之机、云，岂不媲美蜀之瞻、尚哉！亦既退居旧里矣，果使蒲轮之征、元熏束帛之贲亦当婉辞，以谢高段干不见之节也。乃兄先弟后相率入洛，又暗于贤愚是非，昧昧与人家国事，亦既屡蹈危险矣，曾不知难而退，谬膺重寄。长沙王奉天子，既不辨顺逆而抗之，又毫无设施，以二十余万之众败绩于一战。孟超，宦者之弟耳，而违犯节度，夺人麾下，曾不能效穰苴之于庄贾，按法行诛。此而为将，其免于败者几何？后世徒以文章之美，叹息于若人之不得其死，不知其出处大节早谬于入洛之初。即使侥幸成功，全身保位，亦无足称重，而况持身处世曾无一端之可取耶！士先器识而后文艺，故叙其颠末，以为后世负才躁进者戒，且俾知人论世者有所宗焉。宅在越城西，有二陆读书堂。旧说以入洛后《怀旧居赋》即此地也。

冥冥高唳鹤孤飞，三泖湖波隐翠微。太息华亭山下宅，当年何事不同归。

不归或者为君亲，韬晦何妨作逸民。才略未成三世将，文章先署两朝人。

即论文章亦未工，辨亡诸论说多穷。三张声价何劳减，更有三都左太冲。

从君折节读书来，慷慨观戎好将才。不死东吴死西晋，城南可惜孝侯台。

麾扇渡是晋丹阳内史顾荣挥散陈敏兵处

顾荣字彦先，吴丞相雍之孙。神机朗悟，弱冠仕吴，为黄门侍郎、太子辅义都尉。吴平，与陆机兄弟同时入洛，号为“三俊”。为尚书郎、廷尉正、赵王伦子虔长史、齐王冏大司马主簿。惧祸及，终日昏酣，不亲府事，以为中书侍郎。冏诛，封嘉兴伯。长沙王乂为骠骑将军，复以荣为长史。乂败，转成都王丞相中郎。惠帝幸临漳，以荣兼侍中，西迁长安，征为散骑常侍，以世乱不应，还吴。东海王越聚兵徐州，以荣为军咨祭酒，属广陵相陈敏反，假荣右将军、丹阳内史。敏欲诛诸士人，荣说之，免。仍遣甘卓出横江。荣说卓，与周玘、纪瞻潜谋起兵攻敏。荣发[①]桥敛舟于南岸，敏出不获济。荣麾以羽扇，其众溃散。事平，还吴。永嘉中，征拜侍中，行至彭城见祸难方作，遂轻舟而还。元帝镇江东，以荣为军司，加散骑常侍。六年卒，官赠侍中、骠骑将军，开府仪同三司，谥曰元。按：荣与陆机兄弟皆东吴著姓，弱冠登朝。吴之亡也，既不能以身殉国，而相率入洛，均谬出处之义。荣麾扇之役，幸而获济，揆之君子之道，不能无愧焉。麾扇渡即今毛公渡。

当年入洛称三俊，白袷曾为二陆哀。试问出师诸将退，何如破敌一麾来。指挥如意真名士，慷慨成功大将才。今日晚凉湖上过，秋莲叶叶背风开。

---

① 据《晋书》卷六十八，此字应为“废”。

晋平西将军周孝侯读书处

周处字子隐，义兴阳羡人。父鲂，吴鄱阳太守。幼孤，未弱冠，膂力绝人，不修细行，州曲患之。因父老言，入山射虎，投水斩蛟，入吴寻“二陆”，厉志好学，志存义烈。仕吴，为东观右丞①。孙皓时为无难督。又尝以太常卿封禅国山。吴平，入洛，迁新兴太守②。抚和戎狄，雍土美之。转汉广太守③，以母老罢归。除楚内史，拜散骑常侍，迁御史中丞，纠劾不避宠戚。梁王彤违法，处深文按之。氐人齐万年反，朝臣恶其强直，乃使隶夏侯骏西征。孙秀劝以母辞，处曰：“忠孝之道，安得两全。今既辞亲事君，父母安得而子之乎？今日是我就死所也！”既而彤为征西大将军，都督关中诸军事。处知彤不平，必当陷己，自以人臣尽节不宜辞惮，乃悲慨即路，志不生还。贼屯梁山，有众七万，骏逼处以兵五千击之。军多未食，彤令速进而绝其后继。处知必败，自旦及暮，斩首万计，弦尽矢绝。卢播、解系不救，左右劝退，处按剑曰：“此吾効节授命之日，何退之为?!”力战而没，追赠平西将军。元帝为晋王，从太常贺循议，谥法执德不回曰孝，遂以谥焉。处策马观戎，艰难百战，殉节于行阵之间，其死可谓烈矣！然仕吴职兼文武，列阶卿贰，以孙氏四世之泽，岂无可与共殉国难者！不死于吴而死于晋，是可惜也！作俑入洛者，不能不归咎“二陆”矣！台在南门外饮虹桥东，抵城接赤石

---

① 据《晋书》卷五十八，应为“东观左丞”。

② 据《晋书》卷五十八，应为“新平太守”。

③ 据《晋书》卷五十八，应为“广汉太守”。

矶。徐温筑城时，犹全。明初开拓城垣，遂劈其半于城外。今城内半阜有小庵，建台以存古迹。

呜呼！周孝侯入山射虎水搏蛟，为谢父老吾改矣，折节励志真人豪。呜呼！周孝侯东观丞兼无难督，明年青盖入洛阳，未免主忧臣亦辱。呜呼！周孝侯郡守中丞各称职，颇使风俗敦古处，尽有朝臣恶强直。呜呼！周孝侯奉诏西讨齐万年，即路悲慨谢老母，自古忠孝难两全。初隶夏侯骏，后隶梁王彤。骏骄彤仇必见陷，人臣尽节惟匪躬。五千兵击七万众，后援不继难为功。慷慨赋诗按剑怒，太息策马观西戎。効节授命在今日，受命本出凶门凶。执德不回谥以孝，贞节克举全其忠。阳羡山中昔年住，秣陵城南读书处。读书当日事二陆，定与清谭诵文赋。当时若使从河桥，或者战功成一怒。文人豪杰俱并命，从此金行蹙国步。三定江东宣佩贤，将门功业昭南渡。孝侯子玘，字宣佩，三定江南。

晋太子洗马卫玠墓

玠字叔宝，晋司空瓘之孙。风神秀异，总角乘羊车入市，见者以为玉人。及长，好言元理。妻父乐广有重名，议者以为“妇公冰清，女婿玉润”。为太傅、西阁祭酒，拜太子洗马。以天下大乱，扶舆母转致江夏。玠妻先亡，征南将军山简以女妻之，遂进豫章。时王敦镇豫章，玠以敦好居物上，非忠臣，求向建业。京师人士闻其姿容，观者如堵。玠劳疾遂甚，永嘉六年卒，时年二十七。人谓之玠被看杀，葬于南昌。咸和中，改茔于江宁。丞相王导教曰：“卫洗马明当改葬。此君风流名士，海内所瞻，可修薄祭，以敦旧好。”玠尝以人有不及，可以情恕，非意相于[①]，可以理遣，故终身不见喜愠之容，盖君子也。墓在新亭东。

当年卫洗马，寂寞此山阿。埋骨人长往，言愁尔奈何。妇翁空水镜，家国总铜驼。东望长江水，滔滔感逝波。

晋豫章太守梅赜祠

赜尝得《古文尚书》于大航头。自宋以来，诸儒多疑其伪。吴才老曰：古文皆文从字顺，非若伏生书之诘曲聱牙。朱子曰：凡书易读者皆古文，岂有数百年壁中之物不讹损一字者？伏生所传皆难读，如何伏生偏记其所难，而易者偏不能记？又孔安国《书传》是魏晋间人作托，安国为名耳。又曰：孔传并序，皆不类西京文字，似与《孔丛子》同出一手。吴草庐以梅赜所增二十五篇，体制如出一手，采辑补缀，虽无一字无所本，而平缓卑弱，殊不类先汉以前之文，此皆疑古文为伪者。自此三说行，而后人附和纷纷。大概不越“古文何以皆易读，今文何以皆难读”二语。不知古文所以易读之故，本在《史记·儒林传》及安国《书序》中，学者初不深求耳。《儒林传》曰：孔壁有《古文尚书》，安国以今文读之。安国《书序》曰：科斗书废已久，时人无能知者。以所闻伏生之书，考论文义，定其可知者为隶古定，以竹简写之，增多伏生二十五篇。由此以观，是安国本不识古文，以伏生之今文对读，始以意揣而识其字。既识古文，则今文所无者，即以今文与古文相同之字读之，间有不识者，则以文义贯穿之。

① 据《晋书》卷三十六，此字应为“干”。

略如鸠摩罗什及房融等之译经，其义则原本，其词则有出于翻译时之润色者，故与诸书所引《尚书》转有参差不尽符之处。且所译之二十五篇，体制如出一手，职是故也。盖安国所传古文，原从科斗字译出，非字字皆科斗原文毫无改换也。后人不于科斗转为隶字之处反复推求，但谓古文即科斗原文，因致疑于二十五篇文从字顺，谬矣。阎百诗谓萧何以六体试学童，一曰古文，即科斗，是汉初已使人习之，何以孔壁中古文无人能识？然卫恒《书势》谓古文绝于秦，汉兴，人不识，故逸在秘府，不立学官。恒，晋人，去汉未远，其说必有所自。当秦焚书，书之科斗字者已尽在所焚中，否则藏之壁莫敢习读。其所行者，惟斯篆、邈隶。是汉初科斗之学已绝。迨后壁书渐出，如安国辈以今文读之，解识传播，始有识者。至哀、平间，刘歆好之，欲立博士，然窥非人人皆晓，故诸儒皆畏难而不肯立。况安国时去秦未久，而谓人人皆识乎？至《今文尚书》以出于伏生口授，罕有疑之。抑思《盘庚》等篇，所以告谕愚民，使之家喻户晓，岂转作此艰涩不可解之语？若谓当时语言本是如此，则《左传》、《国语》所引《夏书》、《商书》何以又多文从字顺耶？盖伏生以九十余岁老翁，追忆少所记诵，岂无遗忘？加以齿豁口呿之年，语音未免淆混，又以土音授异乡之人，兼令女子传述字句，亦不免讹谬。然则《今文尚书》亦未必皆孔门原本，正不必易读而致疑、难读而深信也。祠在梅冈。《六朝事迹》：梅岭冈，因梅颐家于冈下得名，在石子冈东，近雨花台。旧志云：颐为豫章内史，当营屯焉。

诸儒莫怪讼纷纷，又向航头得古文。故里尚传梅内史，从祠惟说晋将军。金丝窅窅恭王壁，竹简戋戋汲郡坟。一样遗书同寿世，二千年后护灵芸。

西浦是杜兰香遇张硕处

杜兰香者，有渔父于湘江洞庭之岸，闻儿啼声，四顾无人，惟三岁女子在岸侧，渔父怜而举之。十余岁，天姿奇伟，灵颜殊莹，迨天人也。忽有青童灵人自空而下，来集其室，携女而去。临升天，谓其父曰："我仙女杜兰香也。有过，谪于人间。元期有限，今去矣。"自后，时亦还家。其后，于洞庭包山降硕家，盖修道者也。兰香降之三年，授以举形飞化之道，硕亦得仙。初降时，留玉简、玉唾盂、红火浣布，以为登真之信焉。事见《墉城集仙录》。西浦亦有兰香遇张硕处。西浦即新林浦，在白鹭洲。或始遇于西浦，后乃降于包山欤。《舆地记》云：西浦，在金陵，晋桂阳张硕遇神女杜兰香于此。

新林花落影犹香，仙迹风流水一方。神女来时春绰约，美人去后月昏黄。桂旗翠羽思浮洛，瑶瑟冰弦怨梦湘。怅我年来谪尘世，玉天旧事总凄凉。

附　　录　钱塘女史汪　端小韫

斑螭翠节独来迟，西浦潮生月落时。碧水相传近桃叶，钿车想见侍萱枝。巫峰梦雨瑶姬庙，泰苑凉烟凤女祠。从古仙姝多小谪，蕊珠旧侣定相思。

附　录 钱塘女史陈华娵萼仙

新林花影漾莓苔，闻说仙踪此地回。天上青童何日去，江头玉女几番来。采鸾下降香留韵，秦凤双飞月满台。我在包山山下住，访君遗迹更徘徊。洞庭西山亦有兰香遗迹，余家洞庭，故云。

卷　二

东　晋

五马渡是晋元帝渡江处

在幕府山下。晋元帝与西阳、汝南、南顿、彭城五王于此渡江，当时有“五马浮渡江，一马化为龙”之谣。后人因建化龙亭于其地。

海门东下暮潮回，建业山川慨霸才。五马渡来天堑阔，一龙化后六朝开。飘萧白鹭江流古，寂寞铜驼故国哀。牛首崔巍启双阙，青天彩翠共徘徊。

卢　龙　山

在城北二十五里上元仪凤门内。晋元帝初渡江，见此山形似塞北卢龙，故名。明初改名狮子山。宋卢允文三宿岩在其下。

渔阳形胜古卢龙，莽莽青连一万重。辽海秋寒骄苜蓿，秣陵春雨长芙蓉。江南地僻惊千嶂，塞北山多借一峰。我向白狼河上见，苍然云气满居庸。

雁门山

在上元东南。《建康志》：山势连绵类北地雁门，故名。一名阳山，今曰孔山，上有温泉。

笳声吹得暮云愁，牧马萧萧古石头。割取秣陵青一角，西风残照雁门秋。

雁门何处雁横天，万木秋风响暮烟。满地衰兰锵碎玉，更无人解说温泉。

迎担湖

在石城后五里。东晋初衣冠避难南来，主客相迎于此，遂以为名。《齐书》作额担湖。

荆棘铜驼付战尘，衣冠南渡此湖滨。可怜经略中原事，输与嵩山鬻畚人。

天阙

在城南三十里。旧名牛首山，双峰秀起。大兴中，议立双阙，王导弗欲，陪乘出宣阳门，望牛头山两峰曰："此天阙也，岂烦改作。"《建康实录》注：天宝初，改名天阙门。

双阙横天起，苍茫接石头。飞扬龙虎气，拱翊帝王州。形势齐中夏，烽烟息上游。大风云起处，犹作晋时秋。

幕府山是王导开幕府处

在城西北二十里上元县神策门外。晋初王导开幕府于此，因以为名。上有仙人台。

过江第一王文献，佐命功高借箸筹。已共琅邪卜东渡，更罗豪杰聚南州。仙人台回群峰立，相府莲开绝嶂秋。周玘顾荣尽人望，莫令裙屐比风流。

新　　亭

一曰中兴亭，在城南石马山之阴，六朝时近江渚，乃南来取台城要道。齐武帝所谓新亭，既是兵冲者，是也。《新志》[①]以为大约在大胜关。《世说》："过江诸人，暇日辄至新亭。周顗曰：'风景不殊，举目有河山之异'。王导曰：'当共戮力王室，何至作楚囚对泣耶？'"即此。

一洒新亭泪，登高望石头。琅琊新帝子，河朔旧神州。慷慨资齐相，凄凉吊楚囚。于今风景好，极目总悲秋。

汝南湾感刘碧玉事

《乐苑》曰：《碧玉》者，宋汝南王所作也。碧玉，汝南王妾名，以宠爱之甚，所以歌之。其辞曰："碧玉破瓜时，郎为情颠倒。芙蓉陵霜荣，秋容故尚好。"又曰："碧玉小家女，不敢攀贵德。感郎千金意，惭无倾城色。"又曰："碧玉小家女，不敢贵德攀。感郎意气重，遂得结金兰。"又云："碧玉破瓜时，相为情颠倒。感郎不羞郎，回身就郎抱。"又云："杏梁日始照，蕙席欢未极。碧玉奉金杯，渌酒助花色。"清商曲也。湾当秦淮曲折处，

① 即元张铉纂修至正《金陵新志》。

晋汝南王渡江家此，故名。

昔闻刘碧玉，许嫁汝南王。遗宅依淮曲，无人话洛阳。春花红蛱蝶，秋水紫鸳鸯。乐府翻新调，千金意不忘。

阴　山

在江宁西南二十里。晋王导梦见阴山神于此，因为立庙。

阴山山下草离离，东下江声似昔时。空有灌坛神女梦，更无钟阜蒋侯祠。寒烟榆叶边人路，霜月橙花野客诗。南宋周文璞诗："阴山侧畔月如霜，不为猿吟也断肠。折得橙花无处赏，带枝分与棹船郎。"文璞字野斋。我向北平城上望，潮河秋水记相思。古北口，在阴山，潮河绕其下。

晋隐士郭文举书台

《晋书·隐逸传》：郭文字文举，河内轵人。少爱山水，洛阳陷，步担入余杭大涤山中穷谷无人之境，倚木于树，苫覆其上，居十余年，猛兽害人，独不害文。区种菽麦，采竹叶木实，贸盐以自供。食有余谷，辄恤穷匮。尝有猛兽张口向文，视有横骨，乃以手探去之。王导迎置西园，朝士咸共观之，颓然箕踞，旁若无人。温峤尝问曰："饥而思食，壮而思室，人之情也。先生独无情乎？"文曰："思由忆生，不忆故无情。"又问曰："先生独处穷山，若疾病遭命，则为乌鸢所食，顾不酷乎？"文曰："埋藏者亦为蝼蚁所食，亦何异乎？"又问曰："猛兽害人，顾独不畏耶？"文曰："人无害兽之心，则兽亦不害人。"居西园七年，未尝出入，一旦忽求还山，不听，逃归临安山中。及苏峻反，破余杭而临安独全，人皆异之，以为知机。病卒，后葬于所居之处。今朝天宫太乙坛即书台遗址。

笃行管幼安，奇节夏仲御。早探华阴函，偶倚余杭树。何年居西园，朱门等蓬户。晚归临安山，前知忆吾素。齐物等蚁鸢，旷观陋鸡鹜。当年读何书？无人识章句。云树恋斜阳，犹照读书处。

层楼是顾恺之旧居

恺之字长康，晋陵无锡人。常为桓温参军。义熙初，为散骑常侍。尤善丹青，图写特妙，谢安深重之，以为有苍生以来未之有也。世传恺之有三绝：才绝、画绝、痴绝。见《晋书·文苑传》。尝于宅内建层楼，以为画所。《景定志》云：在府治右南厢花行街。按：宋时名层楼街，当即今三山街之花市也。

何处尚层楼，当年顾虎头。寄书题破冢，遗迹画沧洲。山海悲知己，云霞感旧游。恺之《拜桓温墓》诗："山崩沧海竭，鱼鸟将何依。"人问会稽山川之状，云千岩竞秀，万壑争流。草木蒙笼，若云兴霞蔚。维摩金粟影，更忆瓦官秋。瓦官寺有恺之画维摩像。

东冶亭是晋太元中送别处

在城东汝南湾，西临淮水。焦竑云：汝南湾，当秦淮曲折处，大约今东水关，北接青溪是其地也。又，冶亭在冶城，晋谢安为扬州、袁宏为东阳郡，祖道于冶亭，群贤毕至。不知何时改建于此也。

落日寻东冶，蘼芜依旧生。春风吹碧柳，犹作六朝声。

西　池

亦名乐游池，一名太子湖，本吴太子登所创。晋明帝为太子时，修西池，养武士于内。宋元嘉中，作乐游苑，池当入苑内。谢混游西池，赋诗云“水木湛清华”即此。其地应在覆舟山南也。

繁囿曾阿岁月迁，乐游池水失澄鲜。苑留禊饮琴尊地，人忆清华水木篇。西下追师停五骑，东堂遗诏惜三年。有人曾赋《于湖曲》，惆怅黄须七宝鞭。于湖，地名。王敦屯于湖，将举兵内向，帝微行至于湖，阴察敦垒。温飞卿《湖阴曲》是误读也，杨铁崖作《于湖曲》正之。

石城吊晋宣城内史赠廷尉再赠太常桓简公彝

彝字茂伦，谯国龙亢人。汉五更荣之九世孙。少孤贫，性通朗，有人伦鉴识，时人方之许、郭。少与庾亮深交，雅为周顗所重。起家州主簿，拜骑都尉。元帝为安东将军，版行逡遒令，累迁尚书吏部郎。王敦擅权，以疾去职。明帝将伐敦，引为散骑侍郎。敦平，以功封万宁县男，以温峤荐为宣城内史。苏峻之乱，纠合义众，长史裨惠以郡兵寡弱，请须后举，彝厉色曰：“见无礼与君者，若鹰鹯之逐鸟雀。今社稷危逼，义无苟安。”遣将军朱绰败贼芜湖，彝寻出石头。会司马流败与慈湖，贼长驱径进，彝以郡无坚城，退据广德。寻王师败绩，彝慷慨流涕，进屯泾县。时州郡多遣使降峻，裨惠又劝彝伪与通和，以纾交至之祸。彝不从，遣将军俞纵守兰石。师败，纵曰：“吾之不可负桓侯，犹桓侯之不负国也。”遂力战而死。彝固守经年，势孤力屈。将士多劝彝伪降，更图后举，彝辞气壮烈，志节不挠。城陷，为峻将韩晃所害，年五十三。宣城人纪世和率义故收葬之。贼平，追赠廷尉，谥曰简。咸安中，改赠太常。俞纵亦以死节追赠兴古太守。初，彝与郭璞善，尝令璞筮。卦成，璞以手坏之。彝问其故，璞曰："卦与吾同。丈夫当此非命，如何！"竟如其言。子五人：温、云、豁、秘、冲。温自有传。

庾周引知己，许郭鉴人伦。豺虎威方噬，鹰鹯气独伸。围城空百战，遗墓自残春。太息金城客，雄才失荩臣。

白石垒是晋征西将军陶侃讨苏峻监军李根所筑

陶侃字士行，本鄱阳人。父丹，吴扬武将军。吴平，徙家寻阳。早孤贫，为县吏。庐江太守张夔因范逵之荐，召为督邮，察为孝廉。至洛阳，诣张华，与语异之。除郎中。刘宏为荆州刺史，辟侃为南蛮长史，遣讨张昌，破之。陈敏之乱，宏以侃为江夏太守，加鹰扬将军，破敏弟恢。以母忧去职，服阕，参东海王越军事。元帝加侃奋威将军，迁龙骧将军。击杜弢，破之。王敦表侃为宁远将军、南蛮校尉、荆州刺史。为王贡、杜会所败。白衣领职，既而复之。进克长沙。将还江陵，为王敦所留，将杀之，俄而意解，左转广州[①]。破杜宏、执刘沈、斩王机、获温邵，以功封柴桑侯。太兴初，进号平南将军，加都督交州军事，进号征南大将军。及王敦平，迁都督荆、雍、益、梁州诸军事，领护南蛮

① 据《晋书》卷六十六，此处应为"左转广州刺史"。

校尉、征西将军。会苏峻作逆，京都不守，平南将军温峤要侃向[①]赴朝廷，推为盟主。与庾亮等俱会石头，从监军议，立白石垒。斩峻于阵，又斩峻弟逸于石头。旋江陵，以为侍中、太尉，改封长沙郡公，加都督吏[②]、广、宁七州军事。以江陵偏远，移镇巴陵。后将军郭默矫诏袭杀平南将军刘清[③]，辄领江州。侃表讨默，执而诛之。诏侃都督江州，移镇武昌，拜大将军，剑履上殿，入朝不趋，赞拜不名。上表固让。疾笃，上表逊位，临津就船，薨于樊溪，年七十六。追赠大司马，祠以太牢，谥曰桓。侃在军四十一载，雄毅有权，明悟善断决。自南陵迄于白帝，数千里中，路不拾遗。末年怀知足之分，不与朝权。尚书梅陶与曹识书曰："陶公机鉴神明似魏武，忠顺勤劳似孔明，陆抗诸人不能及也。"谢安每言"陶公虽用法而恒得法外意"。其为世所推重如此。白石垒在今上元县西北神策门外之石灰山下，南齐永明中移后琅邪城于此，一名白下城。《舆地志》云：白下，本江乘之白石垒也。齐武帝以其依带江山，移琅邪郡居之。《唐书》地志：武德七年，罢金陵县，筑白下县。贞观七年，复旧治，此城废。

柝静严城靖武昌，当年筑垒此勤王。登坛再誓朝贤在，沦鼎同扶汉业光。查浦近连江水阔，蔡州遥指暮云荒。监军踞险兵钤胜，谁与铭功话夕阳。士行疆场之勋，见重史册。惟苏峻之难，以不与顾命为恨。温峤要侃同赴，遣师复追，比至石头，又因失利欲旋，因峤一再与书，始克殄平。沦

---

① 据《晋书》卷六十六，此字为"同"。

② 据《晋书》卷六十六，此字应为"交"。

③ 据《晋书》卷六十六，此字应为"胤"。

鼎再宁,不得不以太真为功首矣。其筑垒白石也,夜修晓讫,屯兵踞险,实为破敌之要。李根之功懋焉。

四 望 山

在定淮门外西北,温峤筑垒于此,以拒苏峻。

当年忠武屯兵处,遗址春深战后耕。白石近连李根垒,沙门遥指蔡洲营。千重山色屯云势,一片江涛战鼓声。今日登高空四望,暮鸦飞尽石头城。

晋赠侍中骠骑将军卞忠贞公壶墓

卞壶字望之,沛阴冤句人。祖统琅邪内史;父粹,张华婿也,仕至侍中中书令,为长沙王乂所害。壶遭家祸,还里。元帝镇建业,召为从事中郎。出为明帝东中郎长史。遭继母忧,既葬,起服旧职,累辞不就。服阕,为帝子师。壶前后居师佐之任,尽匡辅之节,一府贵而惮之。荐至吏部尚书。王含之难,加中军将军。含灭,以功封建兴县公,迁领军将军。明帝不豫,领尚书令,与王导等俱受顾命。成帝即位,皇太后临朝,壶与庾亮对直省中,共参机要。王导称疾不朝,私送郗鉴,壶奏以导缺法从私,请免导官,举朝震肃。庾亮将征苏峻,壶固争,亮不纳。壶与温峤书,策其必败。峻果称兵。诏以壶都督大桁东诸军事。战于陵西,为峻所破。峻进攻青溪,壶时发背创,犹未合,力疾战死,年四十八。二子盱、眕同战死。峻平,从尚书郎宏讷议,赠侍中、骠骑将军、开府仪同三司,谥忠贞。眕,散骑侍郎;盱,奉车都尉。眕母裴氏抚二子尸哭曰:“父为忠臣,子为孝子,复何恨耶！”其后盗发壸墓，安帝诏给钱十万以修茔兆。第三子瞻位至广州刺史。史臣曰：“卞壸束带立朝，以匡正为己任；褰裳卫主，蹈忠义以成名。遂使臣死于君，子死于父，惟忠与孝，萃其一门，古称社稷之臣，忠贞之谓矣。”墓在冶城朝天宫西，历代更修。相传明初立庙。

金行南渡犹多难，第一忠臣卞望之。经国无才怜庾亮，一时同志许桓彝。易名屡重当时议，修墓犹深异代悲。太息国殇同葬处，青溪流水绕残碑。

晋丞相王文献公导墓

导字茂宏，光禄大夫凭[①]之孙。父裁，镇军司马。导少有风鉴，识量清远。年十四，陈留高士张公识为将相之器。初袭祖爵即邱子，后参东海王军事。时元帝为琅邪王，与导素相亲善。帝在洛阳，每劝之国。帝镇下邳，请导为安东司马，军谋密策，知无不为。从镇建康，吴人不附，导劝帝延贺循、顾荣以来，吴人百姓归心焉。洛京倾覆，中州人士避乱江左，导劝收其贤人君子，与之图事，朝野倾心，号为“仲父”。晋国既建，以导为丞相军谘祭酒。俄拜将军、扬州刺史、领中书监。帝登尊号，进骠骑大将军，仪同三司。以讨华轶功封武冈侯。王敦反，导从兄也，率群从诣台待罪。帝以导忠节有素，特还朝服。敦平，封始兴郡公，进位太保，司徒如故。帝崩，与庾亮同受顾命辅幼主。亮将征苏峻，导止之，不从。既而难作，导入宫卫帝，峻不敢害。

---

① 据《晋书》卷六十五，此字为“览”。

既而携二子奔于白石。贼平，温峤议迁都豫章，三吴之豪请都会稽，导不可而止。咸和[①]五年薨，年六十四。赗禭之礼，依汉博陆侯及安平献王故事，中兴名臣莫与为比，谥曰文献。史臣以"夷吾体仁，能相小国；孔明践义，善翊新邦"，比之似矣。特是导，敦之从弟也。逆臣贼子，近出同族，既不能先事机以弭变，又不能仗大义以灭亲，向使举兵内向之日，天不祚晋，敦疾遽瘳，子弟发悲，竟成虚设，则典午之祚，琅邪易之导，亦不过效安平之一恸耳。《春秋》诛意，不能不以观望之罪为文献责矣。墓在幕府山西。

翊戴中兴有远谟，琅邪东海藉匡扶。竟支江左偏安局，能奠强臣内难无。后世史家匹诸葛，当年人望蜀夷吾。金刀淮水贻谋远，宰木繁霜未合枯。

慈　湖

在城南五十里。石季龙寇历阳、赵允屯慈湖，苏峻败司马流于慈湖，皆此地。

芳草连塍被夕阳，慈湖烟水亦沧桑。遥知一片春芜绿，曾是南朝旧战场。

晋句漏令葛洪故里

葛洪字稚川，丹阳句容人。祖系吴大鸿胪，父悌，晋邵陵太守。洪少好学，寻书问义，期于必得，尤好神仙导养之法。从祖

---

① 据《晋书》卷六十六，应为"咸康"。

元，吴时学道得仙，号葛仙公，以其炼丹秘术授弟子郑隐。洪就隐学，悉得其法。师事上党鲍元，见洪重之，以女妻洪。洪传元业，兼综练医术。凡所撰著，皆精核是非，而才章富赡。太安中，石冰作乱，为吴兴太守顾秘将兵都尉，攻冰别率，破之，迁伏波将军。见天下已乱，避地南土，参广州刺史嵇含军事。含遇害，久停南土。元帝为丞相，辟为掾。以平贼功，赐爵关内侯。以干宝荐选为散骑常侍，领大著作，辞不就。闻交阯出丹砂，求为句漏令。至广州，刺史邓岳不听去，乃止罗浮山中，优游闲养，著述不辍。著子言黄白之术，名曰内、外篇，自号抱朴子，因以名书。其余著述篇章，富于班、马。死年八十一，颜色如生，体亦柔软，举尸入棺，轻如空衣，世以为尸解得仙云。故里在今陶吴镇。

服食丹经总秘传，鲍元郑隐各渊源。罗浮山有烟霞宅，抱朴书留内外篇。久已新编传隐逸，遂令国史志神仙。初阳台畔吾家在，丹井澄泓汲玉泉。钱塘葛岭，亦洪旧居，其上有初阳台。

洞元观相传是葛洪飞升处

观在天印山麓下，有洗药池、炼丹井。

神仙何必尽荒唐，宫观青山尚夕阳。丹井自留泉脉古，药池犹觉水痕香。初阳礼罢台仍在，句漏归来味较长。笑我一官艰入手，也思鸾鹤共飞翔。

晋赠宏农太守郭璞墓

郭璞字景纯，河东闻喜人。父瑗，尚书都令史。璞好经术，博学有高才,词赋为中兴之冠。好古文奇字,从郭公受《青囊》,洞五行、天文、卜筮之术,京房、管辂不能过也。惠、怀之际,河东先扰。璞避地东南,王导引参军事。于时阴阳错谬,刑狱繁兴,璞屡上疏言事。尝著《江赋》、《南郊赋》。又以才高位卑,乃著《客傲》。以母忧去职,未期起为王敦参军。敦之谋逆也,温峤、庾亮使璞筮之,对不吉。复令占己吉凶,璞曰:"大吉。"敦将举兵,又使璞筮。璞曰:"无成。"敦固疑璞之劝峤、亮,乃问璞曰:"卿更筮吾寿几何?"对曰:"若问卦,明公起事,必祸不久。若往[1]武昌,寿不可测。"敦怒曰:"卿寿几何?"曰:"命尽今日日中。"敦怒,收璞,诣南冈斩之,年四十九。王敦平,追赠宏农太守。璞撰《洞林》、《新林》、《卜韵》,注释《尔雅》,别为《音义》、《图谱》,又注《三苍》、《方言》、《穆天子传》、《山海经》及《楚辞》、《子虚》、《上林赋》数十万言。又所作诗赋诔颂数万言,皆传于世。璞盖文士中之抗节不屈者,固东晋之第一忠臣也,而史家以术数短之,谬矣!墓在元武湖中,名郭仙墩,与南冈殉节处相近。

鸟册龟枚出郭公,《青囊》奇术更谁同。著书定合齐班固,列传知应并葛洪。当日危言排国难,何年残骨葬孤忠。君看浮玉山前石,元武湖波一水通。金山亦相传有景纯墓。

晋前将军温忠武公峤墓

温峤字太真,司徒羡弟之子。父憺,河东太守。峤性聪敏,

① 据《晋尽》卷七十二,此字为"住"。

有识量，少以孝弟称于邦族。平北大将军刘琨之妻，峤之从母也。琨深礼之，请为参军，加建威将军。将兵讨石勒，屡有战功。二都倾覆，元帝初镇江左，琨使峤檄告华夷，奉表劝进。除散骑侍郎。明帝即位，拜侍中，转中书令。王敦请为左司马，阻兵不朝，峤谏，不从。还都，奏敦谋逆，请先为备。加峤中垒将军，破王含、钱凤。事平，封建宁县开国公，进号前将军，奏军国要务，多见纳用。与王导诸人同受顾命，代应詹为江州刺史，镇武昌。苏峻反，遣师赴难。庾亮来奔，以太后诏进峤骠骑将军，辞不受。要陶侃同赴国难，推为盟主。侃屡欲还，峤再三遗书要之，慷慨登坛，流涕誓众，卒以灭峻。事平，拜骠骑将军，加散骑常侍，封始安郡公。朝议留辅政，峤以导先帝所任，固辞还藩。卒于牛渚，年四十二，追赠侍中、大将军，谥忠武。初葬豫章，朝廷追峤勋德，将为造大墓于元、明二帝陵之北，陶侃表请止之。其后峤妻何氏卒，子放之战丧还都。诏葬建平陵北，在幕府山阳。

不是中兴第一流，谁扶王室奠神州。刘琨奉表来河朔，陶侃连营次石头。玉镜台前姑女笑，然犀亭下水官愁。建平陵北遗坟在，幕府山高老树秋。

金城是桓温为琅邪内史所居

温字元子，宣城太守彝之子。生未期，温峤见之曰："是儿有奇骨，真英物也。"彝以峤所赏，名之曰温。彝为韩晃所害，泾令江播与焉。温年十五，枕戈复仇，会播已终，刃其三子于丧次。及长，姿貌甚伟，面有七星。刘惔曰："孙仲谋、司马宣王之流亚也。”尚南康公主，袭爵万宁男，除琅邪太守，累迁徐州刺史，都督荆梁四州诸军事。永和二年伐蜀，平之。石季龙死，温欲北征，上疏欲朝廷议水陆之宜，久不报。知朝廷杖殷浩抗己，甚忿。声言北伐，拜表便行，顺流而下，行达武昌。简文帝时为抚军，与温书明社稷大计，疑惑所由，温即回军还镇。时浩至洛阳，屡战屡败。温乃奏废浩，自此权一归温。乃自襄阳征关中，破符生，欲修复园陵，移都洛阳，不许。进征讨大都督。自江陵北伐，行经金城，见少为琅邪时所种柳皆已十围，慨然曰："木犹如此，人何以堪！”攀枝折条，泫然流涕。遂涉淮泗，践北境，破姚襄，缮复诸陵。加侍中、大司马，都督中外诸军事，假黄钺。陈便宜七事，加扬州牧、录尚书事。朝议召温入朝参政，温行至赭圻，诏止之。温遂城赭圻，固让内除[①]，移镇姑孰。温以雄武专朝，窥觎非望，或卧对亲寮曰："为尔寂寂，将为文、景所笑。”众莫敢对。既而抚枕起曰："既不能流芳百世，不足复遗臭万载耶！”尝行经王敦墓，曰："可人，可人！”其心迹如此。太和四年，上疏悉众北伐。至枋头，败于襄邑，委罪西中郎袁真，表废为庶人。真据寿阳以叛。温既负其才力，久怀异志，欲先立功河朔，还受九锡。既逢丧败，名实顿减，于是参军郗超进废立之计，乃废帝而立简文帝。诏温依诸葛亮故事。温多所废徙，威势翕赫。简文帝崩，孝武即位，征温入辅，拜高平陵。因而遇疾，卒于姑孰，年六十二，进赠丞相。子六：熙、济、歆、祎、伟、元。元袭爵，篡晋，伪谥温曰宣武，寻为刘裕等所灭。金城即前琅邪

① 据《晋书》卷九十八，此句为“固让内录”。

城，亦名宣武城，晋初渡江侨立琅邪郡所治城也。桓温始为琅邪内史居之，后以其伪谥名城，在上元东北金陵乡地，名金城戍。《宋书·地志》及《景定志》引王隐《晋书》、山谦之《南徐州记》皆云：江乘南岸蒲州津有金城，即晋琅邪城。《世说》“桓公经金城见昔为琅邪时所种柳”即此。

已平蜀栈达秦关，逸气飞腾将略娴。处仲东来心叵测，深源北伐事多艰。楼台寂寞金城戍，歌舞销沈白纻山。剩有琅邪旧时柳，西风憔悴不胜攀。

投书渚是晋豫章太守殷羡投书处

在石头城下。殷羡字洪乔，陈郡长平人，为豫章太守。都下人因其致书者百余函，行次石头皆投之水中，曰：“沈者自沈，浮者自浮，殷洪乔不为致书邮。”见《子浩传》。

洪乔不作致书邮，尽使函书付碧流。一片石头城下水，西风吹动鲤鱼秋。

相思尺素托征帆，何事浮沈付马衔。一笑深源他日事，答书辛苦达空函。

晋镇西将军谢尚宅

谢尚字仁祖，豫章太守鲲之子。幼有至性，神悟夙成。鲲尝携之送客，或曰：“此儿一座之颜回也。”尚应之曰：“座无尼父，焉别颜回。”席宾莫不叹异。及长，开率颖秀，辨悟绝伦。善音乐，博综众艺。司徒王导深器之，比之王戎，呼为小安丰。辟为掾，袭父爵咸亭侯。转西曹属，迁会稽王友，入补给事黄门侍郎，出为建武将军、历阳太守。建元二年，以为南中郎将，转西中郎将、假节，镇历阳。大司马桓温欲有事中原，使尚率众向寿春，进号安西将军。张遇据许昌叛，讨之，为所败，降号建威将军。尚之行也，使濮阳太守戴施据枋头。会冉闵之子智与其将蒋干来附，使刘猗诣尚请救。施止猗，求传国玺。尚致诸京师。符健将杨平戍许昌，尚遣师袭破之。永和中，拜尚书仆射，出镇历阳。有政绩，表求入朝。寻进号镇西将军，镇寿阳。采招乐人，并制石磬，以备太乐。江表有钟石之乐，自尚始也。桓温北平洛阳，请以尚镇，以疾不行。升平初，进都督豫、冀、幽、并四州。征拜卫将军，未至，卒于历阳。赠散骑常侍、卫将军、开府仪同三司，谥曰简。无子，以从弟弈子康袭爵。宅在竹格渡，今当通济门处。永和四年，舍造庄严寺。宋大明中，路太后另造庄严寺于城西南乐园，改谢寺为谢镇西寺。

早年神悟说颜回，长比安丰一代才。玉玺功名由敌至，乌衣风气自君开。尚于诸谢为长，安、万、石皆从弟也。虚窗跂脚清风美，联舫论诗夜月哀。何处佛烟零落尽，古祠犹说镇西来。

谢　公　墩

在冶城北二里。谢安与王羲之其登，悠然远想，有高世之志。羲之谓曰“四郊多垒，宜思自效，而虚谈废务，浮文妨要，恐非当今所宜”即此。明初筑城，分其半以为城基。自王安石作诗有“我屋公墩”之句，于是城东又有一谢公墩，以图经考之，安石所争，当是城东筑以象会稽东山之土山也。

谢公遐想处，遗迹冶城秋。逸少高风在，俱为第一流。虚谈箴废务，定难见前筹。一笑争墩者，空贻涧壑羞。

冶城怀晋右军将军会稽内史王羲之

羲之字逸少，司徒导之从子。祖正，尚书郎。父旷，淮南太守。元帝之过江也，旷首创其议。羲之幼讷于言，及长，辨赡，以骨鲠称。善隶书，为中兴之冠。起家秘书郎，庾亮请为参军，上疏称其清贵有鉴裁。迁宁远将军、江州刺史。既拜护军，求宣城郡，不许，乃以为右军将军、会稽内史。时殷浩与桓温不协，羲之与浩书以诫之。又与会稽王笺陈浩不宜北伐。东土饥荒，辄开仓赈贷。吴会赋役繁重，上疏争之，事多见从。雅好服食养性，初渡浙江，便有终焉之志。尝与同志宴集兰亭，自为之序。性爱鹅，为山阴道士书《道德经》。又在蕺山为老姥书六角扇，自称"我书比钟繇，当抗行；比张芝，犹当雁行也"。少与王述齐名，而羲之甚轻之。述膺显授，羲之耻为之下，遂称病去郡，于父母墓前自誓。既去官，与东土士人尽山水之游，语人曰："我卒当以乐死。"年五十九卒，赠金紫光禄大夫。有七子，知名者五人。元之，早卒。凝之，左将军、会稽内史，死孙恩之难。徽之，黄门侍郎。桢之，大司马长史。操之，豫章太守。献之，吴兴太守。冶城是谢安与羲之登览处。羲之人品在安上，登览数语所见远过于安。后人以"谢公"名墩，而羲之不及，岂不以名位耶？羲之名迹多在会稽，在金陵者，惟冶城之游。因题一诗，以志向往。

北伐论殷浩，东还傲谢安。宣城求未得，蜀道不辞难。经济工书掩，襟怀避世宽。会稽何处是，东望咏崇兰。

桃叶渡

《古今乐录》曰:《桃叶歌》者,王子敬之所作也。桃叶,子敬妾名,缘相笃爱,所以歌之。《桃叶歌》云:“桃叶映红花,无风自婀娜。春花映何限,感郎独采我。”又云:“桃叶复桃叶,桃树连桃根。相连两乐事,独使我殷勤。”又云:“桃叶复桃叶,渡江不待橹。风波了无常,没命江南渡。”《乐府·清商曲辞》,吴声曲也。《隋书·五行志》曰:陈时江南盛歌王献之《桃叶》,辞云:“桃叶复桃叶,渡江不用楫。但渡无所苦,我自迎接汝。”后,隋晋王广伐陈,置将桃叶山下。及韩擒虎渡江,大将任蛮奴至新亭以导北军之应。子敬,献之字也。桃叶渡,在秦淮晋王献之迎妾桃叶渡江处,其地在今利涉桥。郡志以晋王渡江处为桃叶渡。按:此乃童谣之类,不得以桃叶山为桃叶渡也。

绿波春水易销魂,江草江花旧梦痕。一样婵娟同打桨,如何人不说桃根。

与郎羞见是相思,憔悴能歌团扇词。都是南朝好颜色,风流还有谢芳姿。

乐府匆匆短梦过,琅邪辛苦奈情何。可怜铁骑横江日,六代江山一曲歌。

我亦人间过半生,南朝遗事谱新声。意中也有人如玉,可许横江打桨迎?

东山

在城东南四十里。谢安思会稽东山所筑,与谢元围棋赌墅处。

谢公高卧处，千载此东山。江海平生志，林泉终古间。偶然携仗去，时复赌棋还。谁识凌霞志，高风著此间。

谢元别墅用温飞卿《谢公墅歌》韵

在清风乡黄城桥，安石围棋所赌即此。后属檀道济，名檀城。温庭筠《谢公墅歌》云：“朱雀桁南绕香陌，谢郎东墅连春碧。鸠眠高柳日方融，绮榭飘遥紫庭客。文楸方罫花参差，心陈未成星满池。四座无喧梧竹静，金蝉玉柄俱持颐。对局含颦见千里，都城已得长蛇尾。江南王气系疏襟，未许苻坚过淮水。”

冶城路绕东山陌，万竹连山影春碧。秦军百万动地来，指挥啸傲山林客。花间丝竹声参差，仿佛夜宴芙蓉池。全局未阑一着胜，儿辈破贼翁解颐。鹤唳风声一千里，眼底吴头连楚尾。一笑莓苔履齿痕，捷书已过长淮水。

朱雀桥

在镇淮桥北。晋咸康中，作朱雀门，立朱雀浮航南渡淮水。长乐渡，其遗址也。

朱雀门前朱雀桥，行人唤渡雨潇潇。六朝遗事知多少，流尽清淮水一条。

野草溪花媚晚凉，残基犹说晋咸康。镇淮桥北无遗址，何处当时廿四航。

乌衣巷

在城南，内有乌衣园。《世说》注引《丹阳记》：乌衣之起，吴时乌衣营处也。乃王谢故居。今剪子巷至武定桥，是其遗址。

苍凉古巷问乌衣，南渡高名世所稀。当世风流尽裙屐，诸郎功业半淮淝。旧家门第斜阳改，六代江山燕子飞。莫向东山吊丝竹，铜驼石马已全非。

邀笛步是王徽之邀桓伊吹笛处

伊字叔夏。父万，仕至侍中、丹阳尹。伊有武干，标悟简率，频参诸府军事。时苻坚强盛，朝议选能，授伊淮南太守，以绥御有方，进督扬豫。与谢元破贼别将，封宣城县子。苻坚南寇，与元等破坚淝水，封永修县侯，进号右军将军。伊性谦素，虽有大功，而始终不替。善音乐，为江左第一。有蔡邕"柯亭竹"，常自吹之。王徽之赴召，泊舟青溪侧，素不相识。客曰："此桓野王也。"徽之令人谓曰："闻君善吹笛，试为我一奏。"伊是时已贵显，素闻徽之名，便下车踞胡床，为作《三弄》，便上车去，客主不交一言。时谢安女婿王国宝构安于会稽王道子，嫌隙已成。帝召伊饮宴，安侍坐，帝命伊吹笛，伊更请抚筝。乃歌《怨诗》曰："为君既不易，为臣良独难。忠信事不显，乃有见疑患。周旦佐文武，金縢功不刊。推心辅王政，二叔反流言。"声节慷慨，俯仰可观。安泣下沾衫，乃越席而就之，捋其须曰："使君于此不凡。"帝甚有愧色。伊在州十年，绥抚荒杂，甚得物情。桓冲卒，迁督江州、荆州十郡、豫州四郡军事、江州刺史，将军如故。卒，官赠右将军，加散骑常侍，谥曰烈。邀笛步在秦淮，今上水闸是也。或云在竹桥侧。

秦淮明月六朝树，流水无声晚潮去。笛声吹断晋时秋，此地犹存邀笛步。当时擪笛谁擅场，江左第一桓野王。子猷看竹不问主，放诞简率殊相当。为我一奏亦不恶，便停画舫骄胡床。一弄风云动流征，再弄林壑生清商，三弄激楚裂金石，江城片片梅花凉。天清地旷变秋色，主客苍茫各胸臆。谁识溪头横笛人，淝水奇功冠南北。呜呼，孝武之既[①]朝政芜，道子昏瞢国宝谀。谢安功业在社稷，主相渐使佥壬诬。南渡江山势衰弱，澄清尚未收河洛。重臣危疑关国是，那得会稽卧云壑。贤奸倒著心不平，笛人吹笛臣抚筝。怨诗入歌意慷慨，一弦一柱皆哀声。君臣此际释疑患，东山丝竹全功名。御仗奏笛岂逮此，国步从此横庚庚。世人只解说《三弄》，何异赌墅夸棋枰。又闻此笛柯亭竹，三百年来瘦寒玉。可惜中郎焦尾琴，何年劫火烧桐绿。

晋太傅谢文靖公安墓

谢安字安石，尚从弟也。父裒，太常卿。安年四岁时，桓彝见之，谓曰："此儿风神秀彻，后当不减王东海。"及总角，神识沈敏，风宇条畅。善行书，少有重名。寄居会稽，与王羲之、许询、支遁游处，无处世意。公府交辟并不至，有司奏禁锢终身，遂栖迟东土。及弟万废黜，始有仕进志，年已四十余矣。为桓温司马，除吴兴太守，征拜侍中，迁吏部尚书、中护军，受简文帝顾

---

① 此字似为"际"字之误。

命。孝武帝时，桓温威振内外，人情噂喈，安与王坦之尽忠匡翼。寻为尚书仆射，领吏部，加后将军及中书令。时强敌寇境，边书续至，安镇以和靖，德政既行，威怀外著，人皆比之王导，谓文雅过之。又领扬州刺史，进中书监、骠骑将军、录尚书事，加司徒，复加侍中、都督扬、豫、徐、兖、青五州、幽州之燕国诸军事。时苻坚强盛，率众百万，次于淮淝，京师震恐。加安征讨大都督，遣兄子元破之。驿书至，安方对客围棋，看书既竟，棋如故。客问之，徐答曰："小儿辈遂已破贼。"其矫情镇物如此。进太保。欲混一文轨，上疏求北征，进都督十五州诸军事。时会稽王道子专权而奸谄，安出镇广陵以避之。安虽受朝寄，东山之志，始末不渝。及镇新城，尽室而行，造泛海之装，欲须经略粗定，自江道还东。雅志未就，遂遇疾笃。诏遣中使慰劳，遂还都。闻当舆入西州门，自以本志不遂，深自慨失。薨，年六十六。赠太傅，谥曰文靖。墓在梅赜冈。陈始兴王叔陵发安墓，弃去安柩以葬其母彭氏，后以作乱诛，毁彭氏坟庙以还谢世之茔。今上虞亦有谢墓，相传晋末其子孙迁葬会稽。

桓温竟死苻坚破，社稷功高志一邱。少日风神并东海，有人恸哭过西州。梅冈旧塚残碑失，兰渚遗坟古墅秋。太息白鸡催梦醒，更谁江左继风流。

附　录 钱塘女史汪　端小韫

梅冈花落古苔平，遗冢犹传太傅名。坐奕果能摧劲敌，清谈原不误苍生。十年别墅无丝竹，弟万死，安十年不听丝竹。一语新亭罢甲兵。闻道始宁迁葬去，青山依旧暮云横。

杜姥宅

在宣阳门内。晋成帝杜后母、杜乂之妻裴氏所居。

不数王家与谢家，城南杜曲自清华。宣阳里第今何在，到处犹簪白奈花。

晋广州刺史吴隐之故居

隐之字处默，濮阳甄城人。魏侍中质六世孙。博涉文史，有清操。丁父忧，每号泣，行路流涕。哭临之时，双鹤警叫，祥练之夕，群雁俱集。荐至龙骧将军、广州刺史，领平越中郎将。至石门酌贪泉，赋诗曰："古人饮此水，一歃怀千金。若使夷齐饮，终当不易心。"清操逾厉，下诏褒美，进号前将军。卢循寇南海，长子旷之战没。城破陷贼，循表朝廷，以隐之党桓温①，宜加裁戮，诏不许。刘裕与循书，令遣之隐之还。归舟之日，装无余资。妻赍沈香一片，投于湖亭之水。及至，家数亩小宅，篱垣仄陋，内外茅屋六间，不容妻子。刘裕更为起宅，固辞。寻拜度支尚书、太常，以竹蓬为屏，坐无毡席。迁中领军，清俭不革。义熙八年，请老。九年，卒。

当年吴处默，持节广州城。气以投香烈，心因酌水清。蓬屏留故事，茅屋感生平。试问簪绅客，孤操孰比卿。

① 据《晋书》卷九十，此处为"桓玄"。

西 州 桥

西州城即石头城，西州门即石头城门也。谢安志欲东归，因病还都，入西州门，以本志不遂，深自慨失。羊昙，泰山人。受知于安，过西州门，以马策挝门，诵曹子建诗曰："生存华屋处，零落归山邱。"恸哭而去。附见"安传"。西州桥，在今朝天宫侧。《景定志》云：宜在今笪桥西。

人生恩义真无尽，况是同时第一流。杨柳销魂水流恨，至今肠断古西州。

谢将军庙

谢元字幼度，安西将军弈之子，安之姪。少颖悟。安尝戒子姪，因曰："子弟亦何豫人事，而欲使其佳?"元答曰："譬如芝兰玉树，欲使其生于庭阶耳。"安悦。少好佩紫罗香囊，安患之，而不欲伤其意，因戏赌取，即焚之。长，有经国才略。为桓温掾、桓豁司马、领南郡相、监北征诸军事。解戴逯彭城之围，破句难等于白马，又破之君川，进号冠军，领徐州刺史，以功封东兴县侯。及苻坚率兵于项城，众号百万，诏以安为征讨大都督，元为前锋，与叔父石、从弟炎①及桓伊、谭元、戴熙、陶隐等率众八万距之，战于淝水。坚众奔溃，闻风声鹤唳，皆以为王师。乘坚丧败，经②造涡、颍，经略旧都。进伐青州，又蓟苏州，三魏皆

① 据《晋书》卷七十九，此处应为"从弟琰"。

② 此字应为"径"。

降。以青、兖、司、豫平，加都督七州军事，封康乐县公。会翟辽、张愿举郡叛，元自以处分失所，求解所职，诏不许。即路，于道疾笃，疏十余上，乃转授散骑常侍、左将军、会稽内史。元乃舆疾之郡，十三年，卒于官，年四十六。追赠车骑将军、开府仪同三司，谥曰献武。子琰，早卒，琰子灵运嗣。彭城之役致命而死者，小将田泓也。淝水之役先进破敌者，刘牢之也。在秦军唱言师败者，朱序也。乘全胜之势以经略中原，不难光复旧物，而天不祚晋，二郡背叛，使战胜之师不及锋而用之。史臣曰：康乐才兼文武，志兼匡济，淮淝之役，勍寇望之而土崩；涡、颍之师，中州应之而席卷。方欲西平巩、洛，北定幽、燕，庙算有余，良图不足。降龄何促，功败垂成，岂不惜哉！庙在凤凰台东，宋乾道间建。明正德间太常罗玘有记。

军声鹤唳将龙骧，志拓南都定北疆。解说庭阶生玉树，最宜风度赌罗囊。襟期羊祜原儒雅，功业周瑜最慨慷。留得当年棋墅在，古祠斜日共苍凉。

东府城是晋会稽文孝王道子旧第

道子，孝武同母弟。谢安薨，领扬州刺史、录尚书、假节、都督中外诸军事。崇信浮屠，酣歌为务，官以贿迁，政刑谬乱。许荣、范宁上书，先后论之。嬖人赵牙为道子开东第，筑山穿池，用功巨万。帝既冠，道子归政。王国宝总权，王恭举兵讨国宝，道子斩国宝以谢恭。道子子元显年十六请讨恭，灭之，遂夺父权，因发兵讨桓元，不胜见害，道子亦被鸩。《晋书》论曰：道子地则亲贤，任惟元辅，耽荒曲糵，信惑谗谀。遂使尼媪窃朝权，奸邪制国命，始则彝伦攸斁，终则宗社沦亡。元显以童丱之年，受栋梁之寄，专制朝廷，凌蔑君亲，畚庸琐之长[①]材，抗奸儿[②]之巨寇，丧师殄国，不亦宜乎！斯则元显为安帝之孙强，道子实晋朝之宰嚭者也。东府城在台城东南。《世说》注引《丹阳记》：东府城西有简文为会稽王时第，东则道子所居。道子领扬州，仍居东府。按扬州廨在石头城，时人以道子为刺史，不居廨而居东，故号东府。其后多为亲王之居，与石头同为台城南蔽也。

姏尼攘攘门成市，奴隶纷纷贿拜官。鏨谷但为长夜饮，谏垣会记列章弹。空闻亲谊陈徐邈，如此人才继谢安。何处当年旧东府，晋陵云树不胜寒。

西园即冶城园本桓元别苑也

桓元字敬道，一名灵宝，桓彝之孙，温之孽子。太元末，补义兴太守，弃官归国。王国宝用事，王恭招殷仲堪及元匡正朝廷。国宝死，兵罢，以元为广州刺史，不行。恭讨王愉，元举兵应之。恭为元显所败，死。以元为江州，仲堪等推元为盟主。上疏理恭，既而袭仲堪，仲堪走死，遂平荆、雍，进督八州。元显伐之，元至新亭。元显溃，见获被害。元遂入居太尉府，领平西将军、豫州刺史，出居姑熟。讽帝禅位，刘裕等起兵兴复，元帅败，遂逼乘舆西上。又败于峥嵘洲，为益督护冯迁所诛，枭首大桁。自篡盗至败，凡八旬。先是童谣云："长干巷，巷长干，今年

① 据《晋书》卷六十四，此字应为"常"。

② 此字应为"凶"。

杀郎君,后年斩诸桓。"郎君谓元显也。嗣后桓氏虽平,晋室不竞,宋以代兴,史所谓"肇金行之祸难,成宋室之驱除"者乎。

游观何处冶城园,尚有残基说姓桓。先业空称师北伐,民谣早谶巷长干。仲堪肇衅机偏误,元子贻谋事本难。太息宣城曾死国,不将忠孝奉心肝。

栽松岘

《太平寰宇记》:蒋山本少林木,晋时使诸州刺史罢职还者栽松三十株,下至郡守,各有差焉。

定知鳞鬣傲苍龙,化后空余落叶封。如此青山好烟景,雨中何不更栽松。

晋陵

《建康实录》云:在鸡笼山阳,皆不起坟。元帝建平陵、明帝武平陵、成帝兴平陵、哀帝安平陵,今不知其处。郡志谓十庙所据四高阜,疑即其处。按鸡笼山即钟山南麓,今曰龙广山,在驻防城北。自香林寺后西接太平门,为明代建城压为城址者,皆是其山。后倚钟山,前面东田,最为山水胜处,故雷次宗于此立学,晋诸陵皆建于此。俗以鸡鸣寺山为鸡笼山者,误。鸡鸣山寺正台城北堑耳。

西风吹上最高层,落日青山吊晋陵。出地双鹅终丧乱,渡江五马竟飞腾。金墉故国悲多难,玉玺新符卜中兴。今日鸡笼山畔过,更无窆石照鱼镫。

夕阳亭下祸根荄,太息金行百事乖。三后神灵元石象,八王兵甲洛阳街。上陵无地悲文景，归国何年吊愍怀。争似南来诸帝子，墓田犹得傍秦淮。

朱雀宫门旧迹湮，金凫何处问重泉。一杯自劝长星酒，七宝空留帝子鞭。六代江山都似梦，四朝陵寝总如烟。只余王谢风流在，墓草荒凉石兽眠。

天光分曜史填胸，遗事南朝百感重。割据三分吴大帝，湖山一角宋高宗。秋生牛首山头月，梦醒鸡鸣寺里钟。争似孝陵无恙在，掖门云拥万株松。

晋元帝庙

元帝讳睿，字景文，宣帝曾孙，琅邪恭王觐之子。年十五，嗣位琅邪王。元康二年，拜员外郎散骑常侍。累迁左将军。东海王越之将兵下邳也，假帝辅国将军。监徐州诸军事，镇下邳。俄进安东将军、都督扬州诸军事。越西迎大驾，留帝居守。永嘉初，用王导计，始镇建业。及怀帝蒙尘，司空荀藩等移檄天下，推帝为盟主。愍帝即位，加左丞相。进丞相、大都督中外诸军事。建武元年，愍帝诏摄万机，群臣请上尊号，不许。依魏晋故事为晋王。六月，司空、并州刺史刘琨、幽州刺史段匹碑[①]等百八十人上书劝进，优令答之。大兴元年，愍帝崩问至，百僚上尊号，遂登坛南岳，受终于文祖，大赦，改元。四年，改元永兴[②]。闰月崩，年四十七，葬建平陵，庙号中宗。本纪[③]以《元石图》"牛

① 此字应为"磾"。

② 此年号应为"永昌"。

③ 即《晋书》帝纪第六"中宗元帝"。

继马后”,谓恭王妃夏后[①]氏通小吏牛氏而生元帝。宫闱秘密,谶纬渺茫,嬴吕之疑,似不免于附会焉。庙为唐天祐三年置,在下将军庙西。宋嘉定二年,黄度作新庙于石头,两庑祀当时名臣三十六人。

夕阳回首旧金墉,双阙天开作九重。一帝此间曾渡马,诸臣当日定从龙。江山形胜思京洛,将相功名誓鼎钟。同是偏安更衰弱,临安谁祀宋高宗。

① 此字应为“侯”。

卷　三

宋

新洲行吊宋武帝

宋武帝讳裕，字德舆，小字寄奴，彭城县绥舆里人，姓刘氏，楚元王交之二十一世孙。晋氏东迁，移居京口。祖靖，晋安东太守。考翘，郡功曹。帝素贫，惟琅邪王谧敬之。尝伐荻新洲，见大蛇，长数丈，射之，伤。明日复至，闻杵臼声，见童子数人，青衣捣药，曰："我王为刘寄奴所射，合药傅之。"曰："王神何不杀之?"答曰："寄奴王者，不死。"叱之皆散，收药而返。初为冠军孙无终司马。孙恩作乱，为前将军刘牢之参军，破恩于郁洲，破卢循于永嘉。循走广州，帝加彭城内史。桓元篡晋，与刘毅等起义，众推为盟主，移檄都下，破之于峥嵘洲，终平元。洊至司徒、录尚书事。燕慕容超掠淮北，帝抗表请北征，破之于监朐。徐道覆说卢循南下，众十余万，舳舻千里，帝破之于大雷，刘藩、孟怀玉斩徐道覆，杜惠度斩循父子，遂诛。兖州刺史刘藩、豫州刺史刘毅、豫州刺史诸葛长民及荆州刺史司马休之子文宝、兄子文祖。姚泓新立，关中扰乱，表伐关洛，遂加九锡，建宋国。至洛阳,王镇恶克长安,擒姚泓,送建康。晋帝晋宋公爵为王,加十郡。欲息驾长安,经略赵魏,以刘穆之卒,乃归。晋安帝崩,琅邪王即位,征帝入辅,帝遂代晋。以晋帝为零陵王,殂焉,宋志也。在位三载,葬初宁陵,谥曰武皇帝。新洲,今薛家洲。

渡江化龙金运止,草泽英雄京口里。汉家苗裔刘将军,伐荻新洲射龙子。龙子不作龙牙须,大蛇当道形衙衙。将军弯弓一发中,亦如鱼服困豫且。高皇昔有斩蛇剑,帝今乃有射蛇箭。杵臼捣药声丁丁,一叱青衣忽不见。竹林寺中龙章明,云阳宫里龙翼生。桓家新妇有智鉴,此人虎步兼龙行。以龙遇龙龙孰真,以龙遇蛇龙益神。慕容姚泓并蝼屈,何况水仙旗鼓徒纷纷。五星聚井义熙九,北伐亲临五龙口。二百年史鱼羊骄,十六国帝牛马走。北伐当年惜草草,西夏未平归太早。辛苦功归统万城,中原南北终云扰。铜钟玉玺纷贡珍,亦如龙气吹成云。禅让魏晋篡故事,后来更有齐梁陈。太息嵩神金一饼,曲阿王气消无影。今日薛家洲上过,满陂芦荻秋风冷。

覆舟山是宋武帝破桓元处

在太平门外,与钟山支脉相连。亦名龙舟山,一名元武山,今曰苍山。

积翠远横天,江流去若烟。当年宋武帝,于此破桓元。霹雳惊龙子,风涛走水仙。南朝数人杰,留迹此山前。

乐 游 苑

在覆舟山南，本晋药圃，宋元嘉改为乐游苑。十一年三月禊饮，并饯江夏、衡阳两王，颜延之为序，即此地也。药圃亦名药园，宋武帝时于此筑垒，以备卢循。

仙苑年何有，流觞或此间。传闻药园垒，近在覆舟山。祖道应攀柳，妍歌定秉蕳。当年光禄序，文藻重人间。

凤 皇 台

宋元嘉十四年，凤皇见都下，改其地曰凤皇里，起台于山。李太白登黄鹤楼，以崔颢题诗在上，乃至金陵赋《凤皇台》也。今在南门内新桥西上。瓦官寺，徐中山西园遗址，本名丛桂庵，焦竑易名凤游寺。

元康曾纪凤皇至，汉元康元年，凤皇集泰山，后人因其地为台。余登岱，曾至其地。元嘉又见凤皇来。白门已改凤皇里，青山更起凤皇台。六朝江声走浩荡，双阙云气森崔巍。搔首青天唤鸾鹫，谪仙长啸真奇才。

祈泽寺访龙女献泉成池处

寺在府治东南三十五里高桥门外。祈泽山，刘宋时初法师始居此。少帝建名祈泽治平寺。明嘉靖中重修，为祈祷雨泽处。

南朝鹿苑碧莲开，莫是生公说法台。龙女如花复如玉，听经归去献泉来。

云作奇峰靄远空，神龙低蛰学秋虫。凤鬟雾鬓偏憔悴，辛苦泾河鞭雨工。

招隐馆

在钟山西岩下，宋文帝筑馆居雷次宗处。《南史·隐逸传》：次宗字仲伦，豫章南昌人。少入庐山，事沙门释慧远，笃志好学，尤明《三礼》、《毛诗》。隐退不受征辟。宋元嘉十五年，征至都，开馆于鸡笼山，聚徒教授，置生百余人。会稽朱膺之、颍川庾蔚之并以儒学总监诸生。时国子学未立，上留意艺文，使丹阳尹何尚之立元学，太子率更令何承天立史学，司徒参军谢元立文学，凡四学并建。车驾数至次宗馆，甚厚。还庐山，公卿以下并设祖道。后又征诣都，为筑室于钟山西岩下，谓之招隐馆，使为皇太子、诸王讲《丧服经》。次宗不入公门，乃自华林东门入延贤堂就业。二十五年，卒于钟山。子肃颇传其业。

四学虽同立，儒家解读书。谭经留旧地，招隐有精庐。史局承天领，禅宗慧远居。何如太平馆，芝桂属元璩。褚伯玉，字元璩，钱唐人。少有隐操，避昏居剡，隔绝人物。王僧达为吴郡，苦礼致之。邸孙珍①与僧达书曰："褚先生灭景云栖，抗高木食，有年载矣。自非折节好贤，何以致之？昔文举栖冶城，安道入昌门，于兹而三焉。乃可暂致，不可久羁。"僧达答曰："褚先生从白云游旧矣。比谈讨芝桂，若已窥烟液临沧洲矣。"齐高帝即位，手诏吴、会二郡迎遣，辞疾，敕于剡白石山立太平馆居之。

萧思话弹琴石

思话，南兰陵人。宋孝懿皇后弟子。幼未知书，好骑屋栋，

① 据《南齐书》卷五十四，此人名应为"邱珍孙"。

打细腰鼓。后折节，工隶书，善弹琴，能骑射。官青州刺史。平司马朗之乱，为南秦二州刺史[①]，走杨难当。平汉中，置戍葭萌[②]，荐官至中书令、丹阳尹、散骑常侍。尝从文帝登钟山北岭，中道有盘石清泉，上使于石上弹琴，因赐以银钟酒，谓曰："相赏有松石间意。"石在钟山说法台东。

盘石既磊磊，清泉亦潺潺。山中一尊酒，相赏松石间。

长史少年时，折节颇攻苦。试弹焦尾琴，何如细腰鼓。

弘景吹笙阁，子猷邀笛步。一样六朝人，风流杳然去。

宋征南大将军江州刺史檀道济旧宅

旧说檀城本谢元别墅，后属檀道济，故名。在上元东北清风乡黄城桥。《金陵志》引《异苑》云：檀道济居青杨巷，是吴步阐所居。按檀城、檀桥、青杨巷、康乐坊、谢元别墅，其说不一。新志注以檀城当是屯兵处，宅当在青杨巷。檀桥则自在青溪，康乐坊自当为谢元宅所在。大约元宅在康乐坊，道济宅自在青杨巷。至檀城，则先为谢元别墅，后为道济别墅耳。青杨巷，不详其处。白杨巷约在东府城今通济门左右，则青杨巷当亦不远也。道济，高平金乡人。从宋武帝建义，荐官至司空。与魏军三十余战，魏人惮之，图其形以禳鬼。文帝疾笃，刘湛忌之，彭城王义康矫诏收付廷尉，及其子八人并诛。道济见收，目光如炬，脱帻投地曰："乃坏汝万里长城！"人歌曰："可怜白浮鸠，枉

① 据《南史》卷十八，应为"为梁、南秦二州刺史"。

② 应为"置戍葭萌水"。

杀檀江州。”魏人闻之曰:“道济已死,吴子辈不足复惮。”自是频岁南伐。二十七年,魏军南伐至瓜步,文帝登石头城望,甚有忧色,叹曰:“若道济在,岂至此!”

西征北伐几时休,万里长城在石头。别墅至今同谢傅,威名当日重江州。韩彭功大终遭戮,张卫名高枉见收。此日龙山西畔过,更无人唱白浮鸠。

宋临川内史谢灵运墓

在本业寺中,寺在麒麟门外。《建康实录》:梁天监中,建本释净玉舍宅。南唐保大间,重修。有唐乾德年碑。灵运,谢元之孙。少好学,文章之美,与颜延之为江左第一。纵横俊发过于延之。性豪侈,衣物多改旧制。出为永嘉太守。郡有名山水,肆意遨游。既免官,以父祖葬始宁,并有故宅,遂移籍会稽,与族弟惠连、荀雍、何长瑜、羊璿诸人为山泽之游。因求湖为田,与孟顗有隙,诣阙自陈,文帝不之罪。以为临川内史,游放不异永嘉,为有司所纠,司徒收之。灵运遂有逆志,为诗曰:“韩亡子房奋,秦帝鲁连耻。本自江海人,忠义感君子。”执送廷尉,免死徒广州。后以宋齐受获。赵钦云:“灵运使买弓刀,要合篡夺。”诏于广州弃市。猖狂不已,自致覆亡,盖文人之纰谬者也。

江左乌衣有旧家,镇西门第昔豪华。衣冠所尚称康乐,山泽之游在永嘉。似尔文章原古雅,只怜踪迹太奇邪。才人覆辙应相戒,龚李诗中噪暮鸦。

宋法曹参军谢惠连墓

在宣义乡，与本业寺相近。惠连，方明子。十岁能属文，族兄灵运嘉赏之，云："每有篇章，梦惠连辄得佳句。"殷景仁爱其才，言于文帝。为彭城王法曹参军。年三十七卒。

谢家群从好，高丽见斯人。诗梦悟灵运，才名重景仁。咏星渺云汉，赋雪感阳春。我有同怀客，西堂觅句新。

烽火楼是宋文帝登望魏师处

一名白马城。《丹阳记》云：吴时举烽火处。亦见《三国志》，在石头西南。《宋文帝纪》：魏太武至瓜步，帝登烽火楼极望，不悦曰："使檀道济在，不至此。"即此楼也。

隔江应见阵云生，惆怅高楼接旧京。我国旌麾方北伐，彼军戎旅亦南征。筹边应置三山戍，临敌空思万里城。今日时清烽燧息，佛狸祠下暮潮平。

南龙山访宋孝武殷贵妃墓

贵妃本南郡王义宣女。义宣败，帝密取之，假姓殷氏。及薨，帝常思见之。遂为通替棺，欲见，则引替睹尸。并讽有司奏引《春秋》仲子之宫，立庙都下。有巫者说帝"贵妃可致"，果于帷中见形如平生。乃拟《李夫人赋》，谢庄作哀策。帝流涕曰："不谓当今复有此才。"都下传写，纸墨为之贵。皆见《南史》本传。"隧路抽阴"，"巫山郁云"，"中泉寂兮此夜深"，"响乘气兮兰驭风"，皆哀册中语。

通替棺何在，岩阿访古坟。宫齐鲁仲子，赋拟李夫人。隧路悽寒月，巫山郁暮云。中泉吊兰驭，惆怅谢庄文。

含章殿是宋孝武帝女寿阳公主梅花点额处

宋宫城承东晋之旧。含章殿，当在今台城相近也。

飞英随意蝉宫鸦，小影分明萼绿华。从此六宫新样好，晓妆只点玉梅花。

玉树琼枝着意题，含章古殿玉阶西。定知曾入罗浮梦，花落惊回翠羽啼。

一枝犹放寿阳春，镜里婵娟玉貌新。解为宫鬟添韵事，南朝公主更何人。

宋光禄大夫颜延之墓

延之字延年，琅邪临沂人。少孤贫，好读书，无所不览，文章冠绝当世。性疏诞，不能取容。宋元嘉中，以中书侍郎出为永嘉太守，甚怨愤，作《五君咏》以见志。孝武登祚，以为金紫光禄大夫。有爱姬尝荡延之，坠床致损，子竣杀之。见妾为祟，病卒，谥曰宪子。延之与谢灵运齐名，议者以为自潘岳、陆机之后，文士莫及，江右称潘、陆，江左称颜、谢焉。来苏乡后颜村有颜尚书墓，疑即是也。

当年颜谢方潘陆，锦绣文章亦可观。七载屏来无俗驾，五君咏后有骚坛。曾因堂构流芳誉，未免房帏怆坠欢。一事差应胜康乐，青山归骨墓门寒。

宋司徒何尚之宅

尚之字彦德，庐江灊人。少颇轻薄，及长，折节蹈道，以操立见称。初为临津令。宋武帝领征西将军，补主簿。少帝即位，为庐陵王义真车骑谘议参军。义真被废，入为中书侍郎，迁吏部郎，甚为文帝所知。领丹阳尹。为立宅南郭外，立学聚生徒。东海徐秀等慕道来游，谓之南学。迁尚书左仆射。上欲于元武湖中立三神山，造华林园，并改铸当两钱，尚之皆切谏。致仕，方山著《退居赋》，文帝不许，曰："羊、孟尚不得告谢。"谓羊元、孟顗也。袁淑乃为《真隐传》以嗤焉。元凶劭弑立，三方兴义，将佐家在都者，劭悉欲诛之。尚之诱说百端，皆得全免。大明中，以左光禄、开府仪同三司。卒，年七十九，赠司徒，谥曰简穆公。

早年南涧聚生徒，中岁华林有谏书。慕道孔荀仍载酒，鲁郡孔惠宣、颍郡川荀子华。同时羊孟未悬车。空劳袁淑讥真隐，曾入方山赋退居。记与延年共游览，西池评骘定何如。尚之与延之并短小，同游太子西池，路人谓延之曰："彼似猴尔，君乃真猴。"

后　　湖

在太平门外，周四十里，有旧洲、新洲、龙引洲、莲萼洲。按此湖本古桑泊，见《建康志》引徐爰《释闻》。吴宝鼎二年，开城北渠，引后湖流入新宫，名始著，见《建康实录》。元嘉中，筑堤壅水，名北湖，见《文选》注引《丹阳图经》。又，元嘉中，黑龙见，因名元武湖。孝武大明中，大阅水军于湖，因号昆明湖，俗又呼为饮马塘。宋天禧四年，改曰放生池。熙宁八年，王安石奏废为田，并见景定《建康志》。明时，将天下版籍尽贮后湖，见计宗道《过后湖记》。一名蒋陵湖，亦名秣陵湖，又名练湖，见《建康志》并所引《丹阳记》。

黑龙负舟紫云聚，凤皇飞来集元圃。已筑青山署景阳，更浚明湖应元武。湖波浩淼湖烟昏，北堤亘立长虹蹲。离宫别起上林苑，驰道更立承明门。休龙阅武恩波逮，犀甲楼船辉幢铠。不似萧家射雉场，后人惟说鸡鸣埭。汉家苑囿恢黄图，当时亦号昆明湖。武帝旌旗久寂寞，石鲸鳞甲秋风疏。蒋山云气青溪柳，落日临湖一杯酒。甄邯残梦草萧萧，欲起承天问威斗。

湘宫寺

是宋明帝旧宅，在青溪中桥北。中桥，当即今四象桥也。明帝舍宅为寺，尝欲造十级浮屠而不能，乃分为二。帝谓晁尚之曰："卿至湘宫寺未？此是我大功德。"虞愿曰："此皆百姓卖儿鬻妇钱所为，何功德之有？"见《虞愿传》。愿字士恭，会稽余姚人，宋元嘉中，为湘东王国常侍。明帝立，以愿藩国旧恩，除太常丞、尚书祠部郎、通直散骑侍郎。出为晋安太守。海边有越王石，常隐云雾，相传云"清廉太守乃得见"。愿往就观，清彻无所隐蔽，盖贤者也。

何处湘宫寺，青溪古路纡。文章新著录，明帝在藩时，撰《江左以来文章志》，见本纪。功德几浮图。废苑梁碑失，简文帝有碑。长桥宋苑芜。萧家遗垒在，啼煞白门乌。齐始安王遥光以东府城畔，萧坦之屯湘宫寺，见《南史》。

宋车骑大将军司空沈庆之宅

庆之字弘先，吴兴武康人。为宁远中兵参军，平滨北诸蛮。副王元谟北伐，佐孝武诛元凶劭，为领军将军、南兖州刺史。平鲁爽，进镇北大将军。竟陵王诞反，以为车骑大将军，讨之。诞平，进司空。庆之居清明门外，有宅四所，室宇甚丽。又有园舍在娄湖，一夜携子孙徙居之。上尝欢饮，令群臣赋诗，庆之不知书，口授曰："微生遇多幸，得逢时运昌。朽老筋力尽，徒步还南冈。辞荣此圣世，何愧张子房。"坐众并称其辞意之美。孝武晏驾，与柳元景并受顾命。废帝无道，众劝之废立。及诛何迈，并忌庆之，乃遣其从子攸之赍药赐死。赠侍中、太尉，谥忠武公。庆之征蛮，患头风，好戴狐皮帽，群蛮呼曰苍头公。文帝将北伐，庆之固陈不可，上使徐湛之、江湛难庆之。庆之曰："为国譬如家，耕当问奴，织当问婢。今欲伐国，而与白面书生辈谋之，事何由济？"卒如其言。娄湖苑，本吴张昭故宅。《南史·齐武帝纪》：望气者言，新林东府娄湖有王气，乃筑青溪旧宫、作新娄湖苑以厌之。当在今驻防城东南。南冈在周处读书台下。旧有光宅寺，乃梁武故居，六朝士大夫多家此。今蟒蛇仓、石观音院诸处是也。

八十高年尚服戎，生平一节矢孤忠。满朝白面侥君辈，百战苍头让此公。赐药真疑酬顾命，悬车虚说谢成功。只今徒步南岗路，苑树苍茫夕照中。

东山吊宋守尚书右仆射中领军刘勔

《建康志》云：上元县有两东山，一在崇礼乡，晋谢安筑土拟会稽旧隐，即与谢元围棋赌墅处，今去县二十里。一在钟山蒋庙东北，宋刘勔常经始钟岭，以为栖息，及造园宅，名为东山，今去县十五里。《南史》：勔字伯猷，仕宋为宁朔司马。从刘道隆平竟陵王诞之乱，除龙骧将军、郁林太守。代费沈平陈擅，致名马珊瑚连理树。晋安王子勋为逆，豫州刺史殷炎叛，勔内攻外御，战无不捷。及炎请降，勔约三军不得妄动，士庶感悦。元徽初，月犯右执法，太白犯上将，或劝勔避职。勔曰："天道徽远，避岂能免？"桂阳王休范为乱，战死朱雀门，赠司徒，谥昭公。即孝绰曾祖也。

朱雀门前路，将军旧建牙。军声振温峤，星变应张华。老树翔归鹤，空山噪暮鸦。忠臣不避难，战血洒平沙。

茱萸坞

在钟山，是宋道士陆修静隐居饵茱萸处。

陆公遗址已荒芜。深坞回环古路纡。风雨满城作重九，却来此地饵茱萸。

石头城吊宋司徒袁粲

石头城，在上元县西。《世说》注引《丹阳记》曰：石头城，吴时土坞，后因山加甓，因江为池，地形最为险固。又刘孝标以此为汉以前秣陵治。《建康实录》引《舆地志》曰：吴时江在石头城下，为险要必争之地。南北战伐，咸据此为胜负，亦名石首。见《梁武纪》。按东府、石头，皆有城，为台城南蔽，故凡有攻战，悉据二城。石头对东府言，当即西州城也，又当即今旱西门。粲字景倩，幼孤，祖哀之，命曰愍孙。少好学，以操行见知。仕宋，至尚书仆射，领吏部加中书令。明帝临崩，与褚彦回、刘勔并受顾命。桂阳王休范为逆，与陈显达等平之。齐高帝既居东府，使粲镇石头。及革命，粲自以身受顾命，不欲事二姓，与刘彦节、王蕴诸人相结，谋矫太后令，攻齐高帝于朝堂，事泄被害。齐永明元年，诏令改葬。

石头城上江月明，石头城下江水平。司徒当日此殉节，疾风劲草垂英名。早年读书立志节，风雨如晦歌鸡鸣。狂泉设喻皎冰玉，沧洲寄兴怀蓬瀛。泰豫之元受顾命，一时刘勔蔡兴宝蜚英声。萧家斗将龙虎气，建康威望先东征。一日破贼十二垒，桂阳定后功峥嵘。苍梧磨铤本猜忌，领军大腹真佳堋。龙骧赤跃夜入殿，髯张目电谁敢撄。敬则跃床拔刀怒，长刀遮客心魂惊。昇明虽立亦齐志，篡夺早已萌骄盈。司徒此时气慷慨，石头出镇无强兵。新亭矫节欲反正，皇舆辛苦扶危倾。彦节出奔伯兴死，刘彦节走雒担湖，为齐武帝擒斩卜伯兴，与王敬则其总禁兵，为敬则所害。大厦一木空支撑。父作忠臣子孝子，策名两毕抒丹诚。阳源昔日抗凶劭，高门奕世皆忠贞。遗孤复死狄灵庆，斗场牦狗皆狰狞。当时彦回并受托，黄褶重寄尤恩荣。西阁拒奔气颇正，别鹤鼓调神尤清。如何往事引魏晋，宋臣志欲为齐卿。彦回欲引魏何曾以魏司徒为晋丞相，求为齐官。愿以鄙心寄公腹，狙诈聊以欺同盟。白虹贯日竟亡宋，龙颜早识空目瞠。秀之兄弟晋姻戚，输心宋武如萎娱。恭帝亦为褚佛死，坐使火德销金行。乃知逆悖亦家法，岂特狡狯非人情。名德不昌乃多寿，彦宣谠论横庚庚。宋室忠臣有君在，史家立传昭定评。至今吊古说遗事，宁为粲死毋渊生。君不见石头城[①]

齐

芳 林 苑

本齐高帝宅，在青溪。永明五年三月禊饮，王融为序，即此。帝姓萧氏，讳道成，字绍伯，小字斗将，南兰陵人。少从雷次宗受《礼》及《左氏春秋》。自左军中兵参军，荐至中领军、南兖州刺史。平桂阳王休范之乱，苍梧被杀。顺帝立，进位相国，封齐公，遂受宋禅。芳林本曹魏旧名，后以避齐王讳，改称华林。此沿其名。永明中，筑青溪旧宫，或即其地。

又值春修禊，芳林绕画堤。文儒出东府，诗序重南齐。灵沼宣猷北，华桐博望西。只今余曲水，烟雨暗青溪。

灵和殿遗址怀齐常侍张绪

张绪字思曼，吴郡人，张裕孙。少清简寡欲，叔父镜比之乐广、袁粲，言于宋明帝曰："张绪有正始遗风。"迁吏部郎，荐至太常卿，领国子祭酒。齐武帝即位，转吏部尚书，迁散骑常侍。绪

① 此处疑缺。

吐属风流，听者皆忘饥疲，见者肃然如在宗庙，虽终日与居，莫能测焉。刘悛之为益州，献蜀柳数株，枝条甚长，状若丝缕。当时旧宫芳林苑始成，武帝以植于太昌灵和殿前，常赏玩咨嗟曰："此杨柳风流可爱似张绪当年。"其见赏爱如此。

何处灵和柳，芳林问旧宫。当年张散骑，正始有遗风。雅度人难似，清谈语最工。长条攀不尽，披拂暮烟中。

鸡鸣埭

在后湖畔。齐武帝出猎至此，始闻鸡鸣，故名。齐武帝于六代之君，始为奢侈。永明中，宫女万余人，数幸琅邪为猎，夜发宫中，晓至元武湖北，因有鸡鸣埭之称。明初，于台城北堑立鸡鸣寺，后人误以为即鸡鸣埭，不知埭在湖北，今寺在湖南，不相涉也。以地形论之，当在今迈高桥左右耳。帝讳颐，字宣远，高帝长子。

银河未斜月未落，龙儿夜出寿昌阁。瑇瑁帖箭媟翳骄，如梦青山抱西郭。宫车驾时鸡未鸣，鸡鸣早见宫车行。宫人晓妆起更早，景阳夜半催钟声。万户狂尘昏未起，五彩斑斑骄雉子。将军空说邯郸超，谏书朝陈夕赐死。闻鸡起舞河朔吞，昔有祖逖同刘琨。南北云扰正逐鹿，网罗惜未横中原。琅邪肆武潮沟渡，不数前朝潘岳赋。宝卷家法立长围，射雉场增三百处。

附　录　萧　抡樊村

景阳钟鸣天晓矣，六宫美人起梳洗。君王不待美人来，宫漏未终鱼钥启。鱼钥启宫车行行，埭上闻鸡鸣。未明求衣天下理，可惜君王只射雉。

雉亭山

是齐武帝射雉处，在城东北太平门外四十里。吴大帝时，蒋侯见形于此，亦名骑亭山。

阅武堂前劳酒余，新林苑里落花初。封章一上将军死，辜负相如谏猎书。将军邯郸淳表谏射雉，书奏，赐死。淳一作超。

九日台

齐武帝九日宴群臣处，即商飚馆，在朝阳门外孙陵冈。

雀羽龙文入梦来，新宫旧苑一时开。请看白下商飚馆，何异彭城戏马台。帝作青溪旧宫、新娄湖苑以厌王气。

博望苑

齐文惠太子立，在台城东钟山下。本传：太子引晋明帝立西池事，求于东田起小苑，并见《南史·齐郁林王纪》。谢朓诗"鱼戏新荷动，鸟散余花落"即此地。汉时有博望苑，文帝借以名其园耳。太子名长懋，字云乔，小字白泽，武帝长子，以东田壮丽见责。永明十一年卒，子郁林王立，追尊为文帝，葬夹石，曰崇安陵。

台城迢递蒋山边，修竹依然隐暮烟。已立宣猷齐北堑，太子宫内殿堂雕饰过于上宫，开拓元圃与台城北堑等，虑上宫内望见，乃旁列修竹，外施高障。宣猷堂在元圃，即太子宫也。更开博望起东田。名留家令郊居赋，人话山灵凿佛年。更辟荒芜寻夹石，崇安陵上草芊芊。

齐竟陵王子良宅

旧说在蒋山。《引子良行宅诗》:"访宅北山阿,卜居西郊外。"谓当近幕府山。按本传云:五年,正位司徒,移居鸡笼山西邸,集学士抄《五经》百家,依《皇览》例为《四部要略》千卷。招致名僧,讲论佛法,造经呗新声,道俗之盛,江左未有。则自当以鸡笼山为可信,且以当日城邑形势论之,北山、西郊亦复相合,蒋山、幕府山皆不足据也。子良字云英,武帝第二子。

竟陵慕文学,西邸近山开。学士抄经入,名僧造呗来。上书空有志,辅政幸无才。要略今何在,残碑没草莱。建武中,故吏范云表请立碑,事不行。

芳乐苑吊齐潘淑妃

《东昏纪》:即阅武堂为芳乐苑。又于苑立店肆,自为市魁,命潘妃为市令。百姓歌曰:"阅武堂,种杨柳,至尊屠肉,潘妃沽酒。"别为潘妃起神仙、永寿、玉寿三殿,凿金为莲花以帖地,令潘妃行其上,曰:"此步步生莲花也"东昏败,妃为梁武帝所诛。按《南史·王茂传》曰:东昏妃潘玉儿有国色,武帝将留之,以问茂。茂曰:"亡齐者,此物留之,恐贻外议。"帝乃出之。军主田安启求为妇,玉儿泣曰:"昔者见遇时主,今岂下匹非类?死而后已,义不受辱。"及见缢,洁美如生。观此则妃之容色义烈,自足见重,不得因东昏之故,连类置贬。袁简斋诗:"玉儿一死千秋重。"洵通论也。

吴苑春如梦,齐宫梦里春。屧廊遗响后,又见步莲人。

弓弯与新月，贴地总堪怜。试问朝朝树，何如步步莲。

射雉人何处，萧郎有旧家。至今芳乐苑，杨柳尚飞花。

阅武堂前树，年年乌夜啼。美人能殉国，不独数青溪。

倪塘访齐散骑常侍柳世隆墓

世隆字彦绪，宋丹阳尹元景弟子。仕齐，至江夏内史。平沈攸之之乱及湘州蛮，荐官至尚书令。性情廉静，惟事坟典。少立功名，晚专以谈义自业。善弹琴，世称柳公双琐，常自云："马矟第一，清谈第二，弹琴第三。"晓术数，于倪塘创墓，与宾客践履，常坐一处。后墓工图墓，正取其坐处焉。以永明九年卒，谥曰忠武。倪塘在方山下。

清谈马矟冠平生，双琐弹琴第一声。盛事典坟资秘阁，命题岁月在帘旌。拂龟自有前知术，挥尘应贻后世名。大好倪塘埋骨地，二龙才望总公卿。

摄山栖霞寺是齐处士明僧绍故居

僧绍字休烈，又字承烈，平原鬲人。孟明之后，以名为姓。祖玩，侍中。父略，给事中。宋元嘉中，再举秀才，有儒术。永光中，镇北府辟功曹，并不就。隐长广郡崂山，聚徒立学。魏克淮南[1]，乃渡江。昇明中，齐高帝为太傅，辟为记室参军，不至。僧绍弟庆符为青州，从至郁洲，住弇榆山栖云精舍，欣玩水石，不入州城。齐建元初，征为正员郎，不就。庆符罢任，僧绍随

① 据《南史》卷五十，应为"剋淮北"。

归，住江乘摄山，建栖霞寺居之。齐高帝赐以竹根如意、笱箨冠。尝至定林寺候沙门僧远，太祖欲出寺见之。僧绍谓僧远曰："山薮之人，政当凿坏以遁；若辞不获命，便当依戴公故事耳。"卒不见。永明中，征国子博士，不就，卒。子元琳、仲璋、山宾并传家业。

栖云精舍栖霞寺，不是榆山即摄山。高卧偶邀如意赐，凿坏曾向定林还。江山大好风云近，林壑无人水石间。欲访幽居幽绝处，六朝高节不胜攀。

周氏草堂访周彦伦隐处

周彦伦，晋左光禄大夫七世孙，解褐海陵国侍郎。益州刺史萧惠开携之入蜀，为厉锋将军，带肥乡、成都二县令，仍为府簿。元徽中，诏为剡令。建元初，为长沙王后军参军、山阴令。还为文惠太子中军录事参军。彦伦长于佛理，著《三宗论》。于钟山西立隐舍。转太子仆兼著作，撰起居注。迁中书郎。得卫恒散隶书法，学之甚工。虽有妻子，独处山舍。王俭问："山中何所食？"答曰："赤米、白盐、绿葵、紫蓼。"文惠太子问："菜食何味最胜？"答曰："春初早韭，秋末晚菘。"问："精信佛法何如何允[①]？"答曰："三涂八难，共所未免。周妻何肉，亦各有累。"转国子博士，始著《四声切韵》。草堂在钟山。彦伦舍宅为寺，名草堂寺。钟山旧有寺七十所。至宋，王安石并诸小刹于太平兴国寺，遗址半芜。明以其地为孝陵，又并于灵谷寺，悉归禁垣内

① 据《南齐书》卷四十一，此字应为"胤"。

矣。孔稚圭作《北山移文》即此。

猿惊鹤怨去冥冥，留得参军废宅扃。习静偶从南郭遁，移文应向北山听。秋菘春韭全家味，八难三涂一卷经。我亦生平妻肉累，元言来叩草堂灵。

附　　录 钱塘女史汪端小辑

清节萧齐重彦伦，钟山无恙草堂春。可怜后世终南路，多少功名捷径人。

稚珪高致亦翩翩，托讽才人仕隐间。为济苍生弃林壑，前贤已有谢东山。

东篱门园访齐处士何点旧居

点字子晳，何求弟，何尚之曾孙也。宋、齐累征不就。门世信佛，从弟遁以东篱门园居之。园有卞忠贞冢，点植花于冢侧，每饮必举酒酹之。梁武帝与点有旧，及践祚，召入华林园，征为侍中。点捋帝须曰："乃欲臣老子。"辞疾不就。园今无址。以冢度之，当与朝天宫相近耳。

何处篱门有旧园，冶城云树自成村。隐君门巷忠臣墓，指点斜阳酹一樽。

孝隐萧然寄法轮，纷纷征辟等浮尘。捋须笑谢萧郎去，始信严陵有替人。

飞泉学舍又林皋，南涧栖迟亦自豪。我向武邱山下住，每寻林壑话三高。点兄求，字子有。寄住南涧寺，归隐武邱山。弟胤，字子季。隐居秦望山，山有飞泉，乃启学舍，世称何氏三高。

檀桥访刘瓛故宅

刘瓛字子珪，沛郡相人。晋丹阳尹惔六世孙。年五岁，闻舅孔熙先读《管宁传》，曰："此可及也。"举秀才，除奉朝请，不就。袁粲荐为秘书郎，不见用。拜安成王抚军行参军，公事免。瓛素无宦情，自此不复仕。齐高帝践祚，召入华林园，问以政道。答曰："政在孝经。"帝咨嗟曰："儒者之言，可宝万世。"欲用为中书郎，辞不就。以母老阙养，拜彭城郡丞。竟陵王请为征北司徒记室，瓛与张融、王思远书，不拜。瓛姿状短小，儒业冠于当时，当世推为大儒，以比古之曹、郑。瓛有至性，母孔氏谓亲戚曰："阿称便是今世曾子。"称，瓛小字也。年四十余，未有婚对。建元中，高帝与司徒褚彦回为娶王氏，穿屐挂壁[①]，土落孔氏床上，孔氏不悦，瓛即出其妻。及居母忧，住墓下不出庐，足为之屈，杖不能起。山有鸜鹆鸟，瓛在山之年不敢来。梁武少时尝经服膺，及天监元年下诏为瓛立碑，谥曰贞简先生。所著文集行于世。瓛住檀桥，瓦屋数间，上皆穿漏，学徒敬慕，不敢指斥，呼为青溪焉。竟陵王子良亲往修谒，表武帝为瓛立馆，以杨烈桥故主第给之。又蘼芜涧在青龙山，瓛居此为儒林之宗。

流水青溪第几湾，苍苔石壁面龙山。当年立馆知何处，可在檀桥瓦屋间？

蘼芜涧上蘼芜草，春雨浮香淡暮烟。我向海禺山下过，一泓清酌柳娘泉。虞山河东君墓后有泉，余名之日"蘼芜泉"。

---

① 据《南史》卷五十，此处应为"王氏穿壁挂履"。

梦笔驿

江淹字文通，济阳考城人。少孤贫，慕司马长卿、梁伯鸾之为人。起家南徐州从事，转奉朝请。从宋建平王景素在南兖州。因广陵令郭彦文得罪，系狱，上书得释。景素为荆州，专据上流谋举事，淹从容进谏，赠诗十五首以讽焉。黜为吴兴令。齐高帝辅政，召为尚书驾部郎。相府建，补记室参军。高帝让九锡及诸章表，皆淹制也。齐受禅，后为骠骑豫章王嶷记室参军。建元置史官，与檀起[①]共掌其任。又为东武令，拜中书侍郎。永明三年，兼尚书左丞。襄阳人开古冢，得竹简古书，淹以科斗字推之，则周宣王之简也。少帝初，兼御史中丞，奏弹谢朏、王缋诸人，内外肃然。东昏末，以秘书兼卫尉。梁武至新林，微服来奔，位相国右长史。天监元年，为散骑常侍、左卫将军，封临沮县伯，改封醴陵侯。卒，谥曰宪。淹少以文章显，晚节才思微退，始泊禅灵寺渚。梦张景阳索还断锦，自是文章踬矣。淹又尝宿于冶亭，梦郭璞索五色笔，尔后为诗绝无美句，时人谓之才尽。凡所著述，自撰为前后集，并《齐史》十志，并行于世。尝欲为《赤县经》以补《山海》之缺，竟不成。梦笔驿在冶城。

南朝自古多才子，未必文通逊景纯。杂体诗成多美句，笔端五色梦中春。

冶城西畔雨丝丝，又是江郎入梦时。拼得文章才亦尽，更余残锦付邱迟。

---

① 据《南史》卷五十九，此字应为“超”。

尔雅台高释鼹鼮，注成山海纪神灵。梦中索笔君何早，未著当时赤县经。

清平一曲至尊前，醉解金貂唤谪仙。梦里笔花开一笑，后来只有李青莲。

新林浦向板桥是谢朓吟诗处

谢朓字元晖，左卫将军述之孙，正员郎纬之子。少好学，有美名，文章清丽。为齐随王子隆镇西功曹，转文学。因事求还，除新安王中军记室，兼尚书殿中郎。明帝辅政，以为骠骑谘议，领记室，掌霸府文笔，转中书郎，出为南东海太守，行南徐州事。启王敬则反谋，帝甚嘉焉，迁尚书吏部郎。上表三让，优答不许。善草颖[①]，长五言诗，沈约常云"二百年来无此诗也"。东昏失德，江祏欲立始安王遥光。朓自以受恩明帝，不肯答。为祏所构，下狱死。好奖人才，自折简写孔觊为孔珪让表，谓珪曰："士子声名未立，应共奖成，无惜牙余论。"素与梁武帝以文章相得，帝以第二女永世公主适朓子谟，意薄谟，以更适张宏子策。策卒，又以与王志子諲。谟不堪叹恨，为书状如诗赠主。主以呈帝，甚蒙矜叹，而妇终不得还。新林浦，《文选·谢朓诗》注引《水经注》曰：江水经三山又幽浦出焉。水上南北结浮桥渡水，故曰板桥浦。江又北经新林浦。按今三山东有一小溪可通板桥镇者，当即古板桥浦。而新林浦者，盖即今大胜关也。《建康志》：板桥在西南三十里许，新林在城西南二十里，所言里数正

① 据《南史》卷十九，此字应为"隶"。

合。又云：新林源出牛头山西七里。今单桥水正出牛头旁观子山下，通大关，其为新林，益可信矣。

天际识归舟，云中辨江树。指点新林向板桥，分明小谢题诗处。旅思孤游疑是非，归流东北几时归。极目金陵城下路，长教太白忆元晖。

齐景阳楼遗址并题金云门女史礼嬴书《景阳楼图》

宋元嘉中，兴景阳山于华林园。孝武大明元年，紫云出景阳楼，诏改景阳为庆云楼。齐武帝于六代之君始为奢侈。永明中，宫女万余人。帝数幸琅邪为猎，宫女常夜起严妆从之。去端门远者，不闻钟漏，故于中园作钟，以警宫女。景阳井在其下，即陈宫燕支井也。华林园，本京洛旧名，南渡置于台城东。元嘉中，更新广之前。琅邪城即金城，晋初渡江侨立琅邪郡所治，亦名宣武城。桓温始为琅邪内史居之，后以谥名其城，《世说》所载“温经金城，见昔为琅邪所种柳”即此。在上元东北金陵乡地，名金城戍。《宋书·地志》及《地志》引王隐《晋书》、山谦之《南徐州记》皆云：江乘南岸蒲州津有金城，即晋琅邪城是也。后琅邪城一名白下城。《齐书·地志》：琅邪，本治金城，永明移治白下，今神策门外之石灰山，当是其地。《舆地志》云：白下，本江乘之白石垒。齐武帝以其依带江山，移琅邪郡居之。本纪：永明七年，驾幸琅邪城讲武，即刘系宗所修之白下城，故曰“系宗为国家得此一城”。永明既徙郡治之，后则故城废垒，狐兔居之，故齐武帝得数幸琅邪城为猎也。景阳钟，其说不一。定林、灵谷皆称有之。窃意景阳近在台城，无因移至数十里外。

今神策门鼓楼冈侧钟厂旁，别有大钟二，非钟楼旧物，与台城道里较近，相传以为景阳钟，较可信耳。

昔年齐武帝，重筑景阳楼。一咏华林赋，长为清夜游。虞人宵肃驾，宫女夜梳头。当日催妆处，苔花卧古邱。

云门贤内史，王仲瞿孝廉继室。解画景阳宫。院落春帘白，楼台夜烛红。图函金匼匝，诗写玉玲珑。闲话南齐事，鸥波语最工。

金云门女史画《景阳宫图》 钱塘女史管筠湘玉

景阳楼上催晓钟，景阳楼下春烟浓。云门仙人工界画，妙笔写此南齐宫。宫漏沉沉人悄悄，长夜如年不知晓。凤华西殿寿昌南，铜辇秋衾催起早。宫鸦未动露未消，百官前殿应早朝。明镜荧荧晓妆毕，仿佛云外钟声飘。鸡鸣埭口春城影，谁唤六朝春梦醒？后来狎客唱临春，还有陈宫景阳井。

定林寺古钟相传齐景阳宫钟也

寺在高桥门外方山。按定林寺旧在钟山，见《齐书·祥瑞志》。宋乾道间，因钟山寺废，移额于此，即齐武帝欲起离宫处也。方山即天印山。钟乳百八，乳乳异声。《齐武帝纪》："置钟于景阳楼上，宫人闻钟声早起妆饰。"相传即此。详见景阳楼注。

昭阳春色凤华秋，目断琅邪翠辇游。新苑旧宫尽零落，更无人识景阳楼。

漏远宫门觉夜长，南朝遗事话沧桑。翠华未动钟声起，多少宫人尽晓妆。

记取君王旧姓萧，娥娥粉黛劫灰销。楼台烟雨苍凉甚，一杵钟声动六朝。

夜深风定隔江圆，古寺萧条伴佛烟。绿尽苔花不成字，山僧犹说永明年。

博士昭华各有司，求衣屡问夜何其。朝来偶过鸡鸣埭，犹说君王射雉时。

残夜啼乌过石城，秣陵花月可怜生。红楼儿女昏如梦，敲尽寒宵百八声。

莫愁湖

《唐书·乐志》曰：《莫愁乐》者，出于《石城乐》。石城有女子名莫愁，善歌谣《石城乐》，和中后有忘愁声，因有此歌。《古今乐录》曰：《莫愁乐》，亦云《蛮乐》，旧舞十六人，梁八人。《乐府解题》曰：古歌亦有"莫愁洛阳女"，与此不同。《乐府·清商曲词·西曲歌·莫愁乐》云："莫愁在何处？莫愁石城西。艇子打两桨，催送莫愁来。"又云："闻欢下扬州，相送楚江头。探手抱腰看，江水断不流。"今莫愁湖在水西门外，相传南齐时卢莫愁居此。

乐府清商旧有名，美人家在石头城。从今莫唱襄阳曲，湖雨湖烟过一生。

烟柳丝丝白下门，湖波风淡不生鳞。石城一角青山影，忆煞烟波打桨人。

芙蓉香淡蓼花秋，仿佛婵娟载月游。两字莫愁空记取，六朝山色向人愁。

淡烟疏雨似潇湘，燕子飞飞话夕阳。何处红楼遥问讯，卢家少妇郁金堂。

花外红兰一曲横，清凉山对小楼青。江山功业湖山乐，第一英雄是武宁。

何处埋香吊绿芜，行人犹说莫愁湖。秦淮河上如花女，问有眉痕似尔无。

拟梁武帝《河中之水歌》莫愁湖上咏卢莫愁事

梁武帝《河中之水歌》云："河中之水向东流，洛阳女儿名莫愁。莫愁十三能织绮，十四采桑南陌头。十五嫁为卢家妇，十六生儿字阿侯。卢家兰室桂为梁，中有郁金苏合香。头上金钗十二行，足下丝履五文章。珊瑚挂镜烂生光，平头奴子擎履箱。人生富贵何所望，恨不早嫁东家王。"金陵马士图云：莫愁，旧有数说。梁武此诗，乃指刘宋时洛阳美女名莫愁者，远嫁江东之卢家，借河水东流不返，譬其独离乡土。歌末谓虽处富贵，欢会实稀，何如早嫁故乡东家之为得也。此用其意。

河中之水何泱泱，河中鲤鱼尺半长。女儿远嫁别乡县，河水东流辞洛阳。卢家兰室桂为梁，郁金花开苏合香。石城艇子打两桨，楚山相送烟波苍。金钗挂壁镜失光，丝履委地尘掩箱。人生贫贱慕富贵，富贵还复思故乡。君不见沛中汉皇歌风台，又不见安阳魏公昼锦堂。

郁金堂题壁

在莫愁湖上、华严庵后，其上即胜棋楼。

美人何处久埋香，门外青山淡夕阳。草色只今迷蛱蝶，湖波依旧浴鸳鸯。真娘吴地谁知己，苏小钱塘我故乡。一样南齐旧时事，卢家少妇郁金堂。

汝南湾访南齐刘瓛陆慧晓张融故居

陆慧晓与张融并宅，其间有池，池上有杨柳二株。何点叹曰："此水便是醴泉，此木便是交让！"慧晓清介方正，张绪称之曰"江东裴、乐也"。

刘氏溪边屋，张家岸上船。买邻推二族，并宅有三贤。杨柳名交让，清池亦醴泉。江东此裴乐，慧晓更堪传。

卷　四

梁

铁冶沟

是梁武帝使康绚作三坝，堰淮水以灌寿阳者。三坝：一于寿州，一于荆山，一于盱眙。弃所聚之余铁于此，在上元马鞍山下。《南史·康绚传》：天监元年，魏降人王足陈计，求堰淮水以灌寿阳。足引北方[①]，帝使陈长[②]伯、祖暅视地形，以沙土剽轻，不可就，帝弗听。假绚都督淮上诸军事，发徐、扬人二十万筑之，于钟离南起浮山，北抵巉石，依岸筑土，合脊中流。淮水剽疾，复溃决。或谓江淮多蛟，决坏崖岸，因是引东西二冶铁器数千万斤，沉于堰所，犹不能合。乃伐树为干，填以巨石，加土其上。百里以内，冈陵木石，巨细皆尽。夏日疾疫，死者相枕。冬寒甚，淮泗尽冻，士卒死者十七八。十五年四月，堰成，其长九里，下涧一百十丈，上广四十五丈，高二十丈，深十九丈五尺。水之所及，夹淮方数百里。魏寿阳城戍稍徙顿八公山。初，堰

---

① 据《南史》卷五十五，应为“足引北方童谣”。

② 据《南史》卷五十五，此字应为“承”。

起徐州界，刺史张豹子谓己必司其事。既而绚以他官来监作，豹子谮绚与魏交通。事毕，征还。豹子不修堰，秋，淮水暴涨，堰坏，奔流于海，杀数万人。夫淮水为四渎之一，神禹之所疏凿，天地所以节宣也。梁武承齐之后，与魏人势均力敌，既无武功以震叠之，又无文德以怀柔之，保境息民可也。乃偏听降人之言，违谏任性，妄兴大役。既集事矣，又因谗谮，不为巨工图善其后，使两境之民，庐舍漂没，家室流徙，虽始则有袁昂之慰劳，继则有祖暅之下狱，亦何益哉！君子以是知梁祚之不长也。

荆山为上格，浮山为下格。潼沱为激沟，并注巨野泽。督者谁？康长明。相者谁？陈承伯。南起钟离北巉石。依岸筑土中合脊，生者奔溃死枕藉。蛟龙风雨水漂疾，填石无功更冶铁。铸错不成铸堤立，四渎节宣肯久塞。青丝白马寿阳来，铁堤未立金瓯缺。

郄氏窟相传梁武帝后郄氏化蟒处

在周处台后。旧传有回光寺，即萧帝寺，寺内有郄氏窟。又萧帝泉在蟒蛇仓石观音院。《建康志》引《六朝记》：梁武帝郄后投殿庭井化毒龙，帝册为龙天王，使井上立祠，自梁迄陈，享祀不绝。陈灭，迁于京城道德寺。大业初，又置于旧处。按《南史·武德郄皇后传》：后讳徽。幼明慧，善隶书，读史传。女工之事，无不闲习。武帝为雍州刺史，终于襄阳官舍，归葬南徐州武进县东山里。则后不死于建康，记所云可谓妄矣。然本传云：后酷妒忌，及终，化为龙，入于后宫，通梦于帝。或见形，光彩照灼。帝体将不安，龙辄激水胜涌。于露井上为殿，衣服委积，常置银辘轳金瓶，灌百味以祠之。故“帝不置后”则“祠后井上”之说，事诚有之。今考蟒蛇仓不在梁宫城内。按梁武以三桥旧宅为光宅寺，在同夏里。今周处台下旧有光宅寺，则萧帝泉或在梁武旧居，龙天王井则仍当于梁宫求之。

噩梦深宫事岂真，再来证取蟒蛇身。便教礼尽梁王忏，难忏当年妒妇津。

同夏三桥失旧居，里山遗冢亦荒芜。龙天王井今何在，尚有金瓶百味无？

江潭苑用李贺《追赋画江潭苑》韵并效其体

旧志云：江潭苑，在新林路西，梁大同初立。《舆地志》云：武帝从新亭凿渠通新林浦，又为池通大道，一名玉游，未成而侯景乱，事寝。蔡宗旦《金陵赋》云：仿江潭之大苑，惟萧沟之名存。唐李贺《追赋画江潭苑》诗云：吴苑晓苍苍，宫衣水溅黄。小鬟红粉薄，骑马佩珠长。路指台城迥，罗薰袴褶香。行云沾翠辇，今日事襄王。又云：宝袜菊衣单，蕉花密露寒。水光兰泽叶，带重剪刀钱。角暖盘弓易，靴长上马难。泪痕沾寝帐，匀粉照金鞍。又云：剪翅小鹰斜，绦根玉镟花。锹垂装钿粟，箭服钉文牙。鸎鸎啼深竹，鵁鶄老湿沙。宫官烧蜡火，飞烬污铅华。又云：十骑簇芙蓉，宫衣小队红。练香薰宋鹊，寻箭踏卢龙。旗湿金铃重，露干玉镫空。今朝画眉早，不待景阳钟。盖内人较猎之所。

别殿楚云苍，鸦啼苑柳黄。钟声宫月落，骑影禁林长。躏草雕弓软，飘花翠镫香。从行不辞远，辇路识君王。

舞袖越罗单，花开水殿寒。碧波牵荇带，锦石缀苔钱。汉苑当熊易，秦城逐鹿难。夜天星靥靥，灯火照归鞍。

旧梦玉钩斜，新声玉树花。雉场围翠黛，凤吹厣红牙。椒壁萤栖殿，蒲塘雁唼沙。雕文照鬟影，潭镜湛清华。

湘露湿芙蓉，晨霞漾日红。兰缨静卢鹊，桂楫避鱼龙。金海遗编烬，青丝旧谶空。玉游残址在，一杵动疏钟。

昭明太子读书台

在定林寺后北高峰上，一名太子岩。寺在高桥门外天印山。昭明太子统字德施，小字维摩，武帝长子。母丁贵嫔，以齐中兴元年生于襄阳。时徐元瑜降，萧颖胄暴卒，时人谓之三庆。生而聪睿，三岁受《孝经》、《论语》，五岁遍读《五经》，悉通讽诵。性仁孝，自出宫，恒思恋不乐。帝知之，每五日一朝，多使留永福省。太子美姿容，善举止，读书数行并下，过目皆忆。游宴祖道，属思便成。素信三宝，遍览众经。于室内别立慧义殿，自立《三谛》、《法义》[①]。贵嫔薨，水浆不入口，哭辄痛绝。体素壮，腰带十围，至是减削过半。引纳才学之士，爱赏无倦。东宫有书几三万卷，名才并集，文学之盛，晋宋以来未之有也。性爱山水，于元圃穿筑，更立亭馆，与朝士名素者游其中。普通中，大军北侵，都下米贵，菲衣减食，霖雨积雪，遣腹心左右，周行闾巷，密加赈赐。又出主衣绢帛，多作襦袴，以施寒者。中大通二年，诏遣前交州刺史王奕发吴、吴兴、信义三郡人丁，开漕沟渠，

① 据《南史》卷五十三，此处为“自立《二谛》、《法身义》”。

导泄震泽。统上疏请停，帝优诏谕焉。三年三月，游后池，乘雕文舸摘芙蓉，姬人荡舟，没溺而得出，寝疾。四月乙巳，薨，年三十一，谥曰昭明，葬安宁陵。所著文集二十卷，又撰古文典诰文言为《正序》十卷、五言诗之善者为《英华集》二十卷、《文选》三十卷。

六朝金粉繁华地，一角青山定林寺。废址闲寻梁苑基，残碑犹说萧家事。萧家梁苑事成烟，永福趋朝最少年。作赋陈思人似玉，吹笙子晋貌如仙。宫内藏书三万卷，风流不数金华殿。招隐能谐山水音，爱才遍访东南彦。一卷东宫张镜仪，有时剧韵亦吟诗。澄江映月清如水，曾照维摩夜读时。锦带书成拾芳茝，跌宕风骚竞文采。异代新书序玉台，乃公余力编金海。慧义谭经甘露浓，天花宝雨颂深宫。当年若阐重云义，定有高文冠普通。雕舫芙蓉荡碧波，王筠哀册奈愁何。修罗合避台城劫，不为陵园瘗蜡鹅。一时文藻流芳誉，集纂英华盛词赋。文选楼头著录时，金兰桥上同行处。九华山翠映徘徊，秋水琴河一道回。都是生平凭吊处，千秋一望读书台。《文选》：楼在扬州，金兰桥在泰州，乃昭明与邵陵王别处。池州及虞山，皆有昭明读书台，并余游迹所及。

梁金华宫

在青溪东，去台城三里，昭明太子蔡妃别居于此。《南史·昭明传》云：蔡妃供侍，一同常仪，惟别立金华宫为异是也。宋府治有金华石，相传为金华宫中物。北宋府治即南唐宫城，南宋高宗驻跸，以府治为行宫。徙府治于东锦绣坊，即今旧内，则金华宫不越此二处矣。

山水清音奏此中，萧家元圃碧池通。芙蓉雕舸诸姬在，何事金华更立宫。

燕　雀　湖

在城东二里。昭明太子葬安宁陵，在城东北四十五里。元帝时为杜崱所发，或发后改葬于此。相传改葬时，阍人窃其琉璃碗、紫玉杯，有燕雀数万击之。封坟之际，燕雀衔土以增其上。坟侧有湖，后人因以燕雀名之。又名前湖。明初因筑城填为大内，当在今驻防城内也。

后池亭馆草阑珊，遗冢安宁不可攀。莫为沧桑起惆怅，茂陵金碗出人间。

南山石椁事全非，阴火鱼镫隧道微。何处横风翔燕雀，金凫银雁满天飞。

一角台城隔暮云，前湖流水碧沄沄。修陵武帝陵名。今亦同疑冢，何处南朝帝子坟。

金陵王气规模改，绝堑横堙飞雉过。莫怨湖波换平陆，六朝碑石尽消磨。

山邱华屋晚啼鸦，小粉场西问旧家。梦里六朝人似玉，绣衣香满白梅花。钱塘汪氏掘地，得梁天监八年砖。先一日，梦美少年自云梁武帝第四子南康王萧绩也，乞保遗冢，乃掩之。小粉场，汪氏所居。

凤云秦台往事空，更无遗事说湘东。妙严公主坟犹在，曾踏残香吊殡宫。妙严公主，武帝女，墓在吴门间邱坊巷，今为钱氏息园，有妙严台遗址。

永庆寺是梁永庆公主旧宅

在城内北门桥铁塔寺后。梁天监中，永庆公主香火因名。寺有塔，又名白塔寺。明洪武间重修，赐今名。寺左数十武即谢公墩，今有僧寺，额曰“地因楼胜”，俗称地楼，疑即是也。

西竺金仙宅，南朝玉女家。宫鬟消宝镜，舞袖失天花。秦苑无翔凤，台城有暮鸦。几番凭吊处，惆怅晚天霞。合肥定林寺、吴门妙严台，皆有梁公主墓，瓜步有萧梁公主祠，并余所经。

随鹿谷是阮孝绪母病求参处

阮孝绪字士宗，陈留尉氏人。幼至孝，性沉静，屏居一室，非定省未尝出户。裴子野荐之徐勉，言其年十余岁，论其志行，粗类管幼安，章采似皇甫谧。天监中，傅照上疏荐之，征不至。答袁竣曰：“昔周德虽兴，夷、齐不厌薇蕨。汉道方盛，黄、绮无闷山林。为仁由己，何关人世？”筮卦得“肥遁”，乃著《高隐传》。湘东王著《忠臣传》、《丹阳尹录》、《研神记》，并先简孝绪而后施行。外兄王晏贵，孝绪度其必败，闻其笳管，穿篱逃匿。鄱阳王妃，孝绪姊也。王常命驾欲就之游，孝绪凿垣而逃。任昉寻其兄履之，欲造而不敢，望而叹曰：“其室虽迩，其人甚远。”殷芸欲赠以诗，昉曰：“趣舍既异，何必相干？”乃止。大同二年正月，孝绪自筮卦，曰：“吾寿与刘著作同年。”乃刘杳卒，孝绪曰：“刘侯逝矣，吾其几何。”其年十月卒，年五十八。门徒追论德行，谥曰贞文先生。所著《七录》、《削繁》等一百八十一卷，行于世。尝于钟山听讲，母王氏有疾，兄弟欲召之。母曰："孝绪至性宴[①]通，必当自到。"果心惊而反，合药须得生人参，旧传钟山所出。孝绪躬历幽险，忽逢一鹿，感而随后，果获此草，母疾遂愈。皆其孝感所致。

章采皇甫谧，志行管幼安。皎皎阮士宗，七录能削繁。手著高隐传，三品贞盘桓。凿垣与穿篱，遁世学段干。鹿床一精舍，仿佛瀛海宽。植品既以高，笃行尤不刊。啮指感母病，采药青山端。三桠产何地，钟阜如龙蟠。白鹿导引之，灵根愈沉瘴。纯孝与高节，伊古人所难。六代幂尘纲，逸翮骞鸿鸾。挥手骖麐麚，怀古生长叹。

梁隐士贞白先生陶隐居故里

陶弘景字通明，丹阳秣陵人。十岁读葛洪《神仙传》，有养生之志。读书万余卷，一事不知，以为深耻。齐高帝作相，引为诸王侍读。永明十年，脱朝服挂神武门，止于句容之句曲山，云"此山下是第八洞宫，名金陵华阳之天"，乃中山立馆，自号华阳陶隐居。人间书札，即以隐居代名。永元初，更筑三层楼，自处其上，弟子居其中，宾客至其下，与物遂绝。本便马善射，晚皆不为，惟听吹笙而已。特爱松风，庭院皆植松，每闻其响，欣然自乐。顾惜景光，老而弥笃。尤明阴阳五行、风角星算、山川地理、方图物产、医术本草，《帝代年历》[②]，慕张良之为人。梁武早

① 据《南史》卷七十六，此字应为"冥"。

② 据《南史》卷七十六，此处为"著《帝代年历》"。

与之游，即位后恩礼愈笃。国家每有吉凶、征讨大事，无不咨询，时人以为山中宰相。屡加礼聘，并不出，惟画作两牛，一放水草之间，一着金笼头，有人执绳，以杖驱之。帝曰："此人欲效曳尾之龟，岂有可致之理。"《仙书》云：方眼者寿千岁。弘景末年，一眼有时而方。大同二年卒，年八十五，诏赠大中大夫，谥曰贞白先生。所著《学苑》、《孝经》、《论语集注》、《帝代年历》、《本草集注》、《效验方》、《肘后百一方》、《古今州郡记》、《图象集要》及《玉匮记》、《七曜新旧术疏》、《占候》、《合丹法式》，共秘密不传，及撰而未讫又十部，惟弟子得之。故里在石城坞，今其地名陶家渚。墓在句容雷平山。

山中宰相世间名，作到神仙事亦平。满院松风人不到，三层阁上听吹笙。

仙相方瞳入道年，献丹进谶亦因缘。隐居别有栖元处，句曲华阳第八天。

入梦香炉事有无，慕仙梦佛岂全虚。一编学苑分明在，何事仙人亦著书。

金涧东头石气青，临池妙墨仿黄庭。横江欲访焦仙阁，亲拓当年瘗鹤铭。

辟支洞

在仙窟山，即牛首山也。相传辟支佛出处，梁武帝于此建仙窟寺。

萧梁奉佛法，示见证亦颇。雨花云光奇，献泉昙隐呵。达摩去太悤，宝志谶何琐。兹山去辟支，石鉢此安坐。仙窟有遗寺，当时盛香火。可怜同泰赎，不救台城祸。依旧青山高，双阙森磥砢。我家钱塘西，地称七佛伙。钟梵响云山，琳宇高馺娑。欲参第一义，见佛即见我。我学大乘禅，不堕声闻果。

达　摩　洞

在幕府山侧，西北有夹萝峰，即折芦渡江处。按：菩提达摩，南天竺人。普通七年，自西域达南海广州，武帝遣使迎赴京师，车驾为之出郊，延居别殿，问曰："朕即位以来，写经度僧，不可胜纪，有何功德？"答曰："此但人天小果有漏之因，如影随形，虽有非实。"帝不领悟，达摩知机不契，折芦渡江，嵩山少林是其九年面壁处也。

写经造寺知何益，小果人天有漏因。从此折芦渡江去，西归只履更何人。

衣钵当时孰解传，西来大意阐人天。知君北去嵩阳寺，面壁空山更十年。

雨　花　台

在南门外梅冈上。高座寺，晋永嘉中名甘露寺。西竺僧尸黎密来中国，为王导所敬，因号所居为高座，既卒，于冢侧立刹，谢鲲仍名为高座寺。梁时宝志主其寺，有云光法师坐山巅说法，感天雨宝花，唐卢襄名之曰雨花台，有志公手植松、中孚塔、甘露井。又，梁武帝同夏里三桥旧宅舍为寺，名光宅，云光禅师讲法华经于此，有天花如雨。沈约、简文、元帝皆有碑铭及诗。宋治平间，移建牛首山东北，赐"古光宅寺"额。明洪武间重修，赐额慧光寺。则云光之讲经雨花，非一处矣。

示疾曾闻散花室，谈经复有雨花台。法从七宝座间说，香自九重天上来。慧业因缘三竺问，禅机微妙六朝开。净居不救台城祸，白马青丝枉自哀。

灵谷寺吊梁高僧宝志

寺本在城东北钟山左独龙冈。梁天监中，为志公建于钟山玩珠峰前，前名开善精舍，后为开善寺，宋改名太平兴国寺，后名蒋山寺。明太祖以寺基为孝陵，敕改寺于东五里，赐额灵谷寺，有《大灵谷寺记》。寺内有志公塔、景阳钟，元时所铸也。"三绝碑"即志公象，吴道子画、李太白赞、颜真卿书也。八功德水，梁僧昙隐礼忏所得，明初寺迁，泉亦随徙也。及琵琶街、梅花坞，国朝屡修寺，尚完好。按：钟山旧有寺七十所，齐梁以降，递有废兴。至宋，王安石并诸刹于太平兴国寺，而绀宇金界，半为邱墟。明以其地为孝陵，乃悉归并灵谷寺，昔之棋布星列者，均在禁垣内矣。其名之见于史传志乘者，曰飞流寺。见梁元帝碑铭，曰开善寺，曰法云寺。见《南史·张谅传》，曰延贤寺，杯渡和尚所住。见《高僧传》，曰灵味寺，释宝亮住。见《南史·宝志传》，曰兴皇寺，陈释法朗住。见《孙玚传》，曰竹林寺。见《宋武帝纪》，曰大爱敬寺。见《梁武帝纪》，曰云居寺。庾信有诗，曰明庆寺。姚察、王褒、江总有诗，曰道林寺。陈建、徐伯旸有诗，曰定林寺。见刘勰、明僧绍等传，曰钟山寺；曰草堂寺，周彦伦舍宅建；曰幽栖寺；曰净名寺；曰悟真院，八功德水旧在其后；曰定岩寺；曰翠微寺；曰兴教寺；曰宋熙寺。见《南史·刘盱传》，曰白莲庵；曰栽松岘，即晋时刺史罢还令栽松处；曰崇禧万寿寺，元时为志公建于寺铸大钟者也。《南史·隐逸传》：宝志，不知何许人。有人于太始中见之。齐宋之交，称显灵迹，齐武帝忿其惑众，收付建康狱。以吕文显言，乃迎入华林园。梁武帝尤深敬事。虽剃须发而常冠，下裙帽衲袍，[①]故俗呼为志公。好为谶记，所谓志公符也。天监十二年卒，敕王筠为碑。

万松深谷暮云停，符谶当年信可征。史传有人书隐士，名山何幸葬高僧。衲袍布帽留遗像，虎踞龙蟠让孝陵。三百赐庄今在否？六朝如梦淡秋镫。

八功德水

在灵谷寺。梁天监中，僧昙隐卓锡，山龙献之。明初，迁寺东麓，水亦随往。

昙隐当年卓锡时，八功德在一清池。果然佛法难思议，峰解飞来水解移。

中年我亦耽禅悦，借取军持半勺尝。不羡华池八功德，只求尘海亦清凉。

说法台

在钟山孝陵卫东北梁宝志说法处。

生公遗迹在姑苏，海涌峰前夜月孤。此地志公曾说法，不知顽石点头无？

① 据《南史》卷七十六，此处为"虽剃须发而常冠帽，下裙纳袍"。

回光寺即梁武帝萧寺遗址

在城南隅周处台前。梁武帝命萧子云飞白大书“萧”字。唐李约购取，建萧斋，后人妄以皇族目之，即此额也。南唐名法光寺，宋曰鹿苑寺。明永乐间，有回光大士自西域至，居此，改赐今额。唐刘长卿将赴岭外，留题萧寺，自注寺即梁朝萧内史创。萧子云为临川内史，然则寺即子云所建，或即其旧宅欤。

同泰光严久寂寥，六朝历尽又南朝。子云飞白归何处，犹说君王旧姓萧。

台城西访华林园遗址书庾兰成《三月三日马射赋》后

六朝时华林园凡三处。在洛阳者，裴松之《魏志注》及《魏略》云：本东汉芳林园。魏明帝于中起陂池及土山，后以避齐王芳讳，改为华林。北魏孝文帝迁洛，又葺之，其后为讲武、听讼、宴饯臣僚之所在。邺都者，《晋载记》：石虎使郭郡男女十六万人筑华林园于邺北，盖仿洛阳为之。后东魏迁邺，仍以为游幸之所在。建业者，本吴西苑，旧址在台城内。晋南渡后，仿洛阳园名葺之。宋文帝于园内筑景阳山，梁武帝于此总集《释典》。简文帝游华林，谓左右曰“会心处不在远，翳然林木，便自有濠濮间想”即此。信《马射赋》，乃入北周所作。北周都关中，无华林，或至邺中作也。

一样青宫擅逸才，华林深处水云开。游踪我亦亲鱼鸟，闲话萧梁帝子来。

六朝遗事散啼鸦，林木依然入暮霞。会得庄生濠濮意，一编只合诵南华。

长楸驰道晓莺声，云树苍茫绕禁城。解诵落花芝盖句，当年谁似庾兰成。

庾信文章最可怜，六朝南北总云烟。哀江南赋同凄绝，回首华林马射年。

徐 勉 宅

勉字修仁，东海郯人。幼孤贫，早励清节。仕齐，至领军长史。梁武至建业，谒于新林，荐至尚书仆射、中卫将军。受诏知撰五礼。不营产业，俸禄分赡亲族之贫乏者。答人曰："人遗子孙以财，我贻以清自[①]。"为书戒子曰："聊于东田开营小园，此逆旅尔，常恨人谓是我宅。"普通末，武帝赐后宫《吴声》、《西女》[②]各一部。大通中，特授光禄大夫。卒，谥简肃。子悱，晋安内史。

穿池种树寄情赏，聚石移花托性灵。谁作东田小园赋，清明门外蒋山青。

谢公丝竹桓歌舞，前辈风流尚可寻。西曲吴声并华妙，不教山水擅清音。

石渠旧简失江东，荀挚遗文劫火空。曾与诸生习绵蕞，汉家自有叔孙通。

仿佛襟怀比二疏，高门贫素得安居。传家清白名言在，留得南朝诫子书。

---

① 据《南史》卷六十，此字应为"白"。

② 应为"西曲"。

伏挺泉

挺字士操，平昌安邱人。梁临海太守曼容之孙，豫章内史晅之子。幼即敏悟，为诗效谢康乐体。父友任昉叹曰："此子日下无双！"齐末，举秀才，策为当时第一。梁武帝至，迎谒新林，帝谓之颜子，引为征东行参军。居宅在潮沟，于宅讲《论语》，听者倾朝。三世同时聚徒教授，罕有其比。除南台书侍御史。因事纳贿被劾，惧罪，乃变服出家，名僧挺。邵陵王为江州，携挺之镇，不堪蔬素，因此还俗。侯景乱中卒。今城北小桃园有伏挺泉，当是其遗宅也。

三世传家学，当时第一流。酒垆藏夏馥，僧寺识汤休。品藻任公重，诗篇谢客遒。清泉渺何处，遗宅问潮沟。

皂荚桥是曹景宗屯兵处

《梁武帝纪》：大军次新林，建康士庶倾都而至，命王茂进据新城，曹景宗据皂荚桥。本传：景宗字子震，父欣之，宋徐州刺史。景宗以胆勇闻，颇爱史书，读穰苴、乐毅传，慕其为人。仕齐，以军功累加游击将军。梁武为雍州刺史，景宗深自结纳。梁台之建，景宗之力为多。破魏中山王英于邵阳洲，走杨大眼于涉水，荐至侍中、领军将军。尝于华光殿侍宴，赋诗乞韵，仅余竞、病二字。其辞曰："去时儿女悲，归来笳鼓竞。借问行路人，何如霍去病？"朝贤惊嗟。尝自言曰："昔在乡里，骑快马如龙，与年少辈数十骑，拓弓弦作霹雳声，箭如饿鸱叫，平泽中逐麞，数肋射之，渴饮其血，饥食其胃，甜如甘露浆。觉耳后生风，鼻端出火，此乐使人忘死。今来扬州作贵人，闭置车中如三日新妇，邑邑使人气尽。”后为江州刺史，卒于道，赠雍州刺史、开封仪同三司，谥曰壮。

鼻端出火耳生风，曾建梁台第一功。居士垒边诸将合，道人洲上一军雄。风雷气动神能助，竞病诗成韵最工。回首行春桥畔路，青山无恙夕阳中。

沈约郊园

在钟山下。谢朓有《和沈祭酒行园》诗。约立宅东田，瞻望郊阜，尝为《郊居赋》以序其事。本传：约字休文，武康人。工于文笔，撰《四声谱》。齐时，为竟陵王客，荐官东阳太守。明帝时，征为五兵尚书，迁国子祭酒。永元中，复为司徒左长史，进号征虏将军、南清河太守。佐梁武帝受齐禅，并劝害和帝，荐至尚书令，领太子少傅，转左光禄大夫，寻加特进，迁中军将军、丹阳尹、侍中。卒，谥曰隐。初，谥曰文武①，帝曰：“怀情不尽曰隐”，故改为隐，则当日已有定论矣。

太息南朝沈隐侯，郊居曾此息林陬。四声辨韵新留谱，八咏登高旧起楼。大好江山石城路，无边云树秣陵秋。不堪更问齐梁事，淮水东南日夜流。

梁豫州刺史裴邃墓

邃字深明，魏冀州刺史徽之后。南归，以战功荐至豫州刺

---

① 据《南史》卷五十七，此处应为“谥曰文”。

史、督征讨诸军，略地汝颍，走河间王元琛于寿阳。卒于军，墓在光宅寺西，松柏郁茂。范云墓在三桥，蓬蒿不剪。梁武帝祀南郊，经二墓，叹曰："范为已死，裴为更生。"

北伐威名冠众军，淮淝志欲立奇勋。墓门松柏参天色，何处蓬蒿作范云。

三桥吊范云墓

云字彦龙，南乡舞阴人。六岁读《毛诗》，日诵九纸。起家郢州西曹书佐。齐建元初，为竟陵王府主簿，从登秦望山，诵秦始皇石刻，以为上宾。久为府僚，甚见恩遇，迁零陵太守，百姓悦之。又为始兴内史，有善政，为帝所赏，迁广州刺史、平越中郎将。遣使祭孝子南海、罗威、唐颂苍梧、丁密、顿琦等墓。初，梁武与云俱在竟陵王西邸，情好欢甚。梁武卜居东郊，云亦筑室相依，尽心推事。梁武至石头，云与沈约同心翊赞，超居佐命。云本大武帝十三岁，少申四海之敬，梁武敕临川王范、鄱阳王恢代呼为兄，荐迁尚书右仆射。卒，谥曰文。有集二十卷。子孝才嗣。《南史·裴之礼传》：裴邃庙在光宅寺西，堂宇弘敞，松柏郁茂；范云庙在三桥，蓬蒿不剪。梁武帝南郊道经二庙，顾而叹曰："范为已死，裴为更生。"三桥，梁武旧宅所在。《通鉴注》：梁武以三桥旧宅为光宅寺，在同夏里。《建康实录》云：梁武生于同夏里，大同三年置县，因城焉。王荆公诗："今知光宅寺，牛首正当门。"又云："翛然光宅淮之阴。"则同夏城当在淮水之南。或云：今周处台下，旧有光宅寺，乃梁武旧居，六朝士大夫家多居此，又名南冈。梁武《评书》：南冈士大夫徒尚风轨，沈庆之诗"徒步归南冈"即此,今名花盝冈。旧志云:范云宅在城东南七里,临秦淮,何逊有诗。

沈诗任笔外,八友尔尤亲。齐邸论文客,梁台佐命人。推恩频话旧,佐命乐维新。当日三桥路,蓬蒿已不春。

青塘吊梁散骑常侍赠护军将军韦忠贞公粲

《南史·韦粲传》:粲字长倩,京兆杜陵人。祖叡,父放,皆有传。粲以右卫率[①]、领直,出为衡州刺史,召为散骑常侍。侯景作逆,陪[②]道赴援。豫章内史刘孝仪以无勅为疑,为粲置酒,粲怒以杯抵地曰:"贼已渡江,便逼宫阙,水陆阻断,何由有报?假令无勅,岂得自安,韦粲今日何情饮酒?!"即驰马出部分,偕诸军至都,屯于张公洲,说豫州刺史裴之高,推司州刺史柳仲礼为大都督,进军新亭。仲礼令粲顿青塘,当石头中路。昏雾失道,比及青塘,夜已过半,垒栅至晓未合。景登禅灵寺门,望粲营未立,便率锐卒来攻。左右高冯牵粲避贼,粲不动,兵死略尽,遂见害。粲子尼及三弟助、警、构、从弟昂皆战死,亲戚死者数百人。诏赠护军将军。元帝平侯景,追谥忠贞。按:禅灵寺在今陡门桥西北禅灵寺桥。《景定志》云:对禅灵渚,即今陡门桥,则青塘当近今水西门也。又,《陈后主纪》:群鼠无数,自蔡州岸入石头,渡淮至于青塘两岸。又,《粲传》曰:青塘立栅追近淮渚。蔡州岸,石头西岸也。青塘两岸或即青溪之塘耶?

---

① 据《南史》卷五十八,应为"左卫率"。

② 此字应为"倍"。

温峤勤王日，桓彝赴难晨。一门同殉国，百战竟亡身。淮渚波终古，新亭草不春。青塘遗垒在，吊古更无人。

望国门是梁冠军将军羊侃屯兵处

侯景犯阙，令侃屯望国门。侃[①]行至新林，追侃入，则望国门当在新林之南也。侃字祖忻，泰山梁父人。仕魏，为征东大将军、东道行台，领泰山太守，进爵巨平侯。初，其父祉使侃南归，乃济河以成先志。以大通三年至建业，授徐州刺史，荐至侍中。会大举北侵，以侃为冠军将军。侯景反，攻历阳，乃令侃屯望国门，复追入副宣城王都督城内诸军事也。侯景攻台城，侃多方应之，寻以疾卒，赠侍中、护军将军。侃少雄勇，尝于兖州尧庙蹋壁，直上五寻，横行七迹。又于乐游苑试新造刀槊，特尽其妙。又即席应诏答武宴诗三十韵。性豪侈，善音律，自造《采莲》、《棹歌》两曲。姬妾列侍，有弹筝人陆大喜、舞人张净琬、孙荆玉、敕赉歌人王娥儿、屈偶之，并一时无对。常于两艖艄起通梁水斋，乘潮解缆，临波置酒，缘塘傍水，观者填咽。侃以北人归南，略似侯景，而忠邪判然。侃不死，台城或不破也。

蹋壁声名话泗桥，艖艄锦缆解乘潮。美人歌舞娇南国，壮士弓刀谢北朝。免胄威名人尽慑，筑围军垒敌空骁。将军一死台城破，极目新林旧路遥。

---

① 据《南史》卷六十三，此处应为“景”。

台城行吊梁武帝

在上元县治西北，本吴秣陵、晋建业故城址。晋元帝渡江，因修居之。《世说》载：王导营建康，或于旧城稍加增广。魏晋谓天子所居禁省为台故，遂名为台城。当时草创，不备都城之制，所立门阙，用西京宫掖之旧名。远指牛首不立双阙，其意犹以台城之居为蘧托也。及谢太傅于孝武时改建宫室，制度明备。宋、齐以后，遂为都城。晋成帝时苏峻之乱，宫阙灰烬。咸和五年，始缮苑城，作新宫，一曰建康宫即吴太初宫址。孝武太元三年，因敝坏，更作梁承宋、齐之旧宫殿，皆在台城。以形势度之，台城当北倚山岗，岗外为苑，苑外为湖。今北极阁、鸡鸣寺，正其北城所届，故鸡鸣寺东犹存一段古城，城下有门，俗曰台城门，意此即古北掖门矣。宫城西北为华林园，园中有景阳山，其前有宣阳门、朱雀门，门向朱雀航，二门皆有楼，盖在当路而非城门也。台城右为石头城，亦称西州，其左东府城，两城据地皆不多。故《世说》载"会稽王绕东府行散也"。两城皆前临淮，而淮又曲绕石头，西入江。六朝凡兵自南来者，先取石头、东府；自历阳来者，直先取台城矣。侯景字万景，魏怀朔镇人。学兵法于慕容绍宗，与高欢甚相友好。仕魏，为河南大行台，位司徒。欢使拥兵十万，专制河南，杖任若己之半体。欢疾笃，世子澄矫诏召之，景惧，用王伟计，使丁和上表求降。帝召群臣议，谢举等皆言纳景非便，帝不从，纳之，封景河南王、大将军、使持节、督河南北诸军事、大行台，承制如邓禹故事。高澄以书喻景，许以豫州刺史终其身，并还宠妻爱子，景不从。请于帝，大举兵伐魏，以贞阳侯萧明为都督。明军败，见俘。魏使慕容超[①]宗追景，战于涡阳，为景所败。又败斛律光。景士卒并北人不乐南渡，其将暴显等各帅所部降超[②]宗。景军溃，入寿阳。以败闻，自求贬削。授南豫州刺史，本官如故。魏人求和，景伪作邺中人书，求以贞阳侯换景，帝许之。又请娶于王、谢，勿许。遂萌反志，多所征求。鄱阳王休范、司州刺史羊鸦仁累启，称景有异志，朱异抑不以闻。景知临贺王正德怨望，结为内应，遂发兵反，以诛朱异、徐驎诸人为辞，袭谯州，进攻历阳。正德遣船迎之，自采石济江都下，勿之觉，遂至朱雀航，乘胜至阙下。立正德为帝，陷东府城，败韦粲于青塘。攻围台城，久不拔。及粮不继，乃伪乞降。既运东城米于石头，乃乞广陵、谯州百道攻城。邵陵王世子子坚于城西北楼纳贼。景既破台城，乃入见帝，自为大都督、录尚事[③]。裁抑御膳，帝以馁终于文德殿。景后为王僧辩所灭，事详《南史》。

鸡笼山畔雉堞平，南朝遗事悲台城。萧家老公作事好，梁台初建称豪英。八要六贵尽伏法，扶南婆利皆来庭。无碍会设同泰寺，重云殿上谭金经。群臣输钱逾万亿，七庙时飨无牺牲。戊夜燃烛撰通史，类略赅博金海精。诸臣奉表质疑问，士林立馆博士荣。山家小儿掘尾狗，疏眉秀目一足跫。专制河南杖半体，矫诏惧祸期偷生。丁和奉表乞内附，谢举发难劳廷争。青丝白马寿阳至，有众十万骄韩彭。南土擅命立正德，北朝树党

① 此字应为“绍”。

② 此字应为“绍”。

③ 据《南史》卷八十，应为“录尚书事”。

归元贞。芙蓉楼高土山峻，僧腾有客排乌笙。输攻墨守数羊侃，雉尾炬爇楼车訇。金花烛冷莲唱断，将星夜落长城倾。仲礼力战韦粲死，青塘南苑纷援兵。御厨干苔殿堂鸽，并充军食如侯鲭。飞轮无辙有诗谶，鄱阳诸将空支撑。北军久集江潭苑，南军空屯朱雀桁。乘隙已运石头米，暴过竟违城下盟。宋嶷献计决湖灌，云朗纳贼开门迎。猕猴竟协御座梦，乌雀久为童谣侦。酣酣纵火已示兆，荷荷索密谁闻声。将军乃有宇宙号，左右均以厢公名。百济国史吊丧乱，溧阳公主悲娇宁。荇花芰实尽凋罄，文宣庙柏犹重青。湘东东下恨太晚，空使萧贲悲西倾。沉船卧鼓者谁子，法生僧达应连营。白茆洲上誓师处，朱航助顺昭神灵。双龙夹舰风浪顺，群鱼导引旌旗明。前何猖獗后何弱，皮囊马上二子盛。白马载拜不肯起，沪渎窜匿如鼯鼪。羊鲲戮送稍快意，苦竹井水资燔烹。王玮彭俊尽诛殛，山河重秀天地清。所惜练儿好身手，暮气惑溺空峥嵘。饰文黜武等鳌厔，求仙佞佛皆聋盲。六朝结局各有故，千秋金鉴知谁莹。宫阙荒废遗址在，石兽何处埋荒陵。青山如梦啼鸟歇，一篇赋罢台城行。

梁武帝陵

梁武帝姓萧氏，讳衍，字叔达，小字练儿，南兰陵中都里人。与齐同承淮阴令整。考讳顺之，于齐高帝为始族弟，佐齐。高帝代宋，封临湘县侯。帝以宋孝武大明元年甲辰生于秣陵县同夏里三桥宅。日角龙颜，状貌殊特，有文在手曰“武”。及长，博通多学，有文武才干。初为王俭东阁祭酒，与沈约等游竟陵王西邸，号曰“八友”。齐明帝起，镇寿阳。隆昌元年，拜中书侍郎，从王广之破魏刘昶、王肃，寻为司州刺史。齐明帝崩，遗诏以为雍州刺史。东昏无道，起兵灭之，立和帝。宣德皇后令以帝为中书监、大司马、录尚书、骠骑大将军、都督、扬州刺史，封建安郡公。进位相国，总百揆，封十郡为梁公，备九锡之礼，进爵为王，遂受齐禅。以和帝为巴陵王，从沈约言，遣郑伯金害之。在位四十余年，为侯景所逼，所求不供，崩于台城净居殿，时年八十六，葬于修陵。帝酷信佛法，创造诸寺。屡至同泰寺舍身，群臣敛钱赎归。宗庙祭祀至不血食，末年流遁益甚，境内化之，遂至丧亡。撰《通史》六百卷、《金海》三十卷，其他著述，并详本纪。史臣谓：自己而得，自己而失，未之有焉。史言葬修陵，不详其处。今太平门外有石辟邪，土人云“武帝陵上物”。陵相传在摄山。据《郗皇后传》，则陵又当在武进城东里山也。

早年八友数雄才，暮齿如君亦可哀。玉辇屡求同泰去，青丝终见寿阳来。英雄成败关天数，书籍销沉有劫灰。老向空山留片石，夜深翁仲话梁台。

梁骠骑大将军中书监王僧辩墓

僧辩字君才，右卫将军神念次子。神念，太原祁人。仕魏，至颍川太守，与僧辩据郡归梁。僧辩学涉该博，射不穿札，而有凌云之气。元帝除荆州，代柳仲礼为竟陵太守。侯景陷台城，为领军将军，破景军于郢城，加征东大将军，与陈霸先盟于白茆洲，破景于石头城。景既平，授镇卫将军、司徒，余如故。元帝崩，与霸先同立敬帝。又纳贞阳侯明以为梁嗣。僧辩居石头城，霸先时为南徐州刺史，举兵袭之，与子颜等并为所杀，同葬一穴。宣帝时，故吏许亨抗表，请以家财造墓葬之。墓在方山。初，僧辩平建业，遣霸先守京口，推以赤心，结廉、蔺之分。且为第三子颜娶霸先女。霸先蓄志图之，僧辩不知，为其所害。僧辩不亡，陈氏未必代梁也。惟国已有主而外求君，则《南史》所谓"斯人而有斯谬也"欤！

百战平侯景，萧家此大勋。如何国有主，而更外求君。廉蔺交方合，陈张势忽分。石头城下水，呜咽不堪闻。

烈山吊梁湘州刺史王琳战场

《南史·王琳传》：琳字子珩，会稽山阴人。从王僧辩破侯景，功第一，历官湘州刺史。魏平江陵，乃为元帝举哀，上游诸将推琳主盟，迎永嘉王庄于湘中。出质于齐，请纳庄为梁王[①]。奉庄纂[②]梁祚于郢州，败吴明彻于江中，因东下，为侯瑱等所败。兹山，其战地也。寻与庄同入齐。会明彻寇齐，琳军败，至寿阳，为明彻所围，无援，城破被执见杀。故吏朱场[③]致书徐陵，求其首，瘗八公山侧。茅智胜等密送丧柩达于建邺[④]。齐封琳骠骑大将军，进巴陵郡王。不书琳志在梁也。烈山，在慈姥浦东，下为烈山港，亦作溧洲。《桓温传》作烈洲。

结客田横盛，从军李广贤。乞师忠感楚，报国义酬燕。万

① 此字应为"主"。

② 此字应为"篡"。

③ 据《南史》卷六十四，此字应为"玚"。

④ 此处应为"邺"，非"建邺"。

里驰驱日，三军缟素年。江山遗垒在，何处问楼船。

陈

陈武帝万安陵

帝姓陈氏，讳霸先，字兴国，小字法生。陵在城东三十五里，旧名陵里，又曰天子林。石兽尚存，今呼石马冲。按《南史》：王僧辩与帝同平侯景，奉方智为梁王，未正帝号。齐人纳萧明，帝与僧辨同在建业，不闻并力拒齐。及僧辨立明，乃袭僧辨，杀之。废明，立方智。不数年，受方智禅，废为江阴王，致死别邸，则两人曲直可知矣。陵为僧辨子颁所发，今仅余石马耳。

当年僧辨平侯景，太室铭功定不祧。立长有心图却敌，背盟何意出同僚。未容方智生南国，终遣萧庄死北朝。帝既代梁，王琳奉萧庄入齐，齐人将纳之。琳死，齐亦亡，庄饮气死。无复万安陵寝在，空余石马势腾骁。

大壮观是陈宣帝讲武处

在上元太平门外，下临后湖，即今湖北三塔寺所据之山寺，为宋建。明永乐中，为鸡鸣寺塔院，有寒光亭。《南史·陈宣帝纪》：大建十年，帝幸大壮观阅武。又，《南康愍王子方泰传》：大建十一年八月，高宗幸大壮观。因大阅武，命都督任忠领步骑十万，阵于真武湖。都督陈景领楼舰五百，出于瓜步江。高宗登元武门，亲宴群臣，以观因幸乐游苑，设丝竹之会，仍幸大壮观,集众军振旅而还。按:瓜步,在六合东南二十里,地属江北。观此可为湖水通江之证。

五百楼船十万兵,登高阅武阵云生。定知战舰横瓜步,应有军牙拥石城。湖上秋空丝竹会,江头潮涌鼓鼙声。如何石子岗前路,翻遣蛮奴马首迎。

书徐孝穆《玉台新咏》序后

《大唐新咏》谓:梁简文帝好作艳诗,江左化之,谓之宫体。晚年改之,追之不及,乃令徐陵撰《玉台集》以大其体。曩在京师,与杨蓉裳论《玉台新咏》。蓉裳云:"就孝穆序文,证之当时宫中能文妃嫔所录。"同人服其持论之听隽。按:六朝宫人本有女学士,如齐之韩兰英、陈之袁大舍。簪笔之暇,编辑成书,理或然也。

不识何年事,含毫咏玉台。分明金殿侧,仿佛丽人来。凤髻倾城艳,蛾眉绝世才。只应徐孝穆,一序写徘徊。

亦有金箱说,蓉湖识丽华。班曹新著作,卢骆旧名家。弄墨销香龕,然脂弹髩鸦。当年效喤引,评泊六朝花。梁溪女士杨蕊渊仿《玉台新咏》,撰《金箱荟说》,余为制序。

珍珠河是陈后主宫人雨中泛舟处

珍珠河,宫中河也。雨中宫人泛舟,见浮沤,呼曰满河珍珠,因名河,即孙吴所开潮沟,详见《图经辨证》。今自太平门北水关入城,经土桥、珍珠桥至浮桥,合于杨吴城濠之水,西转至竹桥,青溪之水入焉。又西过复成桥,明御河之水入焉。又西过大中桥至东水关，与淮水合。作《建康志》者，分为二水，误也。自杨吴及明初筑城，此水之西流者尽断；而自北水关至浮桥，其故道居然可见，第水涸竭耳。

三阁萧条六代荒，一河流水尚斜阳。影娥遗事分明记，花落兰舟梦雨凉。

璧月琼枝事有无，青头鸡散冷烟芜。只今春雨兰珊夜，犹唱新声一斛珠。

十斛明珠散不收，一江春水向东流。我来系棹吟罗袜，又是潇潇暮雨秋。

《玉树后庭花曲》咏张贵妃拟江总持

《南史·张贵妃传》：陈至德二年，起临春、结绮、望仙三阁，后主自居临春阁，张贵妃居结绮阁，龚、孔二贵嫔居望仙阁，并复道，交相往来。又有王、李二美人，张、薛二淑媛，袁昭仪、何婕好、江修容等七人，并有宠，递代以游其上。以宫人有文学者袁大舍等为女学士。后主每引宾客对贵妃等游宴，使诸贵人及女学士与狎客共赋新诗，采其尤艳丽者，以为曲调。选宫女有容色者以千百数，令习而歌之。其曲有《玉树后庭花》、《临春乐》等。其略云："璧月夜夜满，琼树朝朝新。"皆美张贵妃、孔贵嫔之容色。《隋书·乐志》曰：陈后主于清乐中造《黄骊留》及《玉树后庭花》、《金钗两鬓垂》等曲，与幸臣等制其歌词，绮艳相高，极于轻荡，男女唱和，其音甚哀。《五行志》曰：祯明初，后主作新歌辞，甚哀怨，令后宫美人习而歌之。其辞曰："玉树后庭花，花开不复久。"时人以为歌谶，此其不久兆也。《乐府·清商曲辞·吴声歌》:后主自作《玉树后庭花曲》,曰:“丽宇芳林对高阁,新妆艳质本倾城。映户疑娇乍不进,出帷含态笑相迎。妖姬脸似花含露,玉树流光照后庭。”其“璧月夜夜满”等语,按《大业拾遗记》,盖江总持辞也,女学士袁大舍献《春乐词》以讽之。又,张贵妃别居桂宫,宫中呼张嫦娥。按:贵妃宠冠后宫,狎客以江总持为首,必多殊艳之作,惜其不传,戏为补之。

玉树后庭花,婵娟张丽华。镜容眉染黛,钗影鬓垂鸦。宫女珠河浅,嫦娥璧月遮。从来桂宫曲,多在帝王家。

璧月琼枝咏孔贵嫔拟孔范

孔范字法言,山阴人,仕陈,为都官尚书,与江总等并为狎客。时孔贵嫔绝爱幸,范与结为兄妹,则《玉树》新声之外,必有专美贵嫔者,因并拟作。

璧月为明镜,琼枝是玉人。君恩三阁近,艳体六朝新。宫内谁名士,臣家此贵嫔。望仙通复道,长得奉临春。

女学士吊袁大舍

宫井之人当不止一人,其从后主同乘上者,张、孔耳。宫车北行,不复见学士,或已化井底香尘矣。吾更惜王、李、张、薛诸人也。

宫中女学士,文采久推袁。前殿月轮满,后庭花影繁。高台谁解谶,眢井定承恩。太息青溪事,含悲不忍言。

临春阁砖砚歌

薄游金陵，于台城遗址拾得断砖，文曰“至德”。考《南史》，陈后主至德二年，建临春、结绮、望仙三阁，则此砖殆三阁故物也。曰临春者，以后主所居统于尊也。琢以为砚，即以草停云水榭《秣陵集》。

璧月光寒琼树落，一砖犹剩临春阁。隐囊坐占六朝春，复道萦纡人似玉。桂宫第一好花枝，人说临春初建时。台上贵嫔同侍宴，宫中狎客共题诗。隋师忽报横江至，群乌悲鸣奈何帝。六朝城阙尽犁平，何况阁前方寸地。零落秦淮旧酒家，摩挲如见后庭花。紫䨼墨淡红绡冷，落日青溪吊丽华。

青溪吊江总宅

旧说在东水关鹫峰寺。按：青溪出钟山南，经竹桥，又西南经菰首等桥入秦淮。今钟山书院前后诸水流合升平桥，经四象、淮清桥者，皆青溪故道也。菰首桥，一曰斜桥，宋乾道志谓即东虹桥，乃南唐宫左护龙河桥，即今升平桥。则四象桥当即青溪中桥，淮清桥当即青溪大桥也。宋石迈云：青溪大桥西即江总宅，则今洞神宫处当是其地。自俗以鹫峰寺为青溪阁，是以青溪在秦淮水南矣。洞神宫旧为老子宫，本在钟山下。宋景定四年，留守姚希得久官不归。希得，蜀人，乃作蜀三神祠于青溪渚，因以“洞神”旧额加之。世传此为江总故宅，故希得欲以神祠存之也。青溪阁，本总故宅，宋为段约宅，有亭曰割青，盖取王安石诗“割取钟山一半青”意。按：青溪阁为约故宅，自不误，误在以鹫峰寺为青溪阁耳。则青溪阁、段约宅、割青亭皆在今洞神宫也。鹫峰寺，明天顺间建。鹫峰之误青溪阁，在宋淳熙间。史正志《建康志》云：在府治东，此宋府治，在旧王府东北，当中正街处，不应在秦淮南。今世指鹫峰西沟为青溪，误也。或云：鹫峰，梁法光寺旧基也。总字总持，父纥，《南史》有传。总七岁而孤，聪敏有文辞。仕梁，至始兴内史。魏寇江陵，流寄岭南。陈天嘉中，以中书侍郎征还，累迁左户尚书，转太子詹事。既为宫端，与太子为长夜之饮。养良娣陈氏为女，太子亟微行游总家。宣帝怒，免之。后主即位，历仆射、尚书令，日与后主游宴后庭，多为艳诗，与孔范、王瑳等十余人为狎客，由是国政日颓，以至亡国。陈亡入隋，拜上开府。开皇十四年，卒于江都。

青溪一曲水微波，江令风流可奈何。狎客十人前辈少，贵妃三阁艳诗多。当时玉树临春曲，异日琼花水调歌。留得南朝遗宅在，佛烟劫火共消磨。

白土冈是陈隋战场

白土冈在钟山，土色白，故名。隋师之南下也，贺若弼自京口济江，陈中领军鲁广达陈兵白土冈，居中军南，镇东大将军任忠次之，护军将军樊毅、都官尚书书孔范又次之，骠骑大将军萧摩诃居北，亘二十里。鲁广达、田端以其徒力战，弼麾下战死者二百七十三人。窘而复振，更趣孔范，范兵交便走，摩诃见擒。任忠见军败，驰入台，见后主言状曰："无所用力。"劝具舟楫就上流众军。后主信之，敕忠出部分，久不至。时隋将韩擒虎自采石济江，师至新林，忠率数骑往石子冈降之，仍引隋师入南掖门，台城遂陷。鲁广达亦就执，入隋以愤慨卒。广达有队主杨孝辨力战陷阵，父子俱死。隋文帝曰："平陈之初，悔不杀任蛮奴。受人荣禄，兼当重寄，不能横尸，云'无所用力'，与宏演纳肝，何其远也。"蛮奴，忠小名也。

白土冈前土如玉，颓云黯黯草芽绿。云是陈隋旧战场，年年春雨耕残镞。隋师当日渡江来，桃叶山高玉帐开。仆射深谋防采石，侍中奇计守长淮。斗将潜兵竟飞渡，拍舰纷纷出瓜步。初从京口达钟山，八千甲士冈前遇。青龙金翅横江波，援兵未集愁奈何。苦战尚有鲁广达，壮士空说萧摩诃。摩诃昔日当齐师，铣铌掷将飞骑驰。深入周军十二骑，长围连鏁皆披靡。烟焰横空宝刀折，一死艰难苏武节。死战只有杨孝辨，生降何异吴明彻。归命新林敌骑驱，当时悔未杀蛮奴。君看白土冈头土，曾有将军战血无？

景阳井即燕支井在台城内

景阳井，在景阳楼下，详见《齐景阳楼注》。隋师入陈，文武百司皆遁，惟尚书仆射袁宪、后阁舍人夏侯公韵侍侧。宪劝坐殿上，正色以待之。后主曰："锋刃之下，未可交当，吾自有计。"乃逃于井。二人苦谏，以身蔽井，后主与争，乃得入。既而军人窥井，呼之不应，欲下石，乃闻叫声，以绳引之，惊其太重。及出，乃与张贵妃、孔贵嫔三人同乘而上。隋文帝闻之，大惊。开府鲍宏曰："东井上于天文为秦，今王都所在，投井其天意耶！"按：宪等蔽井，久而后入，则贵妃等入井，与后主非同时，明矣。

适相值耶？抑预计耶？止三人耶？抑八妇人中尚有他人及宫人中如女学士袁大舍其人耶？入井之险，何异坠楼，惜乎！入而复出，未出者又无从问主名也。

齐宫曾起景阳楼，陈宫复有景阳井。十万隋师卷地来，一夜君王去无影。临春深闼齐云高，君王何处歌董逃。铜瓶辘轳沓不测，此间避世难藏娇。不枉生平同穴誓，井中之人奈何帝。可怜堕日抱两星，结绮望仙旧佳丽。入井出井元象知，青溪剑血心伤悲。六朝从此始结局，石阑红泪明燕支。劫灰消尽佛烟起，犹剩银床土花紫。当日惜无三尺水，君王妃子此中死。

附　　录 秀水王昙仲瞿

美人不照华阴井，叔宝心肝丽华影。失我胭脂妇女愁，六宫泪水如泉冷。陈宫往日入才人，如鱼如水一家春。金钗照月年年艳，玉树从风日日新。丽华十岁兵家女，金屋承恩阿娇贮。三鸟初来王母家，玉清本在天孙许。梧桐结子早盈囊，豆蔻含花乳凤凰。得宠不缘怜太子，专房只合侍承香。求贤殿裹西来佛，不妒娥眉爱如月。长乐宫花春自芳，昭阳院草秋来歇。选入东宫初乘鸾，承封册拜绿霞冠。中宫不数陈皇后，侍女何须贾佩兰。君王初起齐云观，复道扪天斗霄汉。欲归汉武合欢宫，不仿长杨射熊馆。风流直是住临春，三阁连连两贵嫔。宫中妃子三千岁，天上张星十二辰。洞房左右离离曲，悲翠沉檀间珠玉。宝帐霄眠兜沫香，金床昼爨仙音烛。官家歌舞爱山池，虹草恒春好四时。乐景不缘天上有，赏心那有外人知。复有深宫往来道，淑媛亦在蓬莱岛。美人争说婕妤贤，昭仪夸道修容好。黄门给事肯教迟，笺奏封章事事知。中使只称李善度，内官兼爱蔡临儿。临儿解识风流猾，鬓黑如云贵妃发。七人唤取侍神仙，十客呼来伴明月。江总文章足大观，客卿词赋是豪翰。宫裹佳人袁学士，殿中才子孔都官。云光笺采桃花色，哦诗写近君王侧。不须安世谱房中，何必周南胜诸国。骊留乐罢奏琵琶，弹铗吹笙尽内家。那晓春江花月夜，只知玉树后庭花。结绮宫中人婉嫕，望仙楼下呼兄弟。天子宫中且莫愁，尚书不讨君王计。班姬文学左姬贤，飞燕如花事事专。左右貂珰才五十，后宫巫蛊仅三千。三宫昨夜传妖厉，一足山禽字成谜。阁中天子梦黄衣，山鸟来歌奈何帝。君王身是佛家奴，黄尘皂荚不须呼。人间万岁为天子，不若长星醉一壶。蜀江流柿中江隘，烽火南来一衣带。玺书十万下江陵，飞来忽到南天外。春官弦管正登台，京口城门昨夜开。贵妃尚在君王膝，天子焉知有祸来。钟山铁马羣山谷，擒虎南军势如竹。江龙已扼上流军，白土冈南鬼神哭。孔郎侠少不知兵，游戏承当大将营。蛮奴只作迎降计，司马焉能一背城。摩诃少小兰陵族，急作皇畿大都督。平生名勇冠三军，今日为俘阵前辱。此时天子妮宫娃，床下军书事事乖。仆射不堪还献纳，舍人那敢更诙谐。官家最是风流子，不作降王未能死。金井无波好誓心，河鱼已著春秋死。流传此井已千年，栏口丹书字字镌。愚公担石焉能塞，精卫衔沙不教填。辘轳索断银瓶冷，古甓相传照形影。香径宫花百草荒，君山鼓吹千年静。景阳宫瓦已成灰，狐鼠空山雉鸟媒。山僧不忍前皇辱，重与官家葬一坯。从古繁华若转烛，琵琶浪写开元曲。京洛门前旧日驼，阖闾台下当时鹿。铜雀西陵事可哀，行人谁识故宫槐。六朝脂粉成尘土，八代风云变草莱。寒食飞花莫相送，长城公老胭脂痛。天子风流自古然，往来多少鸡台梦。

陈宫求贤殿是后主沈后所居

后讳婺华，吴兴武康人。父君理，有传。母即武帝女会稽长[①]公主也。性端静，有识量，聪明强记，涉猎经史。张贵妃有宠，总后宫之政，未尝怨忌，惟寻阅图史及释典为事。会天旱，自暴诵经，雨应时降。数上书谏，后主将废之，立张贵妃，会国亡不果，与后主俱入长安。后主薨，自为哀辞，文甚酸切。炀帝巡幸，恒令从驾。及炀帝被弑，后自广陵渡江，于毗陵天静寺为尼，名观音。贞观初卒。嗟夫，隋之平陈，待亡国有礼矣。而文纳宣华、炀纳娴，又使沈后相随巡幸，虽年齿已艾，不致有中冓之疑，然别嫌明微，终非爱人以德之道，后来身死国灭。萧后亦贤妇人也，而转徙无归，非其报欤！

太息陈隋事，伤心沈婺华。六宫前殿月，三阁后庭花。宝筏参新箓，金陵失旧家。他年萧后事，一样玉钩斜。

水西门访赏心亭并吊张丽华墓

志载：赏心亭，在宋下水门城上，下临秦淮，当在今水西门。宋丁晋公张《袁安卧雪图》于此。又，志载：折柳亭，在赏心亭下，宋张咏建为祖帐之所。又，横江馆，在水西水门外赏心亭

① 据《南史》卷十二，此字应为“穆”。

侧，则埋香片土当于水西门外求之。而旧志、《图经》又绘于水西门内，当更博考载籍。《广舆记》云：张丽华墓在赏心亭天井中，时有白光如匹练，掬之似水银，不久流散，尤异事也。

中桥遗址水泠泠，惆怅青溪一曲青。结绮阁中吟窈窕，红梁梦里见娉婷。景阳草长迷眢井，玉树花残吊后庭。欲访丽华埋骨处，更无人识赏心亭。

读《广舆记》感丽华冢上白光如练事再赋一首

空亭孤冢旧埋香，闻道中宵练影长。玉女星低天淡白，美人虹起月昏黄。千秋精卫思填海，一例英皇怨渡湘。殉国精灵原不死，鸡台残梦警红梁。

张丽华祠

王葑亭《金陵杂咏》有张丽华祠，不详其处。考之志乘，亦未有云建祠者。惟《王渔洋诗话》云：秦淮青溪上，有张丽华小祠，不知何代所建，《金陵图经》不载。余少时客秦淮，赋杂诗二十余首，而独遗此，因补作二绝句纪之，以存古迹，云："璧月依然琼树枯，玉容犹似忆黄奴。过江青盖无消息，寂寞青溪伴小姑。""临春结绮已消沉，遗庙荒凉碧藓侵。惟有青溪呜咽水，千年犹似怨韩擒。"唐修《隋史》，谓韩擒虎曰韩擒，避庙讳也。又陈渚南《渚山词话》云：丽华死于青溪，后人哀之，为立小祠，像乃二女郎，其一即孔贵嫔。又，张历友亦有诗。按：丽华虽擅宠后宫，实后主耽于声色，有以致之。隋师南伐，黄奴既不肯以身殉社稷，一时文武如江总、孔范、鲁广达、萧摩诃、樊毅、任忠诸人曾未死国，而贵妃身蹈眢井，与绿珠坠楼何异？继死青溪，并无乞怜免死之语，不谓之为国捐躯不可也。为国捐躯，庙食可也。故余虽考无其址，仍系以诗，并拟于青溪卜地焉。

结绮临春总寂寥，秣陵烟雨亦潇潇。有人艳曲题三阁，似尔仙姿冠六朝。旧谱犹能翻玉树，新词曾记报红绡。故宫最是伤心地，井上燕支涴不消。

妖鸟群呼桂树摧，后庭花落黯春苔。无端轶事偏能记，那得军书久不开。翠帐魂归迟凤辇，红梁梦醒感鸡台。青天璧月如明镜，曾照嫦娥玉貌来。

景阳钟断夜乌啼，一曲金钗旧梦迷。碎玉只今怜碧血，埋香何处筑春泥。小姑祠近清江北，神女楼空夕照西。自古蛾眉谁殉国，不须惆怅怨青溪。

灵旗缥缈碧天霞，古木萧条送晚鸦。一样芳魂招贵嫔，六宫遗恨说宣华。可怜桃渡曾军垒，又见芜城作帝家。问到迷楼好颜色，红心满地玉钩斜。

附　　录　钱塘女史汪端小韫

琼树新声玉树词，擘笺风度忆当时。红梁尚幻他生梦，璧月空悬异代祠。绮阁歌残春似水，秣陵花落雨如丝。婵娟甘为黄奴殉，终古青溪绕曲墀。

附　　录　钱塘女史管筠湘玉

古来国破蛾眉殉，只有南齐潘玉儿。琼树空怜结绮阁，青溪谁吊丽华祠。明妆翠羽他生梦，璧月红绡往事悲。留得景阳智井在，年年春雨洒燕支。

青溪怀古

《建康实录》：吴大帝赤乌四年，诏凿东渠，名青溪，通城北堑潮沟。又引《舆地志》：青溪发源钟山，连绵十余里。则青溪发源钟山，北通潮沟，南入于淮，其大较也。自杨吴城金陵，其水遂分为二：其一自今驻防城内穿城西出，北转至竹桥，合于杨吴城濠之水；其一自内桥至升平桥，与护龙河合，又过四象桥至淮清桥，与淮水合。按：青溪合杨吴城濠之水，其实城濠所借，即青溪也。内桥，古天津桥，内桥下水，青溪与运渎相接处，而非正流青溪，水当自升平桥北南流出四象桥，则南唐宫城沟渠亦即青溪也。盖古青溪本自浮桥折而南下，经今沐府东门、红花地、吉祥街一带，绕钟山书院之前，南出升平桥而下，为四象桥、淮清桥之水，故今大阳沟一带，往往有桥有水，而书院、钱厂桥其水与护龙河别为两派，此正青溪之旧迹也。自杨溥城金陵，浮桥以下水流断绝，而升平桥水，南唐及宋复借为护龙河，其故道多不可考。今世乃更指鹫峰寺西沟为青溪，则甚非是。齐萧遥光于东府反，时台军曹虎屯青溪大桥拒之。又，齐高祖在东府，亦有"我以青溪为鸿沟"之语，则青溪在淮水北、东府之西，不得为今鹫峰寺地也。陈之亡也，张贵妃死于青溪栅，榜于中桥，故以青溪属陈。

淮水清流玉，钟山翠拂烟。几时开九曲，记取赤乌年。

卞公扶弱晋，韦粲殉衰梁。战血消磨尽，山河半夕阳。

剑血燕支染，春风吊丽华。美人能殉国，不怨后庭花。

兔葵啼晓露，燕麦动春风。六代匆匆尽，无人说故宫。

开国中山业，规模焕丽谯。八流都塞尽，一曲见南朝。

微雨消芳屧，香泥葬玉钗。伤心无限柳，不独为秦淮。

石子冈是六朝人丛葬处

冈在聚宝门外，今名聚宝山。《建康志》：在城南雨花台侧，土多细玛瑙石。

白杨萧萧红草暮，石子岗前六朝路。我来不见六朝人，惟见六朝丛葬处。六朝自古多才人，旧家裙屐江南春。赤乌以来不胜纪，下逮晋宋齐梁陈。六朝逝矣繁华歇，黄土深深埋白骨。寒食何人酹一樽，夜深犹上六朝月。我来吊古天苍茫，鸺鹠惨淡啼斜阳。君不见二十四陵泣风雨，何况冈前一坏土。

车　府　山

在江宁西南四十里。《建康志》云：六朝常于此山藏车乘器甲，故名。

六代苍茫继赤乌，当年驰道没平芜。金舆玉辇消磨尽，只有青山似旧都。

卷 五

隋

蒋 州

隋开皇九年，平陈，诏建康城邑并荡平耕垦，于石头置蒋州，六朝旧迹，荡然尽矣。此高颎诸人之罪，亦文帝之过也。至大业十三年，炀帝幸江都，中原云扰，阻塞无归，将起丹阳宫，逊于江左而已。无及平陈功业，仅换雷塘数亩田，可慨也已。

六代江山古石头，一朝烽火尽荒邱。后庭玉树凄凉发，一曲青溪寂寞流。隋苑笙歌仍水调，广陵花月又迷楼。丹阳宫殿凭谁作，空使扬州作蒋州。蒋州治即石头城，自东晋以后，置曰扬州。隋平陈，更置蒋州。唐武德中，李孝恭平辅公祏于此，置扬州大都督府。后徙扬州于广陵，此城遂废。至扬吴，始另建金陵城也。

韩擒虎贺若弼军垒

贺若弼剋南徐州，断曲阿之冲，而入顿白土冈之东南，进攻宫城，烧北掖门。韩擒虎自采石济江，自新林至石子冈。任忠出降，引军经朱雀航趋宫城，自南掖门入，则韩垒在蒋山西，贺垒在蒋山南也。

萧家斗将有摩诃，其奈前徒已倒戈。何处将军残垒在，蒋山烟雨久消磨。

渡江士马任驰驱，尚有坚城扩霸图。空令苏威敷五教，当年何不杀蛮奴。

隔江望桃叶山是晋王乘战舰渡江处

桃叶山在六合西南六十五里。《南史·陈后主本纪》：先是，江东谣唱王献之《桃叶词》云："桃叶复桃叶，渡江不用楫。但渡无所苦，我自迎接汝。"及隋师伐陈，晋王军于六合镇，其山名桃叶，果乘陈船而渡。桃叶山，一名晋王山。

桃叶歌残赋梦华，青溪往事感啼鸦。两军韩贺留残垒，六代齐梁失旧家。建业春风曾玉树，广陵明月又琼花。尚余战舰乘潮处，一抹青山隔彩霞。

唐

梅湖曲

《北堂书钞·地里志》云：梅湖者，昔有梅筏沈于此湖，有时浮出，至春则花开流满湖矣。太白《送友人游梅湖》诗："莺行新林浦，定醉金陵月。"则当与新林浦相近。新林浦，在江宁西南二十里，今大胜关是其地也。

闻道梅湖上，春来花满湖。东风吹绿水，能寄一枝无。

梅片白于雪，梅根绿似苔。金陵一片月，岁岁照花开。

秋浦双流合，新林一道斜。我行桃叶渡，曾不见桃花。

雁书寄音尘，谁是题诗者。何处觅红芳，人说梅根冶。

林屿漾罗罗，烟云回淰淰。何年湖上归，重制浮梅槛。明黄汝亨作竹筏于西湖上，施阑幙周，本仿梅湖之意，题曰浮梅槛。

武冈山石佛相传唐武后造

武冈山在上元城东二十五里，有石佛十余躯，相传为唐武后造，见《石莲古迹编》。俗呼为石佛子庙。

如此蛾眉一代才，金轮奇气自天开。明堂封禅亲行后，又向青山造像来。

若题岁月记干支，万岁通天事可师。六代江山五松树，有人重刻顺陵碑。渊如观察得武后顺陵碑旧拓本，重刻于金陵。

献　花　岩

花岩寺在牛首幽栖寺北，即古献花岩。唐贞观时，法融禅师入定于此，有百鸟献花之异，故名幽栖寺，即宏觉寺。又有幽栖祖堂寺，或即宏觉所分也。法融为南宗第一，法派名牛头宗，寺名祖堂山，亦名祖堂也。

江山秋早磬声催，绿树清阴静讲台。仅有枯僧解禅定，更无山鸟献花来。

镜中双鬓感华颠，梦里湖山证古禅。余梦中自知前世为西湖壑庵僧。巾拂重来期问道，不知成佛定何年。

乌龙潭访颜鲁公放生池

颜鲁公真卿，字清臣，师古五世从孙也。初举进士，又擢制科，迁监察御史。杨国忠恶之，出为平原太守。禄山反，河朔尽陷，独平原城守具备。又使参军李平驰入奏，元宗始闻乱，叹曰："河北二十四郡，无一忠臣邪！"及平奏至，帝大喜，谓左右曰："朕不识颜真卿何如人，所为乃若此！"肃宗即位，灵武公谋于众曰："贼锐甚，委命辱国，非计也。不如迳赴行在。"遂弃郡渡河，间关至凤翔谒帝。诏授御史大夫，出为冯翊太守。为御史某诬劾，贬饶州刺史。乾元二年，拜浙西节度使，召为刑部侍郎。李辅国迁太上皇于西宫，公首率百官请问起居，辅国恶之，贬逢州长史。代宗立，改尚书右丞。元载又恶之，以检校刑部尚书出为朔方行营宣慰使，摄事太庙。载又诬以诽谤，再贬陕州别驾。载诛，以杨绾荐为刑部尚书，寻进吏部。德宗立，杨炎当国，又以直道不容，改太子少师，领使如故。卢杞为相，改太子太师，罢领使，益恶之。李希烈陷汝州，杞奏遣公承诏宣谕希烈。李勉上言，以为失一元志，贻朝廷羞，不听。抵河南，河南尹郑叔则以为李希烈反状既明，不可往。公曰："君命不可违也。"遂往。既见希烈，宣诏旨。希烈遂遣使上疏雪己，公不许。时朱滔、王武俊、田悦、李纳使者皆在希烈所，谓希烈曰："闻太师名德久矣，令公欲建大号，求宰相，无如太师者。"公叱之曰："若等闻颜常山否？吾弟也。首举义师，后虽被执，诟贼不绝。吾年且八十，官太师，吾守吾节，岂受若等胁邪！"会其党周曾、康秀林等谋袭执希烈，而奉公为师，归身朝廷，事泄，希烈乃拘公于蔡州，遂遇害，公年七十有七矣。事闻，诏赠司徒，谥文忠公。生平立朝正色，刚而有礼，天下皆不以姓名称，而独曰鲁公。公善正草，笔力遒劲。论者谓其书点如坠石，画如阵云，钩如屈金，戈如发弩，此其大概也。至其千变万化，各具一体，若《中兴颂》之闳伟，《家庙碑》之庄重，《仙坛记》之秀颖，《元鲁山铭》之深厚，又是种种不同。自早年书《千佛寺碑》，已与欧虞辈暮年之笔相上下。尝作《笔法十二章》，备尽师资之学，传于后世。乌龙潭，在城西清凉山侧。旧说晋时有乌龙见，故名。唐颜鲁公置为放生池，潭上有放生庵，为祀公处。按《唐书》：乾元二年，诏天下临江带郭，各置放生池八十一所。公所置，在秦淮太平桥侧。兹潭在清凉山，今之城内，昔为城外，当秦淮西北沿石头将入江处。所谓"临江带郭"，相合也。乾元初，公曾领升州，论其年代，亦复相合。又鹫峰寺亦有颜鲁公放生池，相传为江总旧宅，因并及之。

神龙潜伏处，池为放生开。游女施钗去，残僧洗钵来。鲁公应有记，江令本无才。留得空王宅，残碑掩绿苔。

《长干行》效李太白

长干在今城南聚宝门外，详见《前越城注》。有大长干、小长干，名甚古，白诗最著，故系诸此。

君家在何处，妾家在长干。长干好相识，渌水明朱阑。朱阑十二曲，曲曲莓苔绿。比翼双鸳鸯，微波淡秋玉。君昔下扬州，扬州好画楼。娥娥红粉女，双桨木兰舟。君今去巴陵，巴陵接洞庭。洞庭秋水阔，楚雨梦飘零。雨丝吹白露，君向何方渡。妾梦在高楼，明镜当窗曙。梧桐金井阑，梦醒啼乌处。西风昨夜来，红却檐前树。落叶不知愁，吹满长干路。

白鹭洲

《丹阳记》云：在县西三里大江中，多聚白鹭，因名其洲。《建康志》引郦道元《水经注》云：江宁之新林浦，西对白鹭洲。太白诗："朝别朱雀门，暮宿白鹭洲。"则此洲距江宁当有一日之程，在烈山港乱石矶东北也。《凤凰台》诗"二水中分白鹭洲"，盖古时此洲上下亘江甚远，故一江分为二水。今则淤涨毗连，二水旧形，不复可辨，以形势度之，今之上新河当是其地。

遗迹南朝半落晖，澄波淡淡晚风微。疏烟一抹凉于水，白鹭洲边白鹭飞。

啸傲江山宫锦游，谪仙当日最风流。，凤凰台上重回首，何处当时白鹭洲。

落星冈是李太白遇蓬池隐者脱紫绮裘换酒处

金陵落星冈有二：一在上元神策门内，吴大帝时置三层楼，《吴都赋》所谓"飨戎旅于落星之楼"，"数军实于桂林之苑"者，是即王僧辩连营拒侯景处。一在江宁板桥市，西临大江，有冈曰落星冈，近水者曰落星洲，又曰落星矶，太白换酒处也。太白诗："金陵江上遇蓬池。"隐者自注云：于落星石上，以紫绮裘换酒为欢。蓬池在开封尉氏县北五里，亦曰蓬泽。隐者盖家于此，惜不得其主名也。

白云映水众星没，江风浩浩吹绿发。紫裘素舸谪仙人，金陵城南踏秋月。秋月照影何团团，美人消息青云端。今宵月如白玉镜，昨宵月如白玉盘。玉镜盈盈落我手，玉盘烂烂将进酒。

西来青鸟啼繁霜，落尽丝丝白门柳。玉琴荡漾江声秋，金尊洒落江波流。兰陵美酒三百斛，对此可以消烦忧。蓬池隐者紫烟客，湛湛长庚映天碧。云愁海思一千年，醉卧江头落星石。

板桥浦是李白夜泛处

大江过三山至板桥浦，又东北至新林浦，详见前新林浦注。太白有“秋夜板桥浦，泛月独酌怀”。谢朓诗元晖诗[①]：“江路西南永，归流东北骛。天际识归舟，云中辨江树。”即此地也。

谪仙当日题诗处，放棹来寻旧板桥。绿酒有情邀夜月，青山如梦送归潮。江花江草成千古，秋雨秋风吊六朝。莫问凤凰台上事，长安不见暮云遥。

拟建太白楼于凤皇台诗以志事

李白字太白，蜀之彰明人。母梦长庚入怀而生。既长，隐居岷，读书力学，州举有道，不就。苏颋为益州长史，见而异之，曰：“是子天才英特，少益以学，可比相如。”性喜纵横击剑，为任侠，轻财好施。与客任城，与孔巢父等五人居徂徕山，日沈饮，号“竹溪六逸”。天宝初，南入会稽，与吴筠善。筠被召，同至长安。贺知章见其文，叹曰：“子谪仙人也！”言于元宗，召见金銮殿，论当世事，奏颂一篇。帝命赐食，亲为调羹，有诏供奉翰林。白犹时与酒徒醉于市。帝坐沉香亭，意有所感，欲得白为乐章，驰使召入，而白已醉，左右以水颒面。稍解，援笔成文，婉丽精

---

① 应为“谢朓元晖诗”。

切。元宗深爱其才，数宴见。白尝侍帝醉后，使高力士脱靴，力士素贵，耻之。因摘其诗以激杨贵妃，帝欲官白，妃辄沮之白。白知不为亲近所容，益傲放不自修，与知章、李适之、汝阳王琎、崔宗之、苏晋、张旭、焦遂为“饮中八仙人”。屡自陈奏，恳赐还山。帝赐金放还白，遂浮游四方。尝乘月与崔宗之自采石至金陵，着宫锦袍坐，画鹢人望之，飘飘若仙。安史之乱，白转侧宿松、匡庐间，永王璘强辟为府僚佐。及璘起兵，白逃还彭泽。璘败被诛，白当缘坐。初，白游并州，识郭子仪，奇之。仪尝犯法，白为奏免。至是子仪奏请解官以赎白罪，有诏长流夜郎。会赦，还寻阳。代宗立，以左拾遗召，而白已前卒，年六十余。白晚好黄老，度牛渚矶至姑孰，悦谢家青山，欲家焉。及卒，葬东麓。元和末，范传正为宣歙观察使，为改葬，立二碑。金陵江山之胜，甲于东南，古来诗人游者，太白最著。凤凰台，又太白赋诗地也。余家西湖天竺，为太白游览赋诗处，拟为建祠，侨寓吴门。因太白有《夜宴虎邱山序》，议建太白楼于海涌峰下。今来兹地，固士大夫薮泽也，知必有助余成此志者，先之以诗。

不赋黄鹤楼，来登凤凰台。凤凰一去不复回，宫锦紫裘安在哉。我来访古高台下，晋阙吴宫半残瓦。浮云蔽日深复深，我亦登台赋诗者。金陵城西华月流，天津桥南空酒楼。三山二水至今在，思君不见心悠悠。君昔宴集虎邱山，兰亭一序留人寰。有人招饮醉仙舫，置君绿水青山间。孙渊如观察建醉仙舫于虎邱孙子祠右，并书太白序文于壁，未及设祠。北湖梅花白门柳，一樽重酹高台酒。何人解祀谪仙来，江山万古诗千首。

高座寺李白赋诗赠中孚处

李太白《上裴长史书》云：白家居金陵，世为右族，遭沮渠蒙逊之乱，奔流咸秦，因官寓家，观此白亦金陵人。后为供奉，求还山，乘舟至金陵，有从子僧中孚止高座寺，白依焉。尝著宫锦袍坐舟中，浮江而下，旁若无人。又尝脱紫绮裘换酒，饮落星矶上。寺在雨花台梅冈上。晋永嘉中，名甘露寺，西竺僧尸黎密据高座说法，世称高座道人。既卒，于冢侧立刹，因名为高座寺。或云晋法师竺道生所居，梁宝志曾主其地。中孚，高座寺僧，太白族侄也。《太白集》中有《登梅冈望金陵赠族侄高座寺僧中孚》诗。寺有中孚塔及井。

当年来说法，西域有名僧。古寺仍高座，禅宗朗一灯。天曾甘露降，地以雨花称。我亦听经者，思参最上乘。

禅伯有高致，襟怀支道林。青天一明月，万古此禅心。龙虎地形壮，凤凰天籁吟。谪仙奇句在，镌入碧峰阴。“时迁大运去，龙虎势休歇。吾宗挺禅伯，特秀凤鸾骨。众星罗青天，明者独有月。”皆太白诗中语。

白 下 门

词人咏秣陵古迹，辄以白门为白下门，不知白门即古宣阳门，台城外门也，在朱雀门内。《宋明帝纪》：时人以宣阳门为白门，帝以为不祥，甚讳之。右丞江谧误犯，帝变色曰：“白汝家门是也。”白下门则自在白下城。古之后琅邪城，即江乘之白石垒。唐武德中，于此地筑白下县也。今神策门外之石灰山下，当是其地。太白诗“驿亭三杨树，正当白下门”，则其地正当驿路也。适案头有吴门女士李晨兰诗集中《驿柳》诗有“白下门前万树柔”句，因和其韵，且以考正古迹焉。

踠地长条舞态柔，征人乡梦易句留。浓阴戍角斜阳晚，落叶旗亭细雨秋。羁客萧骚悲紫塞，美人消息隔红楼。今从白下门前过，极目河山动古愁。

原　　作 琴河女史李佩金晨兰

白下门前万树柔，天涯还见绿阴留。春闺别恨风前思？故国残阳笛里秋。十里远笼江店月，一帘高飏酒家楼。年年古道伤行役，摇落关河满目愁。

青溪访王龙标故居

《唐书》：王昌龄字少白，江宁人。第进士，补校书郎。又中宏辞，迁汜水尉，不护细行，贬龙标尉。以世乱还乡里，为刺史闾邱晓所杀。昌龄宅近青溪。常建诗云“青溪深不测，隐处惟孤云。松际露微月，清光犹为君。茆亭宿花影，药院滋苔纹。余亦谢时去，西山鸾鹤群”即此。《唐书·地理志》：黔中道叙州潭阳郡有龙标县。

盛唐诗格压南朝，少伯风流久寂寥。我向青溪宫畔过，杨花明月忆龙标。

紫裘换酒兴翩翩，花月春江醉欲眠。一样才人工乐府，当时只有李青莲。

冷朝阳宅

朝阳为“大历十子”之一。韩翃有《送冷朝阳还金陵旧宅》诗云:“落日澄江乌榜外,秋风疏柳白门前。桥通小市家林近,山带平湖野寺连。”此种风景,金陵处处有之。

金陵旧有诗人宅,定在平湖野寺旁。处处白门乌榜路,更无人识冷朝阳。

瓦官寺寻杜少陵旧游处

瓦官寺旧有顾长康《维摩图》。少陵《送许八拾遗归江宁省觐》云:甫昔时尝客游此县,于许生处乞瓦官寺《维摩图》。志诗中所云“看画曾饥渴,追踪恨淼茫。虎头金粟影,神妙独难忘”是也。夫长康图像,少陵向许生乞之,殆前已刻石,少陵乞其拓本欤。此为少陵曾至金陵之证。独是金陵为六朝旧都,山水形胜甲于江左,而少陵集中舍是题外,曾无篇什,即壮游篇历叙踪迹,亦未一及,岂当日未尽登览耶?此亦事之不可解者。昔赵瓯北据“少陵东游姑苏台”一语,因于虎邱建怀杜阁。金陵游迹,太白最著,余意建太白楼于凤凰台畔,并以少陵祔之。

六代帝王州,江山此胜游。如何双屐过,不见一诗留。我昨金陵去,沈吟太白楼。先生登览处,俎豆共千秋。

高适曾镇金陵集中无诗咏之以存其概

唐肃宗二年,以江宁县置江宁郡,命高适镇江东,密图永王璘。江宁名胜地也,而集中无诗,岂多事之际未暇流览耶?抑达夫五十始吟诗,其时尚未能握管耶?

当日高常侍,金陵作镇来。时危劳将略,任重失诗才。两道谁开府,先是因辅公祏之乱,废蒋州行台,并废都督。以延陵、句容隶润州,溧水、溧阳、丹阳隶宣州。何年更筑台。乾德元年,改江宁郡为昇州,置浙江西道节度兼江宁军使,治昇州。东巡曾作颂,应为谪仙哀。太白有《永王璘东巡歌》。

杏花村

在城南新桥西,信府河、凤凰台一带皆是。明代士大夫园亭多在此,《寰宇记》谓杜牧之沽酒处。牧之诗"南朝四百八十寺","夜泊秦淮近酒家",皆在金陵作,则此说固可信也。

江南春雨梦无痕,沽酒旗亭白下门。一自樊川题句后,至今人说杏花村。

何处秦淮问酒家,青溪门巷夕阳斜。春明旧事关心在,宫体销魂为杏花。

杨　吴

杨吴三门

六朝城郭,台城为天子所居;石头城为扬州刺史廨;东府城梁时有简文为会稽王时第,东则孝文王道子府,盖诸王子所居也。道子领扬州,不居州廨,而居旧舍,故称东府。隋平江南,尽毁旧城,于石头城建蒋州,终唐之世,因之不改。杨吴太和五年,徐知诰城昇州,广金陵旧城二十里。明初,改建都城,惟南门、大西、水西三门仍其旧，更名聚宝、石城、三山。则自燕子矶溯江西上，雉堞参差，尚可想见南唐旧迹。

金陵城郭溯杨吴，紫极宫庭半绿芜。顺义元年，建紫极宫于治城故址，当即今朝天宫。留得三门遗址在，更无人话黑云都。

隔江城郭暮云中，东下江流战血红。铁树宫庭遗宅在，杨州铁树宫是杨行密故宅。可怜三十六英雄。

延和宫吊杨吴太子琏妃

妃李氏，齐王知诰第四女。贤明温淑，容仪绝世。吴天祚中，册立为皇太子琏妃。及南唐受禅，宋齐邱请离其昏，唐先主不许，封永兴公主。妃自以吴家蒙妇，遭遇国亡，闻人呼"公主"，辄悲伤流涕。既而从琏至池州。琏卒，妃还，居金陵宫。终身缟素，称未亡人。焚香对佛，誓曰："愿生生世世，莫作有情之物。"年二十四，无疾坐亡。有光如爵，长丈余，自口出，五夕始灭。先主悼痛，诏李建勋勒碑宫中，纪其异云。旧志云居延和宫。

一样齐梁窃国才，宫庭往事更堪哀。沧桑身世纲常系，又见黄皇室主来。

南　唐

南唐故宫遗址

《凤凰台记事》：六朝旧城，近覆舟山，去秦淮北五里。至杨吴改筑，跨秦淮南北，周围二十五里。南止长干桥，北至北门桥，西带冶城、石头，东止通济门。又建宫城于天津桥北，即南唐宫是也。在今内桥北上元县治，卢妃巷、广储仓等地皆是。左有东虹桥，今升平桥也；右有西虹桥，今大市桥也。此护龙河也。由卢妃巷北行里许，又一桥，亦名虹桥。而东、西二虹桥北达之水，绾带于此，其前则东南达四象桥入淮，西南达运渎，内有百尺楼、澄心堂、小金山、摩诃池、瑶光殿、柔仪殿、红罗亭、饮香亭。宫城之北，另有北苑也。

东虹迢递接西虹，指点南唐说故宫。尽有洞天横碧锦，见《清异录》。更余亭榭幕罗红。金舆玩月残山在，宋陈无已《清凉寺》诗："惟应驻马坡头月，曾见金舆纳晚凉。"注：山有后主暑风亭。玉殿移花旧梦空。庐山僧舍有麝囊花，诏取植于移风殿，号紫风流。一样沧桑天水碧，钱塘烟雨又溟蒙。

南园访南唐宋齐邱故居

吴太和一年，徐知诰召齐邱还金陵。给南园居之，不令与国事。南园，志不详其处，或即《宋明帝纪》张永乞借之南苑耶？则即建兴苑也。梁天监改建兴苑于秣陵里。侯景之乱，韦粲等会青塘立营，据建兴苑，则当在城西石头侧也。齐邱字子嵩，世为庐陵人。因姚克赡谒烈祖，参秘画，仕至镇南军节度使。元宗立，召拜太保、中书令。请归九华，赐号青阳公。复起，拜太师，封卫国公，镇洪州。周侵淮北，起为太师。领剑南、东川节度使，封楚国公。周弃淮南，众议扼险，齐邱不从，终失淮南。钟谟自周还，发其短，放于青阳，敕锁其第，家众坐馁，因谪于其妻共缢杀之，年七十二，谥曰缪丑。微时，糊口于倡家魏氏，后娶为妻，封国夫人。齐邱既死，元宗屡见为厉，遂迁都也。齐邱佐烈祖篡杨吴之业，又请绝太子琏昏，诬韩熙载，沉汪台符，窃《谭峭化书》，幽让皇之族于泰州，依恃旧恩，纵恣狂悖，小人之尤也。

力排熙载溺台符，衣锦功名似尔无。生果有谋能窃国，死能为厉致迁都。让皇骨肉全家徙，公主婚姻七出诬。太息九华山翠里，青阳甲第秽名区。

蚵蚾矶吊汪台符

台符，歙人。南唐初，上书国主，齐邱嫉其才，诱令饮醉，沈此。矶在石头城下。

蚵蚾矶下有余哀，鱼腹精灵去不回。太息才人丁未造，晦才难免况矜才。

晚辞佐命充高隐，早向仙人窃化书。如此人才难并世，水亭秘计画灰初。

石头驿咏陶穀使江南事

《南唐拾遗记》载：陶穀使江南，甚欲假书韩熙载令馆伴驿中誊六朝书，半年乃毕，穀见伎秦弱兰，以为驿卒女也。遂败慎独之戒，作长短句赠之。明日，中书宴穀，使弱兰出歌，词名《风光好》云："好姻缘，恶姻缘，只得邮亭一夜眠。别神仙。琵琶拨尽相思调，知音少。再把鸾胶续断弦，是何年？"又沈辽《任社娘传》亦载此词，以为穀使吴越，女为社娘非弱兰。盖穀乃无行小人，使南唐、吴越皆有秽行，且穀非甚愚暗，宁不知弱兰之非驿女，特借此自彰其秽，以为娄取地耳。观其在南唐横索后主砚山，在吴越乞取金盏，最文人之无行者，非止驿女一事也。石头驿，在石头城。唐张九龄有《候使石头驿》诗，李白有《答裴侍御行至石头驿》诗。又有金陵驿，在上元县长乐乡。

何处风光好，邮亭一夜眠。野花香客梦，驿树送华年。罢酒灯前宴，烹茶雪后天。使星指吴越，还有好姻缘。

南唐李建勋青溪草堂遗址

建勋字致尧，赵王德诚第四子，仕至昭武军节度使。适意泉石，营亭榭于钟山，以司徒致仕，赐号钟山公。妻广德长公主也，亦自号钟山老媪。建勋有青溪草堂。按：青溪发源钟山，草堂当即在钟山台榭中耳。或谓之曰："欲复为九华先生耶？"建勋为诗见志曰："桃花流水须相信，不学刘郎去又来。"时有李冠者，善吹洞箫，建勋绝叹赏之。建勋死，无所依，流落梁宋间，人比之李龟年云。

不学青阳赋九华，杳然流水送桃花。草堂近在青溪曲，谁识钟山处士家。

风流顾曲擅南朝，古涧秋蝉响欲消。一自清谈人去后，更无人听李冠箫。

金陵寺是五代僧贯休所建

僧贯休，姓姜氏，字德隐，婺州兰溪人。与齐已齐名。有《西岳集》十卷，吴融为之序。又有《禅月集》。休每得句，云"只堪供养佛"。故《怀赠武昌楼》诗云："风清江上月，霜洒月中砧。得句先呈佛，无人知此心。"常为诗投钱镠云："满堂花醉三千客，一剑霜寒十四州。”投王建云：“一瓶一钵垂垂老，千水千山得得来。”为世所诵。寺在定淮门内马鞍山。

一锡东南任意投，李花世界未全收。禅心自照三千界，诗谶曾题十四州。锦树苍凉云外见，金舆寂寞月中游。应真遗像今犹在，谁识当年老贯休。贯休画罗汉，其中一帧即己像也。

南唐北苑

徐锴《北苑侍宴赋》序云：“望蒋峤之嵚岑，祝为万寿；泛潮沟之清浅，流作恩波。”则当在城北。又《南唐拾遗记》云：南唐宫嫔皆淡妆，以茶油花饼施额上，号北苑妆。

南唐开北苑，知近古台城。蒋峤当门翠，潮沟绕苑明。内香春罢宴，法曲夜飞声。寂寞新妆处，茶花贡旧京。

南唐别院感耿玉真事

玉真，军大校耿谦女。明慧有姿，好书善画，为诗往往有佳句。雅通黄白之术，能拘制鬼魅，得道于郧仙翁，为女道士，自称天自在山人。保大中，因宋齐邱荐入宫，元宗处之别院，号曰先生。当以金盆贮雪，削为锭状，投炽炭，少顷成银。又扫粪壤置铛中，链之皆成白金。元宗当购真珠，欲得圆者。玉真聚麦以银釜焰之，皆成圆珠。大食国进龙脑油，玉真以夹缣囊盛白龙脑悬之，沥液如注，香味愈於所进。未几，得幸元宗，有娠。一夕，雷电绕屋，及霁，娠已失矣。问之，曰：“已为神物取去。”久之，宫中忽失太后，耿亦隐去，嗣得太后于方山宝华宫。耿不复见宫，有人言其往来江淮，卖药于市云。或曰挟太后至宝华宫,徐国太事也。

妙术金盆雪,纤袿碧落霞。云雷仙眷属,黄白道萌芽。幻迹留淮市,流言误宝华。从来宫禁事,只合戒奇邪。

翠 微 亭

南唐后主建,在清凉山。宋陈无已《清凉寺》诗:"惟应驻马坡头月,曾见金舆纳晚凉。"自注:山有后主暑风亭,井阑刻"保大三年"字。今之翠微亭即暑风亭,相传为南唐避暑宫也。清凉山即石头山。

清凉山色几芙蓉,旧是南唐避暑宫。玉辇夜游明月好,娥皇舞罢彩云空。六朝城郭啼乌外,一枕江流铁笛中。留得翠微亭子在,水天间话夕阳红。

访南唐百尺楼遗址

《南唐书·萧俨传》:元宗于宫中作百尺楼,群臣叹其宏丽。萧俨曰:"恨楼下无井,以此不及景阳楼耳。"后主怒贬俨舒州。木平,和尚,知人祸福,后主常召见于百尺。木平指楼曰:"此宜望火。"及淮甸交兵,龙安山置烽堠应江北,后主常登楼以望,其言始验。

金钉璧带凌霄起,罘罳影落秦淮水。何处南唐百尺楼,残砖绣础空遗址。忆昔彭奴起将家,鲤鱼风起散杨花。金陵城郭亲营建,秘计炉灰定九华。宫殿琳琅开建业,有司初作昇元格。北苑妆成法曲新,内香宴早群花集。隐居托意署钟峰,亲政才居太子宫。尽有英才资辅弼,建隆新政美重瞳。宫中逸事谁亲见，金错刀书龙尾砚。保仪自掌澄心堂，娥皇深住瑶花殿。殿秘堂深绕玉阶，红罗亭榭玉梅开。纤裳高髻人多少，都与登楼笑语来。此楼尚记前朝筑，雪中开宴人如玉。画院风流有盛名，图写林泉绘丝竹。保大五年正月丁亥朔，大雪，帝召齐王景遂等登楼，赐宴赋诗，徐铉为前后序，仍集名手图画，当即此楼。楼头花月自芳妍，楼上明珠照玉颜。不见浮梁窥采石，宫中空唱念家山。北来万马楼前至，卧榻更无鼾睡地。江南江北旧家乡，南朝千古伤心事。伤心千里旧山河，转眼沧桑唤奈何。一曲教坊邀醉舞，可怜挥泪别宫娥。仓皇百口中原去，赵家天水知何处。山温水软秣陵秋，回头望断楼前树。跨虎乘鸡谶有征，黄花水缩数难争。净居曾礼台城佛，照破兴亡一塔灯。垂杨飞雪黄罗冷，齐梁残局消俄顷。小楼昨夜断肠词，月中忆煞天河影。谠言人已去舒州，烽火连天望远愁。留得燕支芳井在，不应更逊景阳楼。

附　录 钱塘女史 汪　端 小韫

六代江山百尺楼，钟山隐士亦风流。玉梅正拥红罗幕，铁骑长嘶白鹭洲。草草莺花非故国，潺潺春雨酿新愁。却怜天堑长江固，只换凌云袜一钩。

红罗亭怀古

红罗亭在南唐宫中，后主建，四面栽红梅，作艳曲歌之。韩熙载和云："桃李不须夸烂漫，已输了东风一半。"时已失淮南故也。

红罗亭外春风来，红罗亭中华宴开。美人如花复如玉，钿笛横吹破春绿。南唐宫殿久啼鸦，歌舞江山付梦华。一片金陵城畔月，更无人倚玉梅花。

瓦官寺感南唐遗事

《景定志》引《建康实录》：晋哀帝兴宁二年，诏移陶官于淮水北，遂以南岸陶地施僧慧力造瓦官寺，阁曰瓦官阁，南唐改曰昇元。陆游《南唐书》：瓦官寺，因山为基，高可十丈。开宝中，宋师下江南，士大夫、豪民、富商家妇女数千人避难阁上，吴越兵举火焚之，一旦而烬。《焦氏笔乘》云：骁骑卫仓是其遗址。登高，江山满目，最为胜处。太白诗"白浪高于瓦官阁"所见正同。嗣诏毁私创庵院。集庆庵一僧妄以瓦官名其处，得免。今新桥西杏花村瓦官寺是也。其上瓦官寺，本名丛桂庵，焦竑易名凤游寺。又，晋义熙初，师子国遣使献玉像，经十载乃至。历晋宋皆在瓦官寺，与戴安道手制佛像及顾长康《维摩图》，世称"三绝"，见《南史》。又《方舆胜览》：南唐时，有人于昇元阁掘得古记，中有云"抱鸡升宝位，走犬出金陵"。上句谓后主丁酉生，下句谓宋师甲戌渡江也。

玉帐焚香上将才，瓦官遗事亦堪哀。绮罗士女消磨尽，岂独澄心一炬灰。

何处虎头金粟影，更闻师子玉维摩。抱鸡走犬关前定，惆怅家山一曲歌。

毕竟南朝胜六朝，诸臣忠义薄云霄。文儒报国将军死，惆怅新词剩碧绡。城陷，将军高彦、马诚信及弟承俊皆战死。勤政殿学士钟蒨、右内史侍郎陈乔皆死国。后主在围城中作"樱桃花落"一阕，未就而城破。

远岫云笼雨打舟，一江春水向东流。可怜一片金陵火，何不先燔百尺楼。

凤台山吊南唐司空孙文忠公晟遗宅

孙晟，初名凤，又名忌，高密人。笃学善文辞。少举进士，豪举跌宕，不能就绳墨，遂弃去。南游庐山，为道士绘《唐诗人贾岛像》置壁间，道众以为妖，驱之，乃北走赵、魏，谒后唐庄宗于镇州。朱守殷守汴，辟为判官。守殷反，伏诛，亡命陈宋间。安重诲谓教殷反者，晟也，族其家。晟渡淮至寿春，节度使刘金送诣金陵，烈祖爱之，预禅代秘计。元宗立，出为舒州节度，迁右仆射，与冯延巳并相，进位司空。周师破滁州，擒皇甫晖，江左大震。以晟使周，周世宗留之，使以楼车载诣寿州城下，谕刘仁瞻降。晟至，呼曰："无堕臣节，援兵即至矣。"世宗怒诘之，晟曰："臣备员唐宰相，岂可教节度使叛耶？"会周将李重进上金陵，招重进蜡书，书中多斥周过。世宗怒，遂收晟，诛之。晟之见收也，都承旨曹翰谓曰："有旨赐相公死。"晟神色怡然，索靴笏，正衣冠，南向拜曰："臣谨以死报国。"遂死之。元宗闻晟死，哀甚流涕，赠太傅，追封晋国公，谥文忠。凤台山当与今凤游寺相近。

早入庐山为道士，曾摹贾岛作诗人。楼车慷慨勤王诏，靴笏尊严报国身。正气中原留使节，大名故国泣忠臣。凤台荒陇知何处，惆怅丛祠宰树春。

南唐刘忠肃王祠

祀南唐清淮节度使刘仁瞻，旧在上元县西。洪武二十年，建于钦天山阳，有黄子澄撰碑。按：仁赡字守惠，曲溪人。欧史以为淮阴洪泽人，吴濠州团练使金之季子也。轻财重士，号令严肃。事烈祖，为左监门卫将军、袁、黄二州刺史。元宗时，拜武昌军节度使。平楚之役，以舟师克巴陵，徙清淮军节度使。周世宗围寿州，坐城下督攻甚急。仁赡素善射，矢至世宗前辄堕，世宗命移床，更进，矢堕如初。仁赡投弓叹曰："天果不佑唐耶，若此吾有死耳！"世宗遣人招之，不顾。会淮淝水涨，周师败走。明年，周人复至，南兵屡败。元宗震慑，请称臣割地，仁赡独坚守，围城不少下。少子崇谏幸父病，夜度淮北以降，为小校所执，仁赡立命斩之，士卒皆感泣死守。既病甚，副使孙羽诈为仁赡书，以降世宗，赐以玉带、御马，拜太尉兼中书令、天平军节度使，仁赡不受命而卒，偏裨及士卒自杀以殉者数十人。元宗闻仁赡卒，哭之恸，赠太师、中书令，谥曰忠肃，加封卫王。焚其诰曰："魂其有知，鉴周惠耶，歆吾命耶。"夜梦仁赡拜墀下，若受命然，后主立进封越王。宋政和时，列仁赡于祀典，赐祠额曰忠显。陆游《南唐书》言：仁赡斩崇谏时，监军使求救于仁赡妻薛氏。薛曰："崇谏，吾幼子，固所不忍，然贷其死，则刘氏为不忠之门。"趣命斩之，然后成服。仁赡死，薛氏不食，五日而卒。微特仁赡忠臣，薛亦烈女子哉。

孤忠劲节敌人知，落日青山吊古祠。石碏灭亲明大义，张巡力战失援师。艰难孙晟登车日，慷慨陈乔撤榻时。太息南朝多义烈，江流呜咽不胜悲。孙晟殉节事见前。周师急攻城，后主欲降，枢密使陈乔劝殉国，不从，乃自缢，二吏撤榻瘗之。余如潘佑之历疏国奸，廖居素沉进致命，赵仁泽抉口不挠，段处常誓死遐陬，张彦卿绳床搏战，郑昭业视死如归，李延邹之掷笔，周宏祚之赴水，禼彦之巷战，廖澄之仰药，张雄之父子杀身，胡则之一门殉难，钟蒨举族被兵，申屠令坚之誓死报国，统军使李雄父子八人之战没于溧水，南唐忠臣之众，驾六朝而上之，盛矣哉！

梅冈吊南唐中书侍郎韩熙载墓

熙载字叔言，潍州北海人。少隐嵩山，后唐同光中进士。父光嗣，平庐节度副使，因军推留后。明宗讨乱，坐死。熙载南奔，荐擢制诰，诏命典雅，有元和之风。屡上疏论事，不见用。熙载才气逸发，为当时风流之冠。性高简，江左称为韩夫子。尤忽细谨，老而益甚。蓄伎四十辈，自污以避入相。开宝三年，卧疾，卒于城南戚家山，赠右仆射、同平章事，谥文靖，葬梅岭冈谢安墓侧。

避难军门杖策干，嵩山旧隐路漫漫。早年北伐雄心在，老去南朝相业难。夫子文章原典雅，才人酒色亦辛酸。分明棋墅东山意，埋骨端应傍谢安。

钟山访徐铉遗宅

铉字鼎臣，世为会稽人。父延休，为吴江都少尹，遂家广陵。十岁能属文，长与韩熙载齐名，江南谓之“韩徐”。起家吴校书郎，荐仕南唐，至吏部尚书。宋师围金陵，奉使辞令不屈。既随后主归宋，命为太子率更令，历左散骑常侍，奉敕撰《江南录》。卒年七十六。弟锴字楚金，精小学，与兄俱有名，官右内史舍人兼兵吏部选事。开宝七年先铉卒。

茸茸衰草没残基，遗宅苍凉暮霭疑。花月谁寻江令宅，云山好傍蒋侯祠。兴亡著录江南重，兄弟声华海内知。愁绝兰成小园赋，汴京流水不胜悲。

附　　录 钱塘女史汪端小韫

伴月香曾永夜焚，鼎臣遗宅傍斜曛。江南遗事空存录，汴北雄谈未策勋。赴洛士衡偏擅誉，入隋公辅尚能文。公辅，李德林字。可怜握手思潘佑，地下应惭见故君。宋太宗使铉视李煜，煜谓之曰：“今日悔杀潘佑。”铉还以闻，遂害煜。

访南唐昭惠后周娥皇懿陵

后司徒宗之女，通书史，善歌舞，尤工琵琶。创为高髻纤裳及首翘鬓朵之妆。常雪夜酣宴，请后主起舞。后主曰：“汝能创为新声则可矣。”后即命笺缀谱，喉无滞音，笔无停思。俄顷，谱成，所谓《邀醉舞破》也。又有《恨来迟破》，亦后所制。得《霓裳羽衣》残谱，以琵琶奏之。于是开元天宝之遗音，复传于世。以乾德二年十一月甲戌，殂于瑶光殿之西室，年二十有九，葬懿陵，谥曰昭惠。后主自制诔刻之石，与后所爱烧槽金屑琵琶同葬。

青山何处葬西施，落叶哀蝉有所思。名画尚留邀醉舞，金云门女史有画《周娥皇雪夜邀醉舞图》，余姬人管筠有诗。新声谁谱恨来迟。宫人解写金经字，帝子亲书玉女碑。侥幸瑶光人早死，汴京不见入宫时。

金云门女史画《周娥皇雪夜邀醉舞图》 管筠湘玉

金碧楼台交网户，兰堂夜宴翻新谱。纤眉高髻周娥皇，笑倚君王邀醉舞。流风回雪翩惊鸿，君舞不如妾舞工。风香爱语春生早，妾舞何如君舞好。君舞不轻作，妾意能相邀，命笺缀谱云鬟娇。初为霓裳后六么，新声按入烧檀槽。珠笼夕卷兰倩媚，法曲声声响红翠。但得婵娟一曲成，不辞醁醁千回醉。此时尊前酒未阑，此时酒边灯欲残。雪花如海飞漫漫，外人那识宫中寒。拍成自理么弦和，澄心堂纸宫香涴。流珠遗事记南朝，乐府风流查一破。君不见瑶光西殿葬琵琶，落叶哀蝉感暮鸦。刬袜香阶明月夜，红罗亭外又飞花。

柔仪殿感南唐小周后事

小周后，昭惠后女弟也。警敏有才思，神彩端静。以戚里间入宫掖。后主制《乐府》艳其事，有"刬袜下香阶，手提金缕鞋"之句。昭惠薨，纳后成礼，被宠过于昭惠。后主常于群花中作亭，幂以红罗，押以玳牙。又，柔仪殿设玉、太古诸器，贮后于中。国亡，随后主北迁，封郑国夫人。例随命妇入宋宫宴乐，出必泣詈后主，宛转避之。后主暴陨后，哀不自胜，亦薨。

柔仪殿上玉罂香，金缕提鞋梦未忘。绝艳可如唐虢国，承恩应比汉昭阳。娥皇国后身先死，芳蕊夫人貌更芳。他日青衣同北狩，宫车一样感沧桑。

访澄心堂遗址并吊黄保仪

澄心堂，在南唐宫之左，后主建，藏书撰述之。所造澄心堂纸，为世所珍。保仪黄氏，江夏人，容态冠绝一时。顾盼颦笑，无不妍姣。工书札，使专掌宫中书籍。二周后相继擅宠，不得数见幸。后主藏钟王以来墨迹至多，保仪实掌之。城将陷，后主悉命焚之。从北迁，卒于大梁。

蕙幄兰堂诔月娥，澄心遗址问如何。后庭班左才名重，前殿钟王墨迹多。云里莲花邀素月，笛边梅树拥红罗。湘东劫火同灰烬，留与宫词写衍波。姬人管筠有《南唐宫词》。

南唐宫词 钱塘女史管筠湘玉

法曲沉沉夜漏催，绕亭香雪玉梅开。绿钿绡幛红罗壁，邀取君王醉舞来。

柔仪殿上玉罂香，衩袜新词事渺茫。应是虞宫前事在，本来国后号娥皇。

钟王墨迹渺云烟，锦赙珍题禁本传。一样汉宫辞辇意，澄心堂上掌书仙。

琵琶金屑月轮孤，法曲霓裳定有无。记得恨来迟入破，六宫无语问流珠。

横波小影说宫娃，翠羽分明水一涯。十八云鬟胡蝶绕，玉人气息本如花。

宫禁千秋轶事传，窅娘新月出云妍。从今儿女凌波袜，不数南朝步步莲。

南唐净德尼院吊入道宫人殉国自焚处

净德尼院八十余人，皆宫人入道者。都城将陷，积薪于庭，后主与约曰："如有不虞，宫中举火为应，吾与汝辈俱焚死。"及黄保仪燔积书于宫院中，遥见烟焰，遂爇积薪，皆赴火死，无一人肯脱者。院址今无考。能望见宫中烟起，则与宫城当远也。①

夺婿瑶光事不平，鱼山仙梵月华清。后庭寂寞辞金殿，故国沧桑感玉笙。白奈簪花悲此地，青莲证果悟他生。空门劫火香消后，无数宫车向北行。

乐 官 山

宋兵下江南，诸将置酒大会，伶官痛哭不作乐，被杀瘗此。按：南唐乐工有杨花飞、李家明、王感化诸人，《南唐书》有传。殉国者或即此数人，未可知也。南唐之亡，诸臣如潘佑、廖居素、孙晟、刘仁赡、张彦卿、李延邹、周宏祚、陈乔、钟蒨、禹彦、廖澄、张雄、胡则、申屠令坚先后死国，而乐部诸伶复慷慨以殉，斯亡国为有光矣。

秣陵花月奈愁何，肠断流珠一曲歌。凝碧池头海青死，古来忠义此中多。

止戈三誓戒龙骧，太息梨园碧血凉。一笑当年曹武惠，帐中辛苦共焚香。

① 按其意，净德尼院与宫城"当不远"。

书晁补之《芳仪曲》后

芳仪，南唐元宗女。后主失国，随族北迁，嫁为宋供奉官孙某妻。孙出仕武疆都监，契丹兵至，武疆失守，芳仪为所虏。辽圣宗得之，悦其都美，纳之宫中，封芳仪，盖辽人内职名。据庐山真风观石刻，当即永宁公主也。晁补之为北都教官，览《北庭杂记》而悲之，作为此曲。

家国沧桑又一时，天河星象指南箕。《北庭杂记》分明在，一曲《芳仪》最可悲。

花落江南飞鹧鸪，穹庐回首月轮孤。分明踪迹文姬似，曾有胡笳按拍无？

南唐李后主祠

在府治东南十里，俗称李帝庙。

故宫何处问南唐？零落丛祠半夕阳。墨迹钟王已灰烬，红罗亭榭更荒凉。地邻卧榻知难免，天堑长江竟被量。太息雄图成底事，汴京花月亦沧桑。

皇甫巷是南唐皇甫晖所居

亦名王府巷，在朝天宫东下街口闪驾桥北，旧有龙翔寺址，寺即元文宗藩府，巷即寺旁路也。人知以藩府得名，不知先本晖第宅。晖，魏州人。先事唐、晋，事具《五代史》。契丹入中原，晖南奔，仕至北面行营应援使，与姚凤守清流关，为宋太祖所擒，不屈死之。晖子继勋为裨将从战，逃归，历仕池、饶二州刺史、神卫统军都指挥使，拜大将军。赀产优赡，园林声伎，甲于金陵。无效死意，蒙蔽军报，后主知之，以属吏为百姓所窝，居亦毁焉。

初从北国后南朝，乱世英雄肯寂寥。天命已知归检点，将军空复事嫖姚。戟门宾从笙歌满，甲第园林子弟骄。太息忠臣无济美，斋钟空应午时潮。滁州僧寺于午时鸣钟，云以报晖。

宋

宋曹武惠王庙

祀宋枢密使曹彬，旧在江宁社坛前。明洪武二十年，改建于钦天山阳，即“鸡鸣十庙”之一。南唐事宋，最为恭顺，本无可伐之罪。宋祖西失银夏，北谢燕云，独于江左蓄志并吞，实为以强凌弱，师出本属无名。彬焚香誓众，期以不杀，尚得古名将之义。然曹翰屠江州而不能禁，吴越兵焚瓦官阁，诸将因作乐抗命诛戮伶工，皆不能止，则令行禁止之谓何？而庙食之，不能无遗憾也。

黄袍一着五代毕，从此中原将画一。不争塞北争江南，六师先为金陵出。水犀百道横江来，唐兵十万如死灰。桓桓上将曹武惠，焚香只为苍生哀。诸将同心复同誓，有征无战王师义。不因将略矢忠贞，谁将兵劫回天地。六朝前后殊可怜，龙蟠虎踞知几年。王浚楼船石头下，韩擒战血青溪边。绳床搏战悲军主，云拥降旛息钲鼓。百年版籍归汴京，不异钱塘先纳土。士女青山酒一卮，江风吹雨卷灵旗。君看北宋曹侯庙，何似南齐蒋帝祠。

半山报宁寺是王安石故宅

王安石，临川人。好读书，善属文。欧阳修为之延誉，擢进士上第。文彦博、韩维、吕公著、曾公亮并荐之，鲜于侁、吴奎、唐介、孙固、吕诲皆言其不可用，苏洵作《辨奸论》讥之。神宗朝，用为宰相，行新法，任用吕惠卿、章惇、曾布之徒，设三司条例司，锐意变法。农田水利、青苗、均输、保甲、免役、市易、保马、方田诸役天下苦之，范纯仁、韩琦、富弼、司马光皆言其不便。安礼、安国，其亲弟也，亦以为非。帝惑其说，皆不听。暴敛横征，民穷财匮，卒酿靖康之祸。英宗治平四年，以王安石知江宁府。神宗熙宁九年，罢判府事，寻为集禧观使。元丰七年，安石请以所居宅舍为寺，赐额报宁，集中有《谢赐额表》。宋时在城东七里，距钟山亦七里，此为半道，故名半山，从其实也。东坡蒋山诗云"朱门收画戟，绀宇出青莲"即此。明初，地入禁中，当在今驻防城内。安石墓，相传亦在半山寺，或以太平门内香林寺址当之。

青莲绀宇劫灰平，殷浩当时枉盛名。空有文章追作者，可怜经济误苍生。酿成北狩徽钦祸，旁及中朝洛蜀争。何处香林遗址在，梦华惆怅话东京。

半 山 亭

《金陵志》独龙冈有上、下二定林寺，王荆公卜居于二定林之间，名曰半山。《六朝事迹》：报宁禅寺，地名白塘，由城东门至蒋山，此半道也，故今亦名半山寺。东坡有《半山寺》诗。

定林双寺暮云停，坡老新诗驻马听。一自青苗流毒后，更无人话半山亭。

苦将官礼行新法，误尽苍生误子孙。自己一亭留不得，青山何处更争墩。

钟山用东坡《同王胜之游蒋山》韵

苏轼字子瞻，眉山人。父洵，世所称明允先生者也。轼生十岁，父宦学四方，母程氏尝览东汉史至《范滂传》，轼侍侧曰："儿若为滂，母其许之乎？"母曰："汝能为滂，吾顾不能为滂母耶？"嘉祐二年，欧阳修考试礼部，进士梅尧臣得轼《论刑赏》以示修，修惊喜，谓尧臣曰："老夫当让此人出一头地。"及廷对，仁宗得轼及辙所对策，退朝谓皇后曰："吾为子孙得二宰相矣！"英宗自藩邸闻其名，召试，得直史馆。神宗即位，欲用轼修中书条例，又欲为起居注，安石以为不可，乃置轼官告院。熙宁四年，安石欲变更科举成法，诏使两制、三馆议之，上得轼奏，议乃止。即日召见问政，轼曰："臣窃意陛下求治太急，听言太广，进人太锐，愿陛下安静以待物之来，然后应之。"上竦然。初，策进士，举子争希合上意，多言祖宗法制非是，轼为考官，退而拟答以进，安石愈恨。轼乃乞外，通判杭州。自杭徙密，辑悍卒之诬民者。自密徙守徐州，时河决曹村，汇于城下，富民争出避水。轼曰："吾在，是水决不致坏城。"驱使复入。而自杖策入武卫营，呼其长告之，乃率其徒筑东南长堤，首起马耳山，尾属于城，而水患息。徙知湖州，言事者摘谢表中语以为谤，逮赴诏狱。御史舒亶复劾其作为歌诗，讥切时事，将挤之死地。张方平、范镇、王安礼救之，遂以黄州团练副使安置，筑室东坡，自号“东坡居士”。五年，神宗谓宰相王珪、蔡確曰：“国史至重，可命苏轼成之。”珪等有难色，帝遂手札，移轼汝州。轼上言有田在常，愿得移居，奏入报，可。哲宗立，复朝奉郎，知登州，召为礼部郎中。元祐二年，迁中书舍人。时宣仁太后临朝，司马光执政，轼遇事尽言，多见听用。寻除翰林学士，复转侍读。尝召入对殿，宣仁太后问曰：“卿前为何官？”对曰：“臣尝为团练使。”后又曰：“今为何官？”曰：“待罪翰林学士。”后问何以至此，曰：“遭遇太皇太后、皇帝陛下。”后曰：“非也。”轼奏曰：“岂大臣论荐乎？”曰：“亦非。”轼惊曰：“臣虽无状，不敢由他途以进。”后曰：“此先帝意也。先帝每诵卿文章，必叹曰：‘奇才，奇才！’但未及进用卿耳。”轼不觉哭失声。宣仁后与哲宗亦泣，左右皆感涕。已而命坐赐茶，撤御前金莲烛，遣内侍送归院。三年，权知礼部贡举。尝侍上读祖宗宝训，因及时事，当轴者恶之，出知杭州。杭近海，水泉咸，唐刺史李泌始引西湖水作六井，白居易复浚西湖，湖水入运河，自河至田，所溉千顷。至宋，废而不理，湖中葑积为田，运河失湖水之利，则取给于江潮，潮浑浊多淤，河行阛阓中，三年一淘，大为市井患，而六井亦几废。轼始至，浚茅山一河，专受江潮；浚盐桥一河，专受湖水。复造堰闸，以为湖水蓄泄之限。且以余力复完六井，民获其利。又取湖中葑田积为长堤，以通南北，植芙蓉于上，望之如云锦，杭人名之曰“苏公堤”。家有画像，饮食必祝。六年，召入为翰林学士承旨，复侍迩英殿。七年，出知扬州，寻以兵部尚书召还，再迁礼部，复兼二学士。八年出知定州。绍圣改元，三党之论大起。轼坐为中书舍人，日草诏，诬为谤讪，复谪知英州、惠州安置。轼以少子过自随，居三年，复贬琼州别驾，安置昌化。轼至，僦官屋以居，有司犹执不可，乃买地躬自筑室。至元符三年，更三大赦，始得还，将居许，病暑暴下，乃止于常。遂卒，葬于汝之郏城。高宗朝特诏追赠文忠。王益柔，字胜之，用父曙荫，至殿中丞，后以直学士知江宁府。施元之注：胜之至江宁才一日，移南都，坡[1]在赏心亭，作长短句送之。《西清诗话》：元丰中，王文公在金陵，东坡自黄北还，日与公游，后渡江至仪征。和《游蒋山诗》，寄金陵王胜之，公亟取读至"峰多巧障日，江远欲浮天"，乃拊几叹曰："老夫生平作诗，无此二句"！

独上钟山顶，金陵气郁然。人才三国志，城阙六朝年。树老齐梁寺，帆通楚蜀船。画师顾金粟，词客李青莲。桂峪香应近，松林路欲偏。覆舟俯平陆，幕府接层颠。翠合千重岭，云飞百道泉。猿声凄夙梦，鹘影没遥天。废陇余秋草，荒陵起暮烟。凭谁图笠屐，云月共婵娟。

明道先生祠

明道程子名灏，字伯淳，世居中山，徙河南。举进士，任晋城令。在县三年，民爱之如父母。熙宁初，因吕公著荐，擢监察御史。帝素知其名，数召见，前后进说甚多，大要以正心窒欲、

① 即苏东坡，其《同王胜之游蒋山》及《渔家傲》词，乃为友人王胜之而作。

求贤育才为先务。会新法行，被旨赴中台议事，王安石方怒言者，厉色待之。先生徐言曰："天下事，非一家私议，愿平气以听之。"安石为之愧屈。因上疏，改授镇宁军节度使判官。元丰二年，召判武学，既而罢之。哲宗嗣位，召为宗正寺丞，未至，卒。文彦博题其墓曰明道先生，谥曰纯。理宗淳祐中，追封河南伯。仁宗嘉祐四年，尝为上元主簿，多及民之政。孝宗淳熙三年，刘珙重修府学，立明道先生祠。今为明道书院，在镇淮桥东。又有祠，在上元县治中。

探源循洛水，同志匹伊川。资格嗟豪杰，官阶限圣贤。高风期善俗，遗泽在均田。太息舒王宅，空山没野烟。

一拂清忠祠

在府治清凉山麓，祀宋监上安门郑介公侠。以上《流民图》去国，仅存一拂，故人称一拂先生。父监江宁税，侠常随父读书清凉山寺中。

生平忠爱郑监门，清宦归来一拂存。曾写流民讽新法，可怜安石枉争墩。

泥　马　巷

在三山街，相传是宋高宗渡江处。

泥马南来事有无，江山形胜见规模。如何苦要临安去，不向金陵议建都。

宋妃祠

高宗南渡，妃留建业，善治目疾，没而祀之。在牛首山，俗称眼香娘娘庙。

潇潇暮雨暗灵旗，天水苍凉又一时。车驾仓皇人去远，湖山金碧梦归迟。暮潮沧海梅妃冢，明月扬州绣女祠。娄东梅妃冢，扬州绣女祠，皆宋高宗妃也。都是生平凭吊处，南朝遗事不胜悲。

南宋行宫

即南唐故宫也。初为建康府治，绍兴三年，高宗驻跸金陵，以府治为行宫。徙府治于东锦绣坊，即今旧王府地。按：建炎三年，上发临安如建康，驻跸神霄宫。上如浙，留杜充领行营。金人陷建康，通判杨邦乂死之。神霄宫，即吴大帝为西竺康僧会建保宁寺，在城内新桥南，晋时凤集于此，因建凤凰台于寺侧，齐高帝于其地得外国砖建白塔，名曰塔寺。唐改长庆寺，南唐名奉先寺。宋赐额“保宁”，建凌云、凤皇、云光三亭。政和三年，敕改神霄宫也。南唐故宫与神霄宫属两地，盖建炎三年先驻跸神霄宫。绍兴三年，以府治为行宫，嗣是。六年，张浚请幸建康。七年，岳飞扈跸至建康。八年，上复幸浙西也。岳飞败金人于龙湾，韩世忠败金人于黄天荡，则皆在建炎四年。

花发南唐禁苑红，赵家曾此作行宫。空令部曲归张浚，建康，张氏部曲所在。谁遣行营付杜充。白塔梵钟秋树外，金山战鼓夕阳中。岳韩辛苦龙争地，却向西泠赋玉骢。

土门冈吊杨忠襄公

公名邦乂，建康通判。金人入寇，陷建康，留守杜充迎附，公不屈，金人剖腹取其心。土门冈，在聚宝山梅岭南，公墓在焉。

翠华远向临安去，铁骑翻从建业来。大帅已甘囚首缚，孤忠竟受剖心哀。苍茫云树环遗墓，惨淡风烟护将台。闲向土门冈上望，精灵应共怒潮回。

龙湾是宋岳忠武王破金人处

岳飞字鹏举，相州汤阴人。家贫力学，未冠能挽弓三百斤、弩八石。先隶宗留守泽。泽授以阵图，公曰："阵而后战，兵法之常，运用之妙，在乎一心。"泽深奇之。建炎元年，上书劾汪伯彦、黄潜善，夺职归。诣河北，说招讨使张所，奇其论，令从王彦渡河，破金人于新乡，复归宗泽。二年，泽卒于军，杜充代之。金兵至，充以建康迎降。兀术趋杭州，公要击于广德，六战皆捷，兀术奔淮西，遂复建康。平群盗李成、张用、孔彦舟于江淮湖湘，平曹成于岭表，高宗手书"精忠岳飞"四字，制旗以赐。移屯鄂州，八日破杨么。绍兴六年，进屯襄阳，连战皆捷，复蔡州，败刘豫于唐州。奏进取中原。入朝，帝谓之曰："中兴之事，一以委卿，进止机宜，朕不中制。"会秦桧主和议，忌之。又因论置帅，兴张浚忤，乞解兵柄。终母丧服，步归庐山。帝累诏趣还。郦琼以淮西畔降金，害吕祉，飞请讨琼，不许。诏驻江州，为淮浙援。八年，乞增兵，不许。九年，在鄂州上书，言和议不便，桧益怒。十年，授少保、河南北诸路招讨使。败金人于京西，所遣他将皆捷，中原大震，收复郡县，又败之于郾城，破其拐子马，又败之临颍，又败之垣曲，又败之沁水，又败之朱仙镇，距汴京四十五里，修治陵寝，招结两河豪杰。尽磁、相、开德、泽、潞、晋、绛、汾、隰之境，皆期日兴兵，与官军会，所揭旗以"岳"为号。自燕以南，金号令不行。兀术欲签军以抗飞，河北无一人从者。金将军韩常以五万骑内附，龙虎大王下忔查、千户高勇之属，皆密受飞旗榜。飞大喜，语其下曰："直抵黄龙府，与诸公痛饮耳！"方指日渡河，桧欲尽淮以北弃之，知飞志锐不可回，先请张俊、杨沂中等归，一日发十二金牌召之。飞愤惋泣下，留五日以待迁者，从而南者如市。奏以汉上六郡闲田处之。既归，请解兵柄，不许。十一年，兀术逼庐州，帝命飞救之，兵至而遁。兀术破濠，飞至又遁。时和议已决，飞以恢复为己任，力陈和议之非。表有云："唾手燕云，终欲复仇而报国；誓心天地，沿令稽首以称藩。"桧益怒，矫诏下公大理狱，命何铸鞫之。裂裳以背示，铸有"尽忠报国"四大字。坐系两月，无可证。复使万俟卨罗织成狱，遂遇害。籍家资，徙家岭南，天下冤之。幕属于鹏等坐者六人。言飞无罪者李若朴、何彦猷、薛仁辅、士㒟，先后劾去，或窜死。布衣刘允升上书讼冤，下棘寺以死。洪皓在金国中，以蜡书驰奏，言金人所畏服惟飞，至以父呼之。诸酋闻其死，酌酒相贺。史臣曰：西汉而下，若韩、彭、绛、灌之为将，代不乏人。求其文武全器，仁智并施如宋岳飞者，一代岂多见哉！明张溥曰：蜀汉之诸葛亮，唐之郭子仪，宋之岳飞，三人皆间世一出者也！淳熙六年，追赠鄂王，谥忠武。志云：建炎四年，金人焚掠建康，欲自靖安渡宣化而去，飞设伏牛首山，败之于靖安。兀术次龙湾，飞败之于新城。

敌骑南来蹴建康，鄂王威望胜蕲王。龙湾战胜金师走，也抵黄龙醉一场。

黄天荡咏韩蕲王破金师事

岳飞既破兀术于龙湾，韩世忠复扼之于黄天荡。或教之于冶城西南凿大渠十余里接江口，出世忠之上，世忠尾击，败之。按：黄天荡南对龙潭，则龙湾或即龙潭耶。

黄天荡走江流疾，横江旌旆楼船出。中兴名将韩蕲王，南渡以来功第一。中原复地还两宫，指顾直欲吞黄龙。岂知老鹳夜偷渡，恢复竟败垂成功。君不见兀术南侵驱万马，岳侯破敌新城下。谁家部曲驻建康，昏夜凿河无觉者。行殿临安草木春，赵家遗事黯风尘。西湖花发人如玉，忆尔亲提战鼓人。黄天荡之战，世忠妻梁氏亲提桴鼓。

南轩先生祠

南轩张先生栻，字敬夫，丞相魏公浚子也。魏公奇爱之，自幼所教，莫非仁义忠孝之道。长师胡宏，告以孔门论仁亲切之旨。退而思之，益自奋厉，以古圣贤自期。作《希颜录》，手写成编，用以自警。孝宗始受内禅，金人方大举入寇，召赴行在，即进言曰："陛下上念宗社之仇雠，下悯生民之涂炭，惕然于中，而思有以振之。臣谓此心之发，即天理也。愿益加省察，而稽古亲贤以自辅，则今日之功，可以立成。"帝大奇之。及魏公以枢密使都督江淮，开府建康，参佐皆极一时之选。先生年最少，所为机宜文字，援笔立成。内赞密谋，外参庶务，其所综画，浚自以为不及。朝议将遣使如金，祈请陵寝，士大夫有忧其无备而召兵者。先生以起居郎入对曰："陵寝隔绝，诚臣子不忍言之至痛，而或犹以为忧者，以无必胜之形故也。夫必胜之形，当在于早正素定之日，而不在两阵决机之时。今当下哀痛之诏，明复仇之义，修德立政，用贤养民，选将练兵，以内修外攘、进战退守通为一事，必治其实而不为虚文，则必胜之形隐然可见矣！"帝深纳焉。会朝命以知阁门事张说①佥书枢密院事。说妻吴氏，皇后女弟也。援举亲属，擢拜枢府，朝论哗然，然未敢显攻之者。先生上疏切谏，且诣朝堂责宰相虞允文曰："宦官执政，自京、辅始；近习执政，自相公始。"说遂未拜而罢。乾道八年，以左司员外郎兼侍讲，出知袁州。在朝仅一年，召对至六七，所言皆修身务本、畏天恤民、斥佞幸、屏挽谀，故近习皆严惮之。寻除右文殿修撰。淳熙七年卒。疾革，犹遗疏劝帝亲君子远小人，信任防一已之偏，好恶公天下之理。天下传诵之，帝闻嗟叹不已。宁宗嘉泰八年，赐谥曰宣，学者称曰南轩先生。理宗景定二年，追封华阳伯。先生表里洞然，勇于从义。孝宗尝临朝，而叹以仗节死义之臣难得。先生对曰："当于犯颜敢谏中求之。"朱子于南轩尤为推服，尝言："某之学乃铢积寸累而成，如敬夫，则大本卓然有先见者也。"浚开府时，先生读书保宁寺方丈小室，号南轩。真德秀建南轩先生祠于天禧寺后，即今报恩

① "张说"后脱一"除"字。

寺也。

南轩读书处，萧寺古长干，出水莲花净，虚中竹树寒。二铭新语录，列镇旧军坛。莫更论心学，符离战垒残。

东南佳丽楼

旧名赏心楼。宋宝祐四年，马光祖重建，易今名，在宋银行街，今内桥西街也。

旧时原是赏心楼，有客登临纪胜游。从古江南佳丽地，六朝山色在楼头。

楼头烟雨影鳞鳞，一曲秦淮万古新。何处风光最佳丽，六朝花月六朝人。

三宿岩访南宋右仆射虞允文题名

虞允文，隆州人。由进士第仕至工部尚书。绍兴三十年使金，充贺正使。金主谓之曰："我行将看花洛阳。"允文自金还，奏言金必败盟，其兵出有五道，宜为备御。越明年，金主亮果大举入寇，军临采石，誓众渡江。会允文奉命往芜湖迎李显忠交王权军，且犒师采石。至则王权已去，显忠未来，官军三五星散，解鞍束甲坐道旁。允文以为坐待显忠至必误国事，遂立招诸将，谓之曰："金帛、诰命皆在此，以待有功。"众曰："既有主，请死战！"允文至江，见江北已筑高台，对植绛、绣旗，中建黄屋，金主踞坐其下。时金兵号百万，实四十万，马倍之，我军仅万八千人，允文乃命诸军列大阵不动，令戈船为五；其二并东西岸行，一驻中流，藏精兵待战；二藏小港，备不测。部分甫别[1]，敌已大呼，数百艘截江而来，直薄我军。军小却。允文遣将时俊挥双刀出，士殊死战，以海鳅船冲敌舟，皆平沉。敌半死半战，日暮未退。有溃卒自光州至，允文授以旗鼓，从山后转出。敌疑救兵大至，始退。以劲弓尾击追射，大败之。乃犒将士，谓之曰："敌今败，明必复来。"夜半，部勒将士，分缀上流，别遣兵截杨林口。明旦，金人果至。因夹击之，复大战，又大败之，焚其舟三百。再以捷闻，金人复趣瓜洲。允文与杨存中大修战舰，既毕，阅之江中，命战士踏车船中流上下，三周金山，回转如飞，敌持满以待，相顾骇愕不敢发。金主亮遂遁去。未几，亮为其下所杀。召允文对。高宗谓陈俊卿曰："虞允文，朕之裴度也！"孝宗乾道元年，拜参知政事，并枢密院事。是秋，金遣完颜仲来有所议，偃蹇不敬。允文请斩之，廷有异议，不果。五年，拜右仆射、同平章事。会庆节，金使乌林答天锡来贺，骄甚，固请上降榻问金主起居，廷臣错愕失措。允文请大驾还内，谕之曰："大驾已兴，使臣明日随班上寿。"虏使大惭而退。八年，举梁克家自代，上不听，御制诗书扇以留之。允文求去益力，授四川按察使[2]，卒于任。三宿岩，在卢龙山麓静海寺内。允文自采石战胜归，三宿于此，题名岩上。

可怜南宋偏安日，称侄称臣二百年。战胜归来三宿去，一行题字抵燕然。

---

① 此字应为"毕"。

② 据《宋史》卷三百八十三，应为"四川宣抚使"。

岳侯早死韩王老，梦断黄龙痛饮时。采石矶头云似墨，招魂有客去题诗。

元

龙翔寺是元文宗潜邸

在王府巷，今朝天宫东下街口闪驾桥北。南唐皇甫晖宅在其地，亦称皇甫巷也。《元史·文宗本纪》：泰定二年，命出居建康。文宗天历二年，改潜邸所幸诸路名，建康曰集庆，改集庆潜邸为大龙翔集庆寺。以平江官田五十顷赐大龙翔集庆寺及大崇禧万寿寺。至顺元年，命市故瀛国公赵㬎田为大龙翔集庆寺永业。按：武宗二子，长明宗，名和世㻋，居漠北；次文宗，名图帖睦尔，先后居建康、江陵。泰定帝以支庶继统，既崩于上都，文宗从燕帖木儿之谋，袭帝位。又迎明宗于漠北，己为太子。明宗次旺忽察都，文宗入见，明宗暴崩，文宗复袭位。盖兄弟之变，史有所讳，不敢质言之也。夫父子兄弟，国之纪也。元代版图式廓而伦纪荡然，宜其土崩瓦解，一蹶不可复振欤。

江南旧是分符地，漠北虚劳奉玺迎。凤篆终看膺宝位，至顺二年，司徒香山言：陶宏景胡笳曲有“负扆飞天历，终是甲辰君”语，为文宗受命之符，请宣付史馆。龙翔先已锡嘉名。青宫肇衅唐贞观，金匮寒盟宋太平。自古阴谋关骨肉，江山怀古不胜情。

卫国忠肃公庙吊元殉难江南行台御史大夫福寿

元顺帝至正十六年，太平兵取集庆路，御史大夫福寿坐凤凰台下，督兵拒战。百司奔溃，左右或劝之去，叱曰："吾为重臣，城存则存，城破则死，尚安往哉！"遂死于兵。祠旧在城南土门冈，洪武中，改建于钦天山阳。至贡院，乃永乐中锦衣卫指挥纪纲宅，坐不法诛，阖门受歼，亦有生瘗其下者。至今乡试时，举子入院辄有声自地中起，历诸号而止。明施显卿《奇闻类巳·庚巳编》所载甚明。新志以纲为元忠臣、行省丞相，抗御明师，兵败全家被戮，葬处与御史大夫福寿同。时殉节事无所本，郢书燕说，不足据也。

一代兴亡日，封疆最可哀。敌军天堑渡，残卒板桥回。慷慨明臣节，艰难惜将才。当年有祠庙，长傍凤凰台。

卷 六

明

朝 天 宫

在府城西，即古冶城遗址，刘宋建国学于此。杨吴时建紫极宫，宋改天庆观，元改元妙观，又升为永寿宫。明洪武中重建，赐今额。殿后有万岁亭，凡大朝贺，于此习仪。《旧唐书》：开元二十九年正月，制两京诸州各置玄元皇帝庙。天宝二年三月，改西京玄元庙为太清宫，东京为太微宫，天下诸郡为紫极宫。

风云濠泗起真人，集庆开基海宇春。一统舆图元版籍，百年礼乐汉君臣。呼来万岁神灵语，扬到千官舞蹈尘。圣代蕃釐迈前古，年年天寿祝华绅。

观 象 台

在鸡鸣山上，台西即北极阁。元至正元年建，明改为钦天台，仪器今在北京钦天监署。

铜壶没地黍离哀，北极宫庭访古台。偶读周髀三代远，记窥仪器上都回。借根方法中原去，推步畴人西极来。自有立天元一在，测圆谁是不凡才。今推步用西土借根方法，即元人立天元一法，见元李冶《测圆海镜》。其法至国朝梅鼎祚始明。余师真州阮伯元尚书精於此学，视学两浙，以此取士，曾属吴县李锐校勘梓行。嘉庆己未，拜兼理钦天监之命。

天界寺是明初修元史处

在城南凤台山，距聚宝门二里。洪武初，移元龙翔集庆寺于此，更名天界寺，征高僧宗泐主之，诏高启等十六人于此修《元史》。启诗"万履随钟集，千灯入镜流"，可想见其盛矣。明祖以马上取天下，本不知书而好谈制作。《元史》总裁宋濂、王祎皆一代名儒，纂修诸人亦均有学识，使得从容讨论，未必不与迁、固并美。而勒限紧促，六月而成，致繁芜重复，难称良史。《洪武正韵》出自独断，不师古韵，当时且罕有遵行之者，贻讥后世，复何足怪，皆明祖不学、威胁群下之过也。

未曾偃武已修文，草草簪毫集缙绅。千载华裔征信史，一时班马命儒臣。偶来万履随钟地，惜尔三长秉笔人。何事深宫偏远虑，忌才更比爱才真。明祖忌才，甚于汉高。汉高忌武臣之威权过重者。明祖则兼忌文臣，宋濂、刘基均不得其死。魏观，贤者，高启亦修史旧臣，偶以文字小过，置之极刑，不仅杨基、袁凯诸人矣。永乐之杀戮忠臣不少降意，皆明祖有以启之。

卢龙山阅江楼

志云：卢龙观在卢龙山。明高帝克陈友谅，亲树旌麾，督战于此。尝欲建阅江楼，不果。按：阅江楼，宋濂作记，王伯安有诗，不果之说，似未可信。

卢龙山上阅江楼，旧是高皇翠辇游。曾为平戎亲战伐，更因破敌树旌斿。荡胸云拥三山壮，放眼风高万里秋。五百年来人事改，长江依旧接天流。

明太祖孝陵

在钟山阳独龙阜旧灵谷寺基，与马皇后合葬，懿文太子祔于左。嘉靖十年，更名钟山为神烈山。国朝定鼎，设立守陵监二员，陵户四十名，拨给司香田地。乾隆十六年，裁守陵司香太监，留陵户。按：灵谷寺，梁天监十三年，为志公建塔于钟山玩珠峰前，名开善精舍，后为开善寺。宋改名太平兴国寺，后名蒋山寺。明初，改寺于旧基之东五里，而旧基遂为孝陵。南朝七十寺，半在禁垣，今则尽属荒烟蔓草矣。

泗陵沉没凤陵荒，此地明楼傍夕阳。金粟铭功无石马，醴泉陪葬有名王。六师威略清沙漠，一统规模接汉唐。自是真人出天授，空同云气说轩皇。

亭亭紫气滃朝霞，来访留都赋梦华。秦代已传天子气，吴都原是帝王家。六朝花月无孤冢，万树松楸有暮鸦。太息长陵一坏土，野人相约种秋瓜。

冠古雄图此宅京，千秋余恨亦难平。一篇黄鸟朝天户，宫女殉死者，其父兄加锦衣千户，名朝天女户。百战金川靖难兵。破帽残衫空有泪，玉鱼金碗岂无情。巍巍御制穹碑在，圣德神功有盛名。

月轮东上夜啼乌，江水西来即鼎湖。蒋帝青山秋雨暗，志公灵谷暮云孤。荐新曾遣中珰奉，带剑应无小吏趋。闻道时巡亲致飨，兴朝优礼古来无。

孝陵长生鹿银牌歌

钟山旧少林树，是以东晋有刺史栽松之令。孝陵之建，有松十万株、长生鹿千。今则林木仅有存者，鹿亦杳不可见，陵户间有收得银牌者耳。

孝陵云黯万株松，叶叶冰霜树树龙。更遣奚官豢仙鹿，芝田瑶草护春茸。劫火灰飞陵上土，松既为薪鹿作脯。银牌不逐玉鱼沉，流落人间泣风雨。翠华玉辇侍昭仪，正是银牌初铸时。一自金棺遗宝志，鼎湖云气郁参差。秣陵王气消沉易，沧桑花月伤心事。鹿走中原楚汉争，银牌犹勒长生字。原庙衣冠幸未残，玉龟飞尽掖松寒。孝陵之建，掘地得玉龟十，其九飞去，仅存其一。唐陵汉寝知何限，银雁金凫一例看。

懿文太子陵

太子名标，太祖长子，母高皇后。元至正十五年生于太平陈迪家。太祖为吴王，立为世子，从宋濂受经。洪武元年，立为皇太子。先是以应天、开封为南北京，临濠为中都，御史胡子祺上书，以天下形胜莫如关中，帝善之。二十四年，敕太子巡抚陕西，比还，献陕西地图，遂病。病中上言经略建都事。明年四月丙子，薨。八月庚申，祔葬孝陵东，谥曰懿文太子。建文元年，追尊为孝康皇帝，庙号兴宗。燕王即位，复称懿文皇太子。帝性猜忌，果于杀戮，太子屡以为言。帝尝欲杀宋濂，太子请免不得，投水几毙，以高后茹斋讽谏，始宥濂。又因燕王谮，欲诛蓝玉，请免不得，固请，帝怒曰：“待汝为君，自宥之。”太子惊悸发疾,踣于御前,遂不起。盖天性仁暴异也。

当年名德重青宫,颇与昭明哭宇同。华望久应敷海内,迁都惜未定关中。犯颜力救儒臣祸,失意空嗟大将功。鹤驾定随龙驭杳,夕阳云树孝陵东。

朝天女感孝陵殉葬宫人事

初,太祖崩,宫人多从死者。建文、永乐时,相继优恤。若张凤、李衡、赵福、张璧、汪宾诸家,皆自锦衣卫所试百户、散骑带刀舍人,进千百户,带俸世袭,人谓之朝天女户。历成、仁、宣三朝,亦皆用殉。景帝以郕王薨,犹用其制,盖当时王府皆然。至英宗遗诏,始罢之。夫宫人殉葬,暴秦之制。明祖以开基之主,且平日以始皇为戒,乃身后贻此秕政,岂非轻戮余威流及宫禁耶!英宗复辟,惟此事及释建庶人为善政之大者。

墓门未可比长门,灯暗鱼膏白日昏。铜辇几曾甘晓梦,玉钩何处吊芳魂。青山阴隧悲埋艳,白露园林泣奉恩。太息嬴秦留旧事,泉台终古此衔冤。

阇妃怨

陆次云《北墅琐言》有书明潭王事一篇云:潭王名梓,其次为明祖第八子,其实陈友谅之遗腹子也。友谅妻阇氏方怀娠,而友谅殂,太祖曰:"我自起兵来,未尝纳人子女。今友谅三犯金陵,四犯太平,心甚恨之。"没其妻阇氏入宫掖,未几生梓,封潭王,国于长沙。濒行,辞其母,母曰:"尔安之?"曰:"将之国。"曰:"尔国何在?"曰:"在潭。"曰:"孰封尔?"曰:"封于父。"曰:

"尔父何在，而封尔乎?"梓讶曰："母言何异，宁有说乎?"闍氏泣，语之曰："明帝，尔仇，非尔父。尔父汉王陈友谅也。吾故汉妃，汉王殂，分宜从死，而尚食息于此者，为尔故也。尔其毋忘复仇之志。"梓饮泣受命去。后入朝，故事诸王来朝者止宫中，梓在宫，不自检。明祖怒，梓归国，遂举兵反。明祖遣徐达子以讨之。梓大书铜牌掷城外云："宁见阎王，不见贼王!"自知兵力不敌，举火焚宫，抱其子绕城疾走，投隍堑下死。明祖深恨闍氏，借言妖宿乱宫，尽歼宫眷。尝考明祖虽恨友谅，其待陈氏甚厚，封友谅子理为归德侯，友谅父普才为奉恩侯，其弟兄皆锡爵。何独没入闍氏意者，悦其艳美，托言有所恨而然欤。《明史》不书，讳也。

旧家章华台，故国潇湘渚。回首望巫山，美人渺何许。

夜月深宫怨，东风故苑春。艰难惟一死，岂独息夫人。

破蜀留花蕊，平陈乞丽华。莫将嬴吕局，宫羽换琵琶。

当日潭王事，深宫夜月幽。如何花影句，移祸到青邱。

夜静钟鸣远，山空落叶凉。南朝遗事在，愁煞豫章王。梁武帝第三子综封豫章王，吴淑媛所生，本东昏妃，入梁宫七月而生，实为东昏遗嗣。有《听钟鸣》、《悲落叶》诸作，后入北魏，见《南史》本传，与潭王事绝相类也。

汉　府

明洪武初，封陈友谅子理为汉王，建府西华门外，后徙高丽。永乐封高煦为汉王，居之。后为织局，在今驻防城。

吴楚争雄日，江山百战场。中原已真主，轵道有降王。冠履趋中禁，烽烟靖武昌。如何劳远虑，平壤更投荒。

旧　内

在东锦绣坊东南，宋建康府治，元南台遗址。明祖下集庆路，以此为吴王府。洪武元年，移建大内，遂改为旧王府。今为菜圃。承恩寺在其右，即洒扫宫监王瑾故宫也。

开国规模往事空，兔葵燕麦动春风。荒原长遍瓢儿菜，寂寞无人吊故宫。

海内群雄角力时，烟云过眼亦堪悲。吴门花月同萧瑟，一样张王旧府基。吴门王府基，张士诚故居也。

曾与中山作赐园，功臣容易保君恩。英雄从古多猜忌，乌榜高题旧内门。明祖初建新宫，以旧内赐徐达，既而悔之。

寒螀咽月碎秋塍，往事沧桑百感增。何似中官遗宅在，内家香火傍禅灯。

访十六楼遗址

明初建妓楼十六：曰南市，曰北市，在城西内；曰来宾，曰重译，在南门外；曰集贤，曰乐民，在南门瓦屑坝；曰轻烟，曰淡粉，在西关东街；曰醉仙，在西关南街；曰柳翠，曰梅妍，曰鹤鸣，在西关北街；曰石城，曰讴歌，在石头门外；曰清江，曰鼓腹，在清江门外。为游人憩息之所，并以处官妓焉。永乐中，晏振之《金陵春夕》诗有“花月春风十四楼”句，则南市、北市不在此数也。后皆废，惟南市楼在陡门桥东北，国初犹存。康熙中，太守陈鹏年拆毁，改建讲堂。夫明祖一代，英主开国之初，正宜培养廉耻，以正人心，乃作法于凉，导淫伤化，至靖难兵下，忠臣妻女辱甚挚戮，谁之咎也？诸臣惕于凶威，不能引君当道，责以大义，均不能辞其咎矣。

三百余年逝水流，惟留南市旧名楼。轻烟淡粉销沉尽，何处春风十四楼。

六朝佳丽柳垂丝，一角青溪照画眉。开国规模太凉薄，浣衣局与教坊司。

旧院篇

旧院遗址在东花园之右，一河为界，建长板以通行人。后桥废，筑石埂，名曰石坝园，亦曰石坝街。今与东园皆成菜圃，土人犹称东花园。明初，为曲中女郎所居，统于教坊司。街东南有乐王庙，后人误为药王庙也。

青溪明月秣陵花，几处春山葬丽华。小玉旧居迷郑曲，莫愁废巷说卢家。卢家郑曲纷相向，红阑水榭秦淮上。舞袖都翻北里娇，明珰尚学南都样。舞袖明珰旧有名，家家玉貌擅倾城。楚王台上宫腰细，隋帝舟中殿脚轻。雨中秋草生红泪，栖鸦流水伤心地。过客闲寻废苑基，行人解说前朝事。前朝淮甸溯龙飞，六合为家四海归。已筑华林环帝囿，更罗粉黛艳皇畿。燕藩当日师南下，猜嫌亦是高皇亚。忠臣妻女教坊司，千秋读史心悲诧。顿脱诸家旧姓存，当年原不为清门。更新日月开皇极，已觉微伤天地恩。作法于凉成敝习，郑卫余风播篇什。三月烟花絃索悲，六朝金粉婵娟泣。从此沿流五百年，青衫红粉互留连。几家碧槛移红豆，何处青泥种白莲。《板桥杂记》何人作，沧桑心事闲情托。尊前罗绮感飘零，卷中词翰伤轻薄。画舫题襟过蒋州，钟山陵树暮云秋。故宫都种瓢儿菜，惆怅春风十四楼。

钟山吊静诚先生陈遇墓

陈遇字中行，先世曹人，徙居建康。天姿纯粹，笃学博览。元末为温州教授，已而弃官归隐，学者称静诚先生。太祖渡江，以秦从龙荐，贻书聘之。以伊、吕、诸葛为喻，至与语，大悦，留参密议，日见亲信。自为吴王，及即皇帝位，历授官至礼部尚书，皆不受。帝尝问保国安民之计，遇对以不嗜杀人、薄敛、任贤、复先王礼乐为首务，计画多秘不传。宠礼之隆，勋戚大臣无与比者。数幸其第，语必称先生，或呼为君子。十七年卒，赐葬钟山。从龙字元之，镇江人。太祖命徐达下镇江，访得之。命从子文正、甥李文忠奉金币聘之，自迎之于龙江。朝夕与处，事无大小，悉于之谋。至正二十五年卒，在太祖未即吴王位时，亦未官也。

太祖求贤日，吾宗有静诚。名儒重经济，王佐薄功名。何点辞梁代，严陵谢汉京。青田最高洁，出处逊先生。

刘文成公故居

公讳基，字伯温，处州青田人。读书性警悟，天文兵法，过目洞识其要。从郑复，初闻濂洛心法，得其指归。元末，举进士，授高安县丞。揭曼硕目为魏征之流，行省辟为掾史，与幕官不合，投劾去。后为江浙儒学副提举，建言为台宪所沮，遂决去。尝游西湖，放歌极醉，西蜀赵天泽以为诸葛武侯之流。方谷珍反海上，省宪举公为行省都事，议招谕，公议诛方氏兄弟而抚其党。方氏贿京省台院，罢行省官，羁管公于绍兴。方氏遂横行省。复起公，略定山寇。又从石抹宜孙守处州，经略使李谷凤奏公绩，执政不录，乃弃官归田里。或以据地之事说公，不听。明太祖定金陵，遣使来聘，遂诣金陵。上时务一十八策，陈天命所在。从平陈友谅、张士诚诸大敌，事多前知，因以决胜，开国勋业，密勿参赞为多，拜御史台中丞，封诚意伯。洪武四年，赐归老乡里。上尝手书问天象事，公悉条答，大意以霜雪之后，必有阳春，国威已立，宜济以宽。书奏付史馆。瓯栝间有隙地，曰谈洋，奸民所匿，民受其害。公请设巡检司，抗拒不服，官不以闻。公使子琏赴京奏其事，不先白中书省。胡惟庸挟旧忿，以谈洋有王气，公求为墓地不得，立建司之策，致酿乱为成案陷公。上不问。公入朝引咎，为胡惟庸所药，放归，卒于家。正德中，追谥文成。公生平刚毅慷慨有大节，以天下安危、生民休戚为己任，明祖常称之为老先生而不名，又曰"吾子房也"。功业相似而纯粹过之。所为诗文，亦足冠有明一代。或疑为惟庸所药为不智，不知明祖猜忌功臣甚于汉高。旧德若宋景濂尚欲因事诛之，况文成智计出诸臣上，其未能一日忘情可知。文成久窥其隐，服之不疑，藉以得保首领，亦萧望之使朱游和药意也。儿子裴之持论如此，颇能道文成心事。文成初偕宋濂、叶琛、章溢至金陵，居孔夫子学，有玉兔泉铭，泉在今儒学二门内。志乘不载所居，或金陵日久未携眷属，别未卜居耶？

高皇英武铲群雄，赖有青田佐命功。出处定知伊尹合，权谋原与子房同。郁离文字留天壤，猜忌君臣竟始终。玉兔泉边勒铭在，名儒居合傍黉宫。

礼贤馆吊宋文宪公濂

濂字景濂，金华潜溪人，迁居浦江。英敏强记，元至正中，授翰林编修，辞不就。入龙门山著书。太祖定婺州，以荐与刘基诸人征至金陵，建礼贤馆居之。事高祖十九年，敷陈纳诲，皆以内圣外王之道。太祖尝曰："朕闻太上为圣，其次为贤，其次为君子，宋濂事朕十九年，未尝有一言之伪，诮一人之短，始终无二，非止君子，抑可谓贤矣。"国家有大典章、大著作，皆委濂，为开国文臣之首。外国使臣敬问起居，并购文集，四方学者称"太史公"，不以姓氏。荐至学士承旨知制诰致仕。以长孙慎坐胡惟庸党，欲诛之，赖皇后、太子力救，乃安置茂州。次年卒，葬于蜀。子璲、孙慎坐惟庸党死。正德中，追谥文宪。夫濂之品学，高祖知之稔矣；其不为惟庸党，亦可信矣。因后人疑似之罪，辄欲加元辅以大戮，虽以中宫茹斋，储贰堕水，犹令窜谪以死，不少宽假，考之列朝开国诸臣之不幸，未有如明者，太祖真少恩哉！礼贤馆，志乘不载。考刘基文集，初至同居孔夫子学，后高祖于所居之西建礼贤馆，则当在今学宫西也。

典策高文遍海隅，新朝冠冕此名儒。礼同汉代征园绮，望比唐初重褚虞。一德嘉谟天下望，两宫优礼古今无。如何党祸贻钩距，埋骨华阳墓草枯。

天界寺吊王忠文公祎并题遗集后

祎字子充，义乌人。师柳贯、黄溍，以文章名世。睹元政衰，为书上时宰，隐青岩山。太祖取婺州，召见用，为中书省掾。且曰："江南有二儒，祎与宋濂。学问之博，祎不如濂；才思之雄，濂不如祎。"创礼贤馆居之。洪武二年，修《元史》，命祎与濂为总裁。五年，奉诏招谕云南梁王，欲从。会元遣脱脱征饷，胁王必欲杀祎，祎不为屈，遂遇害。梁王遣使致祭，具衣冠敛之。建文中，谥文节。正统中，改谥忠文。人化[1]中，建祠祀之。天界寺为诸臣修《元史》处，则忠文当有遗迹也。洪武八年，再遣湖南行省参政吴云往，以大将军塞外所获铁知院辈二十余人同行，铁知院等自以奉使被执，罪应死，谋诱云，诈为元使，改制书给梁王，云不从，遂为所害。梁王闻其事，收云骨送蜀，给孤寺殡之，后驰传返葬。弘治中，赠刑部尚书。夫明祖以兵取天下，滇远在南服，梁王为元宗室，且与漠北骑驿相通，元主虽遁荒，尚倚以谋中国，则非口舌所能动也，明矣。祎之使也，既不以重兵随其后；祎之被害也，又不即兴问罪之师。事阅数年，又使吴云仍蹈覆辙，且使被获二十余人悉数偕行，岂不料众寡之不敌，必为所鱼肉哉！殆其时，方驰逐中原，不暇兼顾，姑委一二人尝试以喂之，以厚其毒而怒我师耶。为忠文者，告无愧矣！云先仕元，晚盖亦足多焉。

昆池天远路难通，诏遣儒臣出紫宫。苏武几能归漠北，张弥何事使辽东。羁魂金马山川外，遗迹青莲梵呗中。百战勤劳终底定，南征谁纪颍川功。

① 此处有误，据《明史》卷二百八十九，应为"成化"。

钟山里访高青邱故居

高启字季迪，长洲人。少孤，力学有文武才。居北郭，与张羽、徐贲诸人以诗文相砥砺，号“北郭十友”。又与杨基及羽、贲称“吴中四杰”。张士诚据吴，屡以礼招之，策其必败，坚不往。挈家依妇翁于吴淞江之青邱，因号“青邱”。洪武初，征修《元史》，授翰林院国史编修，擢户部侍郎。以孤远辞，乞还乡里，复还青邱。魏观守苏州，与有旧，为徙居城中夏侯里，观以张士诚据府旧治为宫，今治湫隘，按故址徙之。指挥某与观有隙，为蜚语上闻，使御史张度觇之，憸人也，诬观兴既灭之基，有异图，遂被诛。季迪常为观撰上梁文，度目以党，并逮至京，论死。明祖起自式微，甫得金陵，即以网罗文士为事。初极矜宠，其后任意诛戮，不必有罪。季迪之事，尤为失刑。推其忌才之故，或微时曾为儒生所辱，故衔之刺骨，遇触即发耶。季迪诗豪健秀逸，众长毕臻，三百年中，无与抗手。归愚盛推何、李，苛论青邱，皮相目论，不足为凭。集中有《自天界寺移寓钟山里》诗，当是修史告竣、入内府教功臣子弟时卜居也。

不仕张吴不仕元，十年高节隐邱樊。论诗早岁曾开社，修史归来只闭门。龙卧竟同中散忌，燕泥谁省道衡冤。西庵孙蕡字西庵，以为蓝玉题画，连及坐死。海叟袁凯字，太祖欲诛之，佯狂以免。俱摧抑，开国规模最少恩。

张太尉墓

张士诚，小字九四，泰州白驹场亭人。有弟三人，并以操舟运盐为业。因元政乱，同李伯升等十八人起事，据高邮，自为诚王。元丞相脱脱总大军讨之，围高邮，几破。顺帝信谗解脱脱兵柄，易以他将，士诚乘间击奋[①]，复振，遂由通州入常熟，陷平江，并陷湖州、松江及常州诸路。是岁，明太祖亦下集庆，贻书遣杨宪通好，不报。与明接境，兵数交，屡败，弟士德为明所擒，间道贻士诚书，俾降元。士诚遂决计降元，江浙右丞相达识贴睦迩为言于朝，授士诚太尉，官其将吏有差。遣使征粮，赐之龙衣御酒。士诚自海道输粮十一万石，岁以为常。既自立为吴王，所据南抵绍兴，北踰徐州，达于济宁之金沟，西距汝、颍、濠、泗，东薄海，二千余里。陈友谅遣使约夹攻太祖，而士诚欲守境观变，许使者，卒不行。明太祖既平陈友谅，旋师伐吴，列郡皆下，诸将死降相继。明师攻平江，筑长围困之，太祖贻书招之，竟不降，城破被执，至金陵自缢死。方城之将破也，士诚妻刘夫人驱群妾登齐云楼，积薪自焚死。有二幼子匿民间，不知所终。相传有金姬者，姓李氏，幼育士诚母太妃宫中，通阴阳壬遁之学。士诚之降元也，决于姬。陈友谅之期夹攻也，姬劝某日出师，士诚耽晏安，不从其言，故无功。姬有殊色，士诚欲纳之，遂前期坐化于佛前。士诚二幼子，从姬母育于民间，遂改姓李，亦从姬言，盖奇女子也。姬墓在苏州阊门外八里管家滨，相传为金姬墩，或讹为金鸡云。士诚墓在瓦廊北镇，以小白塔门外有铁炉，人称大香炉。夫士诚与明祖乘元政之衰，先后起事，势力不敌，终为俘虏，谓明祖曰："天日照尔不照我。"此言诚然，非才

① 应为"奋击"。

之不敌,运之不敌也。因念古来群雄兢起,妄冀天命,略地争城,生灵涂炭,终归澌灭者,不可胜计;保境息民以待真主若窦融于汉、汪华于唐、钱镠于宋者,斯为贤矣。窦氏代远不可知,汪氏、钱氏越今千载,子孙蕃衍,轩冕代兴,天道好生,人心福善,至理固不易也。

皇觉真人唱大风,鱼盐先后起南东。也思江表同孙策,未肯河西学窦融。沧海烟波无故垒。吴门花月有遗宫。吴门王府基即士诚旧宫也。一坏曾葬田横骨,不作降王作鬼雄。

东邱郡侯花云墓

花云,怀远人。明初,守太平,陈友谅入寇,城陷死之。妻郜氏亦赴水死。侍儿孙氏瘗郜氏,抱儿炜匿水中七日不死,遇老父雷老偕行达金陵,高帝置儿于膝曰:“此将种也。”授左卫指挥。洪武七年,至太平奉母郜夫人丧归金陵,束草像父,加以衣冠,合葬于此。宋濂为墓碑,高启有《花云儿》诗,李东阳有《花将军》诗。墓在上元县南五十里水桥。

龙兴艰百战,猛将有花卿。大节全夫妇,危城共死生。遗孤留赵武,弱女有程婴。一代金华笔,高文表赐茔。

越国武庄公胡大海墓

大海字通甫。从太祖起滁阳,破宁国,拔徽州,克建德,取婺州,下诸暨,定处州,克广信,镇金华,为降人蒋英、刘震、李福所害,追封越国公,谥武庄,肖像功臣庙,配享太庙。大海善用兵,每自诵曰:“吾武人,不知书,惟知三事:不杀人,不掠妇女,不焚庐舍而已。”以是军行远近，争先附。及死，闻者无不流涕。所至辄访求豪隽，刘基、宋濂、叶琛、章溢所称“金华四先生”，其所荐也。设天假之年，建立当不在中山下。功业未半而中道告殂，惜哉！墓在江宁城南十五里。

开国人才贵，将军首荐贤。伊周王佐出，英卫战功偏。来歙抽刀日，岑彭应谶年。神灵趋石马，来往孝陵前。

功 臣 庙

在鸡鸣山。洪武二年建祠，祀徐达以下二十一人。国朝高宗纯皇帝南巡，赐徐达额曰元勋伟略，赐常遇春额曰勇动风云。庙久废，附祀宋曹武惠王庙。明初功臣，六王最著，各系以诗。

十庙鸡鸣麓，功臣有旧祠。云台画冠履，月窟识旌旗。冯傅崇勋失，胡蓝往事悲。惟应曹武惠，纶绋共丹墀。

中山武宁王徐达

徐达字天德，濠人。始从太祖以二十四人略定远，守集庆，却陈友谅，下平江，获张士诚，北取中原，走元顺帝，克秦州，降李思齐，捣定西，破扩廓，获名王国公平章以下文武僚属千八百六十余人，将士八万四千五百余人，大小数百战，平大都二、省会三、郡邑百数，成太祖一统之业。自淮兴翼统军元帅荐至征虏大将军、太傅、中书右丞相，封魏国公，追封中山王，谥武宁，赠三世皆王爵，赐葬钟山之阴，配享太庙，肖像功臣庙，位皆第一。达言简虑精，在军令出不二，诸将奉持凛凛，而帝前恭谨如不能言。善拊循，与不同甘苦，所向克捷，民不苦兵。归朝之日，单车就舍。延礼儒生，谈议终日，雍雍如也。赐以旧邸，不敢居，乃饬有司即旧邸前治甲第，表其坊曰大功。帝尝称之曰："受命而出，成功而旋，不矜不伐，妇女无所爱，财宝无所取，中正无疵，昭明乎日月，大将军一人而已。"

香军竞起元运毕，龙飞淮甸真人出。开国佐命徐武宁，百战功成名第一。滁阳一旅明所基，惟王翊运左右之。二十四人略定远，指挥早握天王旗。辟地东南先楚汉，仗钺桓桓期戡乱。龙江祃牙命北征，谋出万全操胜算。御军持重不杀降，西北底定销戈鈲。昭明日月帝心简，如大将军真无双。元主中原凡几帝，北走和林识天意。不事穷追大体存，山海关前合祠祭。更番燮伐登军坛，军中禀命心敢专。不从中制下手诏，君臣一德知殊难。将相功名满中外，轶事流传尽堪爱。不斩德济心则仁，不问惟庸度尤大。惟王功大报亦崇，前封三王后两公。太庙配食立庙祀，丈夫遭际开心胸。锡以彤弓兼世券，布衣兄弟真恩眷。如王犹足保功名，不信当年死御膳。长身高颧谁写真，秉圭服冕如有神。元勋名世美史册，丹青应胜图麒麟。

开平忠武王常遇春

常遇春，字伯仁，怀远人。貌奇伟，勇力绝人。太祖渡江，拔采石，功第一。开国之功，与中山埒，封鄂国公，拜副将军，与大将军达帅兵北征，帝亲谕曰："当百万众，摧锋陷坚，莫如副将军。不虑不能战，虑轻战耳。"出塞拔开平，追元帝至柳河川。卒，追封开平王，谥忠武，赐葬钟山原。遇春沉鸷果敢，善抚士卒，摧锋陷阵，未尝败北。虽不习书史，用兵辄与古合。长于大将军二岁，数从征伐，听约束，奉命惟谨，一时名将称“徐常”云。史臣赞曰：明太祖奋自滁阳，戡定四方，虽曰天授，盖二王之力多焉。中山持重有谋，功高不伐，自古名世之佐，无以过之。开平摧锋陷阵，所向必克，智勇不在中山下，而公忠谦逊，善持其功名，允为元勋之冠。身依日月，剖符锡土，若二王者，可谓极盛矣。顾中山赏延后裔，世叨荣宠；而开平天不假年，子孙亦复衰替。贵匹勋齐，而食报或爽，其故何也？太祖尝语诸将曰：“为将不妄杀人，岂惟国家之利尔，子孙实受其福。”信哉，可为为将帅者鉴矣。

拥盾神人梦中语，和阳仗剑归真主。横行十万常将军，桓桓虎臣作心膂。高皇定鼎先江南，群雄倡乱天戈戡。采石矶头功第一，奇功如此真奇男。沔阳渔子红巾起，楼船赤压鄱湖水。溯江西上一战平，康郎山高功莫比。楚汉底定争中原，二十万众身当先。不虑不战虑轻战，谆谆天语军门宣。叱咤呜咽骄万马，大敌崩摧坚壁下。转战从无败北时，盛名岂在中山亚。河西夜袭战血红，孱骑十八走大同。不信败军王保保，敢与名将争英雄。全宁锦州出砂碛，将帅平章尽俘获。千骑八伏拔开平，威声远被和林北。百战成功奏凯旋，将星夜陨柳河川。后来妇弟成奸党，犹幸功臣不永年。如王生死哀荣备，醊奠龙江咨故事。煌煌御笔勒穹碑，钟山赐葬通州祭。国步艰难怆甲申，功臣子姓半沉沦。流离犹胜徐公子，白首王孙种菜人。

岐阳武靖王李文忠

李文忠，字思本，盱眙人。太祖姊子，太祖抚为己子。败元军，破张士诚，平浙闽，皆有功。洪武二年，代常遇春为副将军出塞者七，获元顺帝孙及后妃、宫主、诸王、将相数万人[①]，及宋元玉玺、金宝、玉册、镇圭，降数万众，献捷京师，帝御奉天门受朝贺。大封功臣，文忠功最，封曹国公，掌大都督府，兼领国子监事。文忠器量沉宏，人莫测其际。临阵踔厉风发，遇大敌益壮。颇好学问，常师事金华范祖韩、胡翰，通晓经义，为诗歌雄骏可观。常请减应天民田租额，劝帝少诛僇，谏征日本，言宦者过盛，积忤旨，不免遣责。卒，追封岐阳王，谥武靖，配享太庙，肖像功臣庙，位在第三，葬钟山。

高后之子高皇甥，盱眙舍人早有声。读书颖敏战骁果，青阳石埭驰威名。爱民慈惠治军肃，两浙经营八闽服。女乐不许降将迎，弃儿恒令军中育。将军勋劳在北征，武略不数常开平。急救大同次马邑，出塞代将开平兵。骆驼山高乱峰直，胪朐水落河流黑。捕鱼儿海元所都，茫茫一气居庸北。兼程精骑趋应昌，获其妃主诸侯王。奉天献捷大朝贺，金宝玉玺生辉光。椎牛飨士鼓忠义，塞外几番经死地。马中流矢人短兵，如此功名良不易。御衣名马位上公，锡以世券颁彤弓。敦诗说礼若儒者，号令颇有前贤风。应天田租请得减，谏征日本言尤敢。得疾知由谴责深，通侯枉为诸医贬。后嗣金川马首降，岐阳功业自无双。中山亦有徐增寿，纨袴何劳笑九江。

---

① 据《明史》卷一百二十六，此处应为“数百人”。

宁河武顺王邓愈

愈，虹人。继父、兄领军事，年甫十六。战必先登陷阵，军中咸服其勇。太祖起滁阳，愈自盱眙来归，从渡江，下集庆，取镇江，皆有功。与朱文正守抚州，陈友谅众六十万来攻，楼船高与城等，乘涨直抵城下，围数百重。愈分守抚州门，当冲要。友谅亲督众来攻，城坏且三十余丈，愈且筑且战，昼夜不解甲者三月。太祖自将来援，围始解。论功与克敌同，徇江西，取吉安，克赣州，进江西行省右丞，时年二十八。兵兴诸将，早贵未有如愈与李文忠者。为人简重慎密，不惮危险，将军严，善抚降附。常遇春克襄阳，以愈为湖广行省平章，地邻扩廓，拊循招徕，威惠盛著。从大将军出定西，走扩廓，进克河州，招谕吐蕃诸酋长，皆纳印，朵甘、乌斯藏诸部悉归附。封卫国公。征诸蛮，克四十八洞。征吐番、川、藏，穷追至昆仑。归还道卒，追封宁河王，谥武顺。

菩萨线落群雄起，父兄转战俱前死。坐拥余众据临濠，领军年始十六耳。一旅早向滁阳归，渡江以后功益奇。破长枪帅克完者，手提天戈伸天威。洪都地险逼伪汉，强寇如云六十万。楼船百道高于城，辛苦艰难支百战。抚州门近当其冲，激劝忠义气倍雄。死守三月不解甲，全城功与克敌同。军中号令严且明，抚降戮逆民不惊。襄阳作镇玺书赐，国家赖尔如长城。分兵定西启戎幕，车道岘高势峍削。威名不数大将军，壁垒精严走扩廓。吐蕃望风纷投戈，穷追直至西黄河。练军辰沣定蛮寨，四十八洞功尤多。呜呼，王之早贵同岐阳，早死亦似开平常，功名既成身应亡。君不见胡蓝狱成宿将尽，飞鸟既尽良弓藏。

东瓯襄武王汤和

和字鼎臣，濠人，与太祖同里闬。从取和州，诸将多太祖等夷，莫肯为下。和长太祖三岁，独奉约束甚谨，太祖悦之。破张士诚，降方国珍，执陈友定，从大将军西征，斩张良臣，败扩廓，皆有功，封中山侯。营中都宫阙，镇北平，甓彰德城，进信国公。和沉数①多智计，颇有酒过。及封信国，犹镌其失于券。帝春秋高，意不欲诸将久典兵，和以间乞归故乡，帝悦，为治第。既而倭寇上海，帝患之，使和往。和用方国珍从子鸣谦策，度地浙西、东并海设卫所城五十有九，浙人赖之，立庙以祀。晚年益为恭慎。疾笃不能兴，诏以安车入觐，与叙里闬故旧及兵兴艰难事。卒，年七十，追封东瓯王，谥襄武。

白须伟貌圭璧光，老将独数东瓯汤。生享富贵死寿考，居然名位同徐常。高皇初起军旅寡，郭家诸将肯相下。奉约甚谨王最贤，风尘似识真人者。金坛兰陵境接吴，维王作镇恢雄图。敌不能窥兵不挫，守城功岂宁河殊。攻坚陷城遂奇志，流矢中股炮伤臂。终执友定降国珍，万死一生殊不易。两浙东西王所治，卫所林立费不赀。功在东南合庙祀，海上倭起民思之。可惜生平多酒过，欲右则右欲左左。镌券犹邀法纲宽，此事岂容骑屋坐。所幸见几乞解兵，玺书褒谕赐第成。安车入觐亲视

① 此字应为“敏”。

疾，流涕为话当年情。岐阳以亲王以旧，岂独勤劳获宽宥。冯傅勋高气亦骄，功臣安得如王寿。

黔阳昭靖王沐英

英字文英，定远人。少孤，太祖与高后抚为子，征伐有功。洪武十年，从邓愈讨吐蕃，西略川藏，耀兵昆仑，封西平侯。明年，拜征西将军，讨西蕃，拓地数千里。十三年，出塞，略亦集乃路，获其全部。明年，从大将军北征，克全宁四部。寻同蓝玉从傅友德取云南。梁王走死，拔大理，收诸蛮，设官立卫，留镇滇中。思伦发叛，诱群蛮驱象入寇，众三十万，力战平之。诸蛮震慑，南中悉定，诸番重译入贡。帝曰："使我高枕无南顾忧者，汝英也。"卒，追封黔宁王，谥昭靖，归葬京师，侑享太庙。英沉毅寡言笑，好礼贤士，居常读书不释卷，拊士卒有恩。在滇，百务具举，垦田至百万余亩，浚滇池，通盐井，定贡税，均力役，疏节目，民以便安。子孙世镇黔，勋名与明相终始。

功臣庙祀鸡鸣麓，前荣肖像名王六。列坐徐常李邓汤，英雄吾爱黔阳沐。高王养子二十余，惟王功业与众殊。帐前十八作都尉，少年早握亲军符。定鼎以后功尤大，西征兵与宁河会。略定川藏铭昆仑，威名早被阳关外。更涉流沙登贺兰，四翼夜击当中坚。和林全部受束缚，胪朐水落水花寒。滇南秉钺合蓝傅，白石江寒迷晓雾。长刀斫阵铜角鸣，铁骑纷从下流渡。龙首龙尾开重关，大理既拔王师班。乌撒毕节立二卫，帝命留镇威诸蛮。百夷小丑思伦发，百象来攻资冲突。定远一战余孽清，从此南中息征伐。重译入贡来番酋，黄金采币功难酬。帝曰汝英作屏翰，高枕无复南顾忧。恤兵爱民礼贤士，水利农桑并经理。点苍山高洱海深，王之功德无与比。将星夜陨天中台，万里归葬丹旌回。至性感疾出忠孝，远夷流涕军民哀。明初勋臣多不保，党录昭示全者少。五王虽善处功名，子孙未克家声绍。后嗣安得如王贤，西南作镇三百年。天波入缅死不屈，妇女操亦松筠坚。呜呼，后嗣安得如王贤。

功臣庙感丽江武靖王傅友德事

傅友德，宿州人。初事陈友谅，不见知。归明太祖，战功茂著，谨慎无过，平滇、平蜀，功最诸将，封颖国公。以无罪赐死，功臣之冤，淮阴而后，友德其最也。朱一是《颖国公传·后记》略云：洪武末，胡、蓝二狱之后，旧臣宿将惟颖公及宋公冯胜在。宋公将略不及颖公，心之纯白亦不及颖公。颖公，开平后一人耳，高祖必欲去之者。其时春秋高，皇太孙幼，不能无汉景疑亚夫之心。然颖公死，而少帝之长城坏矣。汉高杀功臣与明祖类，然犹能存周勃、陈平定吕氏之乱，而明祖不能存一颖公以拒靖难之师，贻谋不善，有天意焉。宏治中，晋王为友德五世孙瑛援六王例求袭封，下礼官议，不许。嘉靖元年，云南巡抚何孟春请立祠祀友德，诏可，名曰报功。南渡后以给事中李清言，追赠丽江王，谥武靖。而冯胜亦赠宁陵王，谥武壮，又进祀于功臣庙。二百七十年之缺陷，至是始快人心，而孚公论矣。

百战英名卷绣旗，故家何处问符离。马援择主良禽识，冯异论功大树知。驿绕宝鸡通蜀栈，山盘金马下滇池。无端竟作藏弓计，自坏长城最可悲。

感蓝玉事书《明史》传后

玉，定远人。常遇春妇弟。从征，积功至大都督府佥事。尝从傅友德伐蜀，从徐达北征，同沐英讨西番，封永昌侯。从傅友德平滇，功最多。从冯胜征纳哈出，降之。会胜获罪，即军中拜玉为大将军。元顺帝孙嗣立，扰塞上，玉帅师十五万征之。至捕鱼儿海，获元主次子地保奴、妃、公主以下百余人。又追获吴王、代王、平章以下官属三千人、男女七万余，并宝玺、符敕、金牌、金银印诸物，马驼牛羊十五万余。捷奏，赐敕褒劳，比之卫青、李靖。师还，封凉国公。余战功甚多。恃功骄蹇，帝闻之不乐。锦衣卫指挥蒋瓛告玉谋反，狱词具，族诛之。词连万五千人。坐党夷灭者，列侯以下不可胜数。条列爰书为《逆臣录》。于是元功宿将相继尽矣。明祖猜忌甚于汉高。胡惟庸之案，李善长以元功勋戚，年齿已暮，事无左证，犹坐以党逆族诛，可云残忍，然犹可曰惟庸谋逆有实迹也。至玉屡总大军，立功万里，勋不在徐、常下。功臣骄蹇，武人粗暴，乃事之常，辄坐以谋逆，族诛连及者一公二伯十三侯，族诛者万五千人之多，非特无人君之度，亦全无人理矣！考懿文太子妃为常遇春女，玉为遇春妇弟，姻戚密迩，实为青宫羽翼。其时燕王久已统兵，威望日著，随唐往事未必不有动于中，则玉之见忌，固不独在高祖也。元功宿将相继俱尽，而后靖难之师始肆行而无忌。今读《明史·玉传》云：下吏鞫讯，狱辞云"与曹震等谋为变"，再则云狱具、族诛之，据事直书，亦深知狱情之未确，故列惟庸于奸臣，而玉仍列诸功臣传，则千秋公论，自有定也。观于玉案之发，在懿文薨后一年，则冤狱以媒孽而成，亦较可信。偶感傅友德事，因成一诗论之。

塞垣威望埒开平，鱼海苍茫事远征。报国旌旗齐卫霍，酬勋葅醢到韩彭。青宫羽翼人思翦，铁券功名衅早萌。玉封凉国公，犹镌其过于券。万五千人同狱具，当年何止坏长城。

徐中山王旧宅

明祖既建宫城，以旧内赐中山，既而悔之，乃为另建。兹第今为方伯署小楼，犹祀中山像，灵爽甚著。

万春花木管沧桑，开国勋名有宠光。田宅贻谋萧相国，豪华奕世郭汾阳。河山事业英雄记，骨肉君臣异姓王。留得武宁遗像在，燕泥零落旧焚香。

东西花园

皆徐中山别墅。东园在武宁桥东城下，西与旧院邻。西园在城南新桥西。东名太傅，西名凤台。

东园流水西园树，遗址当年尚有无。棋局风流谢安石，旧家汤沐莫愁湖。一篇花石平泉记，百岁升平内宴图。沧海扬尘君莫叹，行人犹说旧留都。

胜棋楼

在水西门外莫愁湖上，华严庵后，是明太祖与徐中山赌棋所赐，至今湖租犹为徐氏世业。湖水不与秦淮通，澄泓一碧，皎若明镜。清凉山正当其北，钟阜、卢龙映带左右，朗若翠屏，隔江诸山出没于烟云杳霭之外，最为胜处。楼下为郁金堂。

莫愁湖上画楼横，赌墅风流忆旧京。开国君王能将将，倾城佳丽说卿卿。推枰莫问当年事，打桨偏移异代情。带砺销磨烟水在，金堂花影尚分明。

隐　仙　庵

在清凉山虎踞关侧。相传陶通明隐居于此，故名。明初，冷铁脚、尹蓬头诸人亦尝游览。庵有六朝古梅及宋桂二株。明嘉靖中重修。

上界神仙足官府，官府事繁仙亦苦。不如栖遁向人间，云卧林壑清且闲。君不见陶通明，松风听罢听吹笙。华阳隐居当署名，遗宅犹傍兹山青。又不见冷铁脚、尹篷头，天上亦是神仙流。不栖碧落栖丹邱，啸傲明月天门秋。齐梁之梅宋之桂，老物摩挲多古意。隐耶仙耶两不知，倘遇陶公应把臂。我友松壶子，隐居陶公谷。青峰草堂傍山麓，松下茯苓大于屋。我家西湖西，岩壑饶云烟。隐者林君复，仙之人兮葛稚川。径思归买二顷田，面山结屋临飞泉。枕琴醉藉松阴眠，门外闲泊鸬鹚船。翠屏几垒白云锁，料理烟霞日孤坐。谓我为神仙也可，谓我为隐逸也可。

书《叶伯巨奏疏》后

伯巨字居升，宁海人。以国子生授平遥训导。洪武九年，星变，诏求直言。伯巨上书言："分封太侈，用刑太烦，求治太速。"所言痛切，过于贾生。用其言，无靖难之师可也。书奏，下狱死。

分封长策更无伦，善处能全骨肉恩。谏疏朝陈人夕死，可怜星变正求言。

说论能申事最难，沉吟青史惜披肝。汉文有道真无比，容得长沙策治安。

书《高巍传》后

巍，辽州人。尚气节，能文章。洪武中，旌孝行，由太学生试前军都督府左断事，以决事不称旨，谪戍。惠帝时，辽州知州应诏辟巍，时用事者方请削藩，独巍与御史韩郁先后请仿主父偃推恩之策，勿行晁错削夺之谋。语甚切，至帝颔之而已。伐燕之役，命赞李景隆军务。巍上书请使燕，许之。劝燕王谢罪归藩，书数上，不报。景隆败，自拔南归，与铁铉守济南。京城破，自经死驿舍。国朝谥忠节。郁疏亦切，至燕师渡江，郁弃官去，不知所终。

辛苦陈书请使燕，调停骨肉费周旋。义同田叔游梁日，忠比壶关说汉年。慷慨围城身百战，凄凉古驿练孤悬。齐黄当日如知此，早向卢沟息戍烟。

金川门

在都城北面。燕师之入，李景隆开金川门迎降，有门卒痛哭去者，则太仓龚安节先生诩也。

古来家国多奇变，第一无名靖难兵。未见削藩筹北伐，翻劳破斧[1]启东征。孝昭继统应相似，北齐孝昭亦以叔篡侄。新室安刘亦此情。太息金川门下过，青山依旧秣陵城。

因思创业非常事，内患多由立长开。但令懿文承统后，能禁元吉夺门来，园陵景泰多余恨，江汉宸濠亦异才。一代贻谋凉德在，故都风雨不胜哀。蓝玉之死，燕王之谮也。懿文救之，为明祖切责，心悸致疾。既卒之后，明祖察其无他因，决意立太孙，非一意复古也。夫刘宋诸老成早经殂谢，不得不以孱弱之太孙托之新进诸臣。而跋扈之燕王，既予以要地，又假以事权，并以阴谲之道衍为之羽翼，靖难之变，实自明祖忌才好杀，贻谋不善，有以启之。观于叶伯巨之应诏言事，则有识者早已动[2]烛先几。使当日封太孙以名藩，予燕王以大统，何至骨肉遭煨烬之惨，忠义延瓜蔓之祸哉！

神乐观

在明紫禁城东南，为郊庙习乐之所。相传靖难兵至，建文逊国，于此行遁。后之论者，互有是非，宫基具在，果有地道能相通耶？何数百年来无人一窥其窦也。今为真武行宫，在驻防城内。

正是围城四面攻，如何地道远能通。不知飞燕来何事，却说潜龙去此中。沧海千艘天欲尽，滇池万里路皆穷。分明殉国贻家法，久已深宫一炬终。

感齐泰黄子澄事因题一律

泰，溧水人。官尚书。子澄名湜，以字行，分宜人，官太常

---

① 此字应为“釜”。

② 此字应为“洞”。

寺卿。削藩之议，二人实主之。金陵破，二人先已外出，被执，不屈死之。

削藩自古无长策，授钺非才更寡谋。朝政果然敷薄海，强臣何说渡卢沟。贾生经济君应愧，晁令文章我欲愁。儒者与人家国事，可怜轻易借前筹。

木末亭拜方正学墓

方孝孺，字希直，一字希古，宁海人。循吏克勤子。幼警敏，读书日盈寸，乡人目为“小韩子”。从宋濂受业，以明王道致太平为己任。以吴沉、揭枢荐，召见。太祖谓皇太子曰：“此壮士，当老其才。”礼遣还。后除汉中教授，日与诸生讲学。蜀献王聘为世子师，尊以殊礼，名其读书之庐曰“正学”。惠帝即位，召为翰林侍讲，国家大事辄以咨之。更定官制，改文学博士。燕兵起，廷议讨之，诏檄皆出其手，军事多所参决。京师破，被执。召使草诏，悲恸声彻殿陛，投笔于地，且哭且詈。成祖怒，命磔诸市，作绝命词就死。门人廖镛与其弟铭拾遗骸，瘗聚宝门外山上。兄孝闻前死，弟孝友同戮，妻郑及二子中宪、中愈先自经死，二女投秦淮河死，宗族亲戚前后坐孝孺诛者数百人。门下士有以身殉者，余坐谪戍者甚众。神宗初，褒录建文忠臣，建表忠祠于南京，首徐辉祖，次孝孺云。成祖既杀孝孺，以草诏属楼琏。琏不敢辞，归谓妻子曰：“我固甘死，正恐累汝辈耳。”遂自经。或曰草诏乃括苍王景，或曰无锡王达云。

高皇孽子兵威盛，少主贤臣气节端。何意兵戎生骨肉，为扶伦纪剖心肝。西京诏下千行易，南史书逃一字难。世传孝孺草书一“篡”字，《明史》本传不载。刘基子璟谓成祖曰：“殿下百后①后逃不得一‘篡’字。”下狱，自经死。想避忠魂北迁去，长陵蔓草不胜寒。

表忠祠吊铁忠定公铉

铉，邓人。洪武中，由国子生授礼科给事中。尝谳疑狱，立白。太祖喜，字之曰鼎石。为山东参政。李景隆北伐，铉督饷无乏。景隆败，铉与参军高巍趋济南守之，使人诈降诱燕王入，下铁板击之，别设伏断桥。王未入，板骤下，王惊走。伏发，板仓卒不可断，王驰去。愤甚，攻三月不下，解围北归。帝悦，擢铉山东布政使，进兵部尚书，参盛庸军务。败燕师于东昌，斩其将张玉。自是燕兵南下由徐沛，不敢复道山东。燕王即帝位，执铉至，反背坐廷中大骂。令一回顾，终不可得，遂磔于市。或云烹于油鼎。国朝赐谥忠定。

燕师席卷下山东，竟有重关不受攻。羊侃台城能保障，孝宽玉壁是英雄。丹心一顾河山重，碧血千秋鼎俎空。遗恨景隆真孺子，荒祠犹见气如虹。

景　公　祠

在正学祠左，祀明御史大夫景清。清本耿姓，真宁人。初为北平参议，再迁御史大夫。燕师入，诣阙自归。一日早朝，衣绯怀刃，欲刺燕王，不克。先是，日者奏异星赤色犯帝坐，甚急，成祖故疑清。及朝，清独著绯，搜得所藏刃，诘之，不屈，磔死。

① 此字应为“岁”。

籍其乡，转相攀染，谓之“瓜蔓抄”。村里为墟。祠亦万历中建。初，金川门之启，御史连楹叩马欲刺成祖，不尅被杀，事亦相类。

立孙当日知非计，况有强藩匹国储。慷慨捐生方正学，艰难报国铁尚书。谁扶日月回丹极，能动星辰撼太虚。今日景公祠下过，绯衣仿佛飏琼琚。

感卓忠毅公事

卓敬，字惟恭，瑞安人。洪武二十一年进士，历官户部侍郎。建文初，密疏言燕王雄略类高祖，不宜居北平形胜地，请徙封南昌，不听。敬于天官、舆地、历律、兵刑诸家，无不博究。成祖尝曰：“国家养士三十年，惟得一卓敬。”既即位，执系狱，使人以管仲、魏征事讽，不从。姚广孝故与敬有隙，进曰：“敬言诚用，上安有今日？”乃斩之，并夷三族。万历初，用御史屠叔方言，表墓建祠。同时户部侍郎死节者，郭任、卢回。

南昌内徙真良策，何事当年议不同。从此兵端生蓟北，遂令烽燧达江东。心随龙比千秋上，名在齐黄列传中。卢郭清流俱殉国，至今农部忆三忠。一作“容易一言三族尽，谁镌顽铁谢孤忠”。

书《姚广孝传》后

广孝，长洲人。年十四，为僧，名道衍，字斯道，事道士席应真，得其阴阳术数之学。相者袁珙谓其“形似病虎，性必嗜杀，刘秉忠之流”，则大喜。高后崩，太祖选高僧侍诸王，为诵经荐福。燕王请道衍以从。惠帝立，削夺诸王。道衍劝燕王举兵，战守机事，咸取决焉。永乐二年，拜资善大夫、太子少师，复其姓，赐名广孝。谥恭靖。广孝少与王宾友善，及贵，至长洲访宾，宾不见，遥语曰："和尚误矣。"往见其姊，姊拒詈之。洪熙中，加赠少师，配享成祖庙廷。嘉靖中，撤之，移祀大兴隆寺。成祖以叔篡侄，广孝首发其端，陷君于恶，功之首，实罪之魁。千秋万世，公论具在。非特高祖、惠帝之罪人，亦成祖之罪人也。京师某僧寺中，尚有塑像，房山尚有遗冢，惜无有梏贰负之尸、磔蚩尤之髆者。

高祖僧为帝，神孙帝作僧。修罗兵劫恶，一样佛传灯。

削藩密议成，靖难衅端起。何物秃鹙啼，飞来食龙子。

敛威骄病虎，诩运诩真龙。未生方正学，竟族卓司农。

故人不得见，女媭尤可哀。空为和尚误，那得好人来。

立嫡高皇命，髡奴敢乱常。何年铸顽铁，长跽孝陵旁。

三百年来事，浮沤水上飘。兴亡容易过，只有孽难消。

翁夫人血影石

夫人，侍中黄观妻。观字伯澜，一字尚宾，贵池人。官右侍中。燕师南下，观募兵上游。闻城破，自沉罗刹矶下。燕师入城，以翁氏及二女给象奴。夫人携二女及家属十人溺栅洪桥下死，遂葬岸侧。夫人先呕血石上，遂成小影。石今在祠中。

半月无光燕飘瞥，烈女忠臣同殉节。侍中堕江江水清，夫人堕河河水洁。栅洪桥西一坏土，孤鸾雏燕葬同穴。小影何年石上沁，此石贞石血碧血。江水西来呜咽咽，万岁千秋影不灭。

秦淮吊方正学二女自沉殉节处

燕师之入，孝孺妻郑氏及二子中宪、中愈先自经死，二女投秦淮河死。

靖难兵来怨气深，忠臣奇节盛如林。何如正学当年事，十族捐生二女沉。

不应开国误贻谋，辱及妻孥世所尤。十里秦淮金粉地，独余高节重清流。

靖难忠臣祠

在朝天宫东。万历二年立，祀惠帝死节之臣。崇祯五年赐谥。国朝乾隆五年，命廷臣议为专谥、通谥之典，守臣因旧祠廓大之。

高皇造天下，辛苦植彝常。各矢君臣义，同争日月光。燕飞终寂寂，龙战任茫茫。太息长陵土，燕山久夕阳。

徐妙锦墓

妙锦，徐中山王季女。端静有识。长姊，仁孝皇后；次姊，代王妃；妹，安王妃。洪武末，诸王不靖。代王被逮，妙锦感悟，誓不适人，亲王求婚，皆拒绝之。仁孝崩，文皇闻其贤，欲聘为后，命内使女官往谕旨，妙锦称病不出。女官直抵榻前，不得已乃徐起曰："吾无妇容，不足备六宫之选。"内使归，妙锦即削发为尼。文皇闻之，竟虚中宫，不复册立。洪熙改元，乃返初服。宣德初，仁庙张太后自入东宫，时闻其高洁，心加敬慕，乃征入朝。既叙戚里恩，自称徐达第三女，肃拜端凝，不失跬步，太后以下皆尊敬之。随遣内使护归。正统中，卒，祔葬钟山先茔之次。俗传拒命投井者，谬也。

凤诏曾闻却九重，青莲花下暂留踪。高飞久已轻来燕，定力真能制毒龙。翠水瑶姬原绝代，青天玉女自成峰。赐茔西畔埋香冢，应有孤鸾啸古松。

钟山《告天文石刻》

凡二通，一书洪武三十五年，一书永乐四年，皆朝天宫道士刘渊然于钟山朱湖洞天告行，系前明追荐设醮祈福之文，埋石山顶。乾隆四十三年，为樵者掘得，报官饬送朝天宫贮藏，今尚存其词云："奉大明皇帝圣旨，伏为皇考太祖高皇帝、妣孝慈皇后登遐日远，痛怀丧葬之匆亲；崩失年深，益感劬劳之未报。手足且伤于先后，情怀有恸于死生。骨肉相残，几致屏翰之倾替；腹心构讼，幸兹家国之安全"云。云其洪武三十五年，即建文四年壬午之岁，此革除年月之证。夫惠帝以太孙继统，诸王皆尊属，据地拥兵，尾大不掉，此诚明祖贻谋之不善。帝不思增修国政，偏听儒生之谋，一意削藩，致酿巨变，亦诚不能无咎。而燕王摧残骨肉，杀戮忠良，天下后世，公论具在，乃欲以饰非文过之辞，上渎彼苍，是人不可欺，而竟欲欺天矣，异哉！

骨肉摧残事可怜，千秋遗恨说金川。纵令刻石堪埋地，未必盟心可告天。景铁丛祠余宰木，齐黄孤冢卧荒烟。曾闻正学书丹陛，一字能令万古传。

登报恩寺浮图

报恩寺，一名建初寺，一曰长干寺，一曰阿育王寺，在聚宝门外。吴赤乌间，天竺国人康僧会东游至建业，言阿育王役鬼神、起塔事，礼请三，七日得舍利，吴大帝为建阿育王塔，号建初寺，言江南建塔之始也。自后代有兴废，宋改天禧寺，元改慈恩旌忠寺。永乐十年，敕工部重建大报恩寺，造九级琉璃塔。至宣德六年，凡二十九年始成。法轮金碧，照耀人天，诚为钜观。永乐之为此，殆自知杀戮过重，藉佛力以忏除恶业耶。

靖难师来孰闭门，孝陵云树黯消魂。忠臣已尽神孙死，却建浮图说报恩。

儿女英雄各有人，旧都遗事说纷纷。六朝只在斜阳里，半是青山半白云。

浡泥国王墓

在石子冈。浡泥，国名，永乐中来朝，病卒，赐葬于此，谥恭顺。

石头城畔名王墓，赐葬当年礼秩优。万里故都沧海远，六朝残月白门秋。遗坟莫误前三国，归梦应寻大九州。何幸中华得陪葬，孝陵云气接松楸。

静　海　寺

在仪凤门外卢龙山西。永乐以海外平服，因建此寺。按：永乐命内监郑和等统舟师，遍历西蕃诸国，藉访建文踪迹。今刘河天后宫有通蕃事迹石刻，此寺其流亚也。

楼船万里剧苍茫，竟欲乘槎览八荒。龙去定知归海岛，燕飞终是怯斜阳。纵令绝域图王会，从此兵权属内珰。太息深宫枉心计，长陵蔓草不胜长。

五　谷　树

明内监郑和自西洋携归，一在天界寺，一在报恩寺。相传可验年岁丰歉，故有是名。

楼船十万泰西回，此树曾随舶趠来。移植远从鹦鹉地，托根终傍凤凰台。种分萧寺双株老，花为丰年几度开。野史纷纷说三宝，貂珰亦自不凡才。

明武宗钓鱼处

徐中山东园，一名太傅园，在武定桥东城下，西与旧院邻。王弇州《名园记》谓：武宗南幸，于此设钓。今钓鱼巷得名以此。

太傅勋劳重，名园夹岸开。诗人题凤去，东、西二园相近。西园一名凤台园，以凤凰台得名。帝子钓鱼来。祠墓残碑在，河山故国哀。斜阳话金粉，白石黯秋苔。

过明大内感媚兰仙子事

《梦樵诗话》载：南宁伯毛舜臣留守南都，洒扫旧内，见别院墙壁多宫人题咏，有句云："寒气逼人眠不得，钟声催月下西廊。"款曰媚兰仙子。

媚兰仙子题诗处，家国沧桑故苑荒。何处夜钟声不定，更无寒月下斜廊。

想见婵娟绝代姝，流传一字一明珠。阑干影里秋如水，谁写深宫夜怨图。

开国君王说爱才，青邱往事最堪哀。夜深宫禁清冷地，可有金铃吠影来。

孔 雀 庵

相传为马湘兰故居，水月庵是其遗迹。湘兰名守真，能诗善画，西曲中翘楚也。

翠袖人何处，空吟白练裙。含光吊佳侠，感旧忆夫君。画舫春前水，红楼日暮云.佛烟消绮业，花雨落纷纷。

秦淮感郑妥娘事

郑如英，字无美，小名妥。如皋冒伯麟集无美及马湘兰、赵今燕、朱泰玉之作，为《秦淮四美人诗》。钱牧斋采其诗入《闰集》，所云“闲开闰集教孙女，身是前朝郑妥娘”是也。孔东塘《桃花扇》乐府过事丑诋，因为正之。

传唱诗篇总擅名，当年谁似郑如英。流传《闰集》今犹在，何处青溪绕石城。牧斋诗选以青楼诗入《闰集》。

罗袂春寒绝妙辞，桃花红湿雨丝丝。词人月旦真无定，雪岭才登又墨池。如英《闰怨》诗：“曲曲迴廊十二阑，风飘罗袂怯春寒。桃花带雨如含泪，只恐多情不忍看。”

回首莺花旧院春，板桥流水碧粼粼。只应水绘园中客，解说秦淮四美人。

孔雀荒庵易夕曛，消愁何处酒微醺。双趺何与词人事，也唱当年白练裙。“酒是消愁物，能消几个时。”马湘兰句也。《白练裙》乐府，郑应尼为湘兰作。

青溪访顾眉生眉楼遗址

顾媚，字眉生，又名眉。庄妍静雅，风度超群，通文史善画兰，追步马守真而姿容胜之。所居曰眉楼，在青溪桃叶间。归合肥龚芝麓尚书。乞画者动盈箧笥，款署横波夫人者，是也。尚书入国朝，元配童夫人以曾受封明代，不肯膺两朝封典，眉乃改姓徐氏，受夫人封。尚书有《白门柳》传奇行于世。事详《板桥杂记》及《定山堂诗集》。

舣棹青溪水阁头，居人犹说旧眉楼。春山何处窥明镜，新月依然上玉钩。身世沧桑悲永逝，闺房福慧悔双修。含光同被虚声误，皖水虞山一样愁。谓河东君。

汪文毅公祠

汪伟，字叔度，江宁人。崇祯戊辰进士，授慈溪令，多异政。擢简讨分较礼闱，同殉难之孟章明所得士也。荆襄失守，上《江防疏》，上嘉之。城破，书壁云：“身不可辱，志不可降。夫妻同死，节义成双。”并作家书寄长子，与继室耿氏同死节。墓在射乌山石佛庵。王潢有《华山会葬汪文烈公暨耿夫人》诗云：“仗节人臣事，同心妇烈彰。幽宫蹲虎豹，高冢卧鸳鸯。皎日沉青镜，悲风起白杨。夜深环佩响，携手共翱翔。松槚郁苍苍，泉台影梵堂。雪翻层石浪，华满众山香。执绋荒阡外，悬碑古道旁。

墓门三尺土，千载握椒桨。”国朝乾隆中，赐谥文毅，建祠江南。赐田七十亩，春秋祀之。祠在古城隍庙北。

话到前朝事，艰难怆甲申。孤忠偕继室，报国重词臣。碑碣风云护，祠堂草木春。孝陵双阙在，一为吊斯人。

百川桥吊明殉难乞儿

南都之变，有乞儿题百川桥柱曰：“三百年来养士朝，如何文武尽皆逃。纲常留在卑田院，乞丐羞存命一条。”投桥下死，其贤而隐于丐者欤！垂绅委佩诸人过此，应增愧矣！百川桥，明宫城御河入城濠之所经也，为诗吊之。

击筑悲歌客，吹箫乞食人。江山自戎马，天地正风尘。身世原庚癸，乾坤又甲申。伦常无贵贱，一死谢君亲。

史墩是史阁部别业今为酒肆

史可法，字宪之，号道邻，大兴籍，祥符人。母梦文天祥而生。崇祯初进士，由推官入户部至郎中。出任守道、巡道，监军江北，屡击败流贼马守应、罗汝才、李自成等于桐城、潜山、滁州、庐州，迁安庆巡抚，提督军务。连败贼英山、六合。丁忧，服阕，起户部侍郎、总督漕运兼佥都御史，巡抚凤阳、淮安、扬州。浚南河，釐漕政，擢南京兵部尚书，参赞机务，奏行更新久弛武备八事。闻李自成陷北京，誓师勤王。渡江抵浦口，遇凤阳总督马士英等发兵迎福王由崧于淮安，众推可法辅政南京。士英旋入阁，改可法武英殿大学士、兵部尚书，督师淮、扬。追叙江北战功，加秩至太傅兼太子太师。李自成为大清兵击败西窜，可法疏请分责江北镇帅，经理山东、河南，自简精锐直指秦关，扼流贼归路。士英靳饷不发。诸镇逡巡自相攻夺，可法受王令驱除讲解，行不张。盖食不重味，夏不箑，冬不裘，寝不解衣。素善饮酒，在军中绝饮。岁除遣文牒，至夜半，倦索酒，无殽可佐，取盐豉下之。尝言："今非昔比，舍筹兵筹饷，无议论；舍治兵治饷，无人才。"每缮疏声泪俱下。

大清兵下江南，入援，抵燕子矶。令救盱眙，趋天长。闻泗州援军覆没，急返扬州，檄征各镇兵，无一至者。大清兵围扬州，率在城文武登陴御战。以旧城西门险要，自守之。大清兵用大炮击城西北隅，遂克城。可法作书寄母、妻，自刎，不殊。一参将拥出小东门，可法大呼曰："我史督师也！"被执，就刃死。本朝顺治二年四月事也。从死者：两淮盐运使杨振熙，扬州府任民育，同知曲从直、王缵爵，江都知县周志畏、罗伏龙，监饷知县吴道正，江都县丞王志端，赏功副将汪思诚，幕客卢渭。公无子，以副将德威为子。公死，遗骸不可辨识。踰年，家人举袍笏招魂，葬于扬州郭外之梅花岭。乾隆四十一年，高宗纯皇帝赐谥忠正。制曰："取义成仁，式著艰贞之烈；易名表行，爰昭奖恤之公。眷致命之可风，曩迹未湮于异代；期扶纲之攸赖，休称允协于千秋尔。故明督师、太傅、武英殿大学士、兵部尚书史可法，砥行能坚，秉诚克裕。遭时坎坷，恒仗节以无挠；殉义从容，竟捐生而不悔。朕览披信史，轸念忠徽。予褒显于崇祠，用隆秩祀；示表章于往籍，载锡嘉名。象厥生平，谥为忠正。于戏！溯流芳于顽廉懦立，节或重于泰山；彰定论于世远风微，荣更逾于华衮。幽光特阐，鉴当年皦日之心；正气咸伸，励万古疾风之节。钦兹茂典,慰尔英灵。”又,御制《赐题彭元瑞所进画像》、家书及复睿亲王书,勒石扬州祠壁。墩,今不知其处。公遗书云:“原得以骸骨归葬钟山之侧。”宜访求遗址,为公建祠,亦贤士大夫之责也。

秣陵花月总销魂,剩有当年别墅存。留与南朝说遗事,谢公墩后史公墩。

北来万马饮淮流,四镇兵骄一哭休。义士三千同日死,一城碧血在扬州。

女墙二月石城潮,白下啼乌梦不消。旧内落花孝陵树,酒人堕泪说前朝。

书厉太鸿《开平王孙种菜》诗后

常延龄,字乔若,开平王十四世孙。伉爽有大志。既袭侯封,遇事敢言,前后条陈利弊疏凡十二上,皆切时弊,上深眷之。时科臣姜埰、行人熊应霖以劾首辅下狱,延龄疏请释二臣,而以文彦博救唐介为辅臣劝,朝论韪之。马、阮握政,延龄复露章纠劾,忤权臣意,即挂冠去,为僧,号苍谷,居村庵中,灌园自给。死无以殓,友人白大生等醵金葬之。室徐氏,魏国公女。躬操井臼,辟纑而食,荆布不充,毫无怨尤,人以为难。有《湖孰种菜图》,太鸿见而题之也。

家国沧桑里,江山战伐中。空山无寸土,种菜亦英雄。

铁券誓山河,功臣孰最多。全家能报国,只有沐天波。天波,西平后人,从桂王死缅甸之难。

华表钟山麓,青松噪暮鸦。莫愁湖上水,今尚属徐家。莫愁湖，今尚为徐氏世业。

明故宫遗址今为将军驻节处

云里分明旧凤城，雨中春树久无声。当年帝子宫槐陌，今日将军细柳营。尽有铜驼悲晋代，久看玉马会周京。六朝往事都如此，江水东流无限情。

听友人话南都遗事作

可有长门作赋才，同时家国总堪哀。君王心事无人识，不问微时故剑来。

祁阮同时并绝伦，沧桑身世最销魂。不迎汉后归金屋，翻遣明妃出玉门。

一样南朝玉树花，景阳宫井又啼鸦。兴亡草草都相似，可惜无人似丽华。

花月南朝只一年，洛阳青盖最堪怜。美人自拥桃花扇，狎客空题燕子笺。

咏南都遗事 钱塘女史汪端小韫

离宫处处丽朝霞，玉貌昭仪豹尾车。几见椒塗容故剑，又看凤诏选良家。龟年白发谈天宝，夷甫元言误永嘉。若比黄奴应有恨，无人解唱后庭花。

分明战舰下南唐，酒劝长星尚未央。铁瓮高昂终跋扈，石头陶侃孰勤王。张巡力尽孤城堕，韦粲营荒碧血凉。惆怅延秋城外走，青骡还过孝陵傍。

大忠桥吊明督师大学士黄忠端公

公讳道周，漳浦人。学行见重于天下。崇祯中，劾杨嗣昌、陈新甲、方一藻，召对平台，反覆抗论，坐谪戍。

南都亡，见唐王，请募兵江西，得义旅九千人。出徽州，遇大兵战败，被执至金陵，不屈死之。大中桥，在青溪，公殉节处，今亦称大忠桥。乾隆中，《钦定胜朝殉节诸臣录》曰："黄道周，硕学清操，孤忠亮节，克全儒行，无愧贞臣，今谥忠端。

慷慨论思日，从容殉国晨。当年重儒行，后世惜贞臣。高节知心苦，遗文见道醇。忠魂渺何处，风雨共悲辛。

杜茶村墓

茶村名浚，初名诏先，字于皇，号西止，晚号茶村老人，黄冈人。明副贡生、前进士祝进子。祝进，字退思。濬与弟岕专力学古，称"二杜"。入南雍，与余怀、白鼐齐名。两司成品题甲乙，无出三人右者。授司李，不仕。年二十余，随祝进隐居金陵。继辽海柴桑之躅，筑饥凤轩、变雅堂于鸡鸣岩。峻廉隅立名节，简傲豪上，不可一世。意所不可与论文，不合辄攘臂与争，即贵人不少假，以故多与俗忤。尤侗所云"杜陵布衣踞词坛，白首骂座伧与蛮"，著其实也。时楚风尚钟、谭，浚师杜甫，喧啾百鸟，孤凤独鸣。尝咏东坡诗二十字，又赋《灯船鼓吹歌》，为时所叹服。吴伟业尝语人："吾于五言近体，自得杜于皇而一变。"曹秋岳谓："论诗于今日，布衣之士，吾必以杜于皇为巨擘。"瓜洲蒋易以高隐重，与浚尤契。浚客死邗上，易与太守陈鹏年、友蔡望葬之于太平门外。著《饥凤轩诗集》、《变雅堂文集》。茶村生平喜嫚骂，身后有富人购其稿焚之，故所传甚少。

国初诸老辈，人说杜茶村。遗稿成灰烬，孤坟少子孙。江山词客重，姓氏布衣尊。太息城东路，寒鸦绕墓门。

乳山访林古度故居

古度字茂之，号那子，闽之福清人。孝廉章子。章字初文，负大志，尝献书阙下，不报，归而卜居金陵华林园侧，具亭榭池馆之美。古度与兄君迁皆好为诗，与曹学佺友善，少赋《挝鼓行》，为东海屠隆所知，遂有名。诗多清绮婉缛之致，有鲍、谢遗轨，与学佺相类。万历己酉、壬子间，楚人钟惺、谭元春先后游金陵，古度与溯大江，过云梦，憩竟陵者累月，其诗乃一变为楚风。甲申后，徙真珠桥南，陋巷掘门，蓬蒿蒙翳，弹琴赋诗弗辍也。王士正司理扬州，每集名士泛舟红桥，古度年八十五，士正亲为撰杖。晚益贫窭，冬夜眠败絮中，自以"孤鹤入芦花"为喻。夏乏蚊帱，施闰章寄赠一具，而题诗其上，恐其入质库也。儿时佩一万历钱，至老不去身。王士禄有"儿日一钱存"句指此。白云先生陈昂织履于市，古度物色之，世以为知人。古度尝语士正曰："屈指平生师友，皆化为异物。每开卷见其姓氏，辄作数日恶，千秋之事，今以付子。"卒，年九十。后士正命门人殷誉庆、程哲梓之，且曰："此五十年挂剑之约也。"殁三年，周亮工葬之钟山之麓。或云后居乳山，有"江东父老"小印。

书台留处士，吟社集遗民。史事三朝熟，游踪五岳频。松云晨避客，萝月夜窥人。何处幽居在，茆茨古涧滨。

图书在版编目（CIP）数据

秣陵集／（清）陈文述著．—南京：南京出版社，2009.3

（南京稀见文献丛刊）

ISBN 978-7-80718-473-7

Ⅰ．秣… Ⅱ．陈… Ⅲ．南京市—地方史—明代 Ⅳ．K295.31

中国版本图书馆 CIP 数据核字（2009）第 021386 号

丛 书 名：南京稀见文献丛刊
丛书主编：李海荣
书　　名：秣陵集
作　　者：（清）陈文述
出　　版：南京出版社
社址：南京市成贤街 43 号 3 号楼　　邮编：210018
网址：http://www.njcbs.com　　http://www.njcbs.net
联系电话：025-83283871（营销）　025-83283883（编务）
电子信箱：webmaster@njcbs.com
责任编辑：陆永辉
封面设计：杨　茼
内芯设计：毛晓剑
制　　版：南京新华丰制版有限公司
印　　刷：南京凯德印刷有限公司
经　　销：全国新华书店
开　　本：890 × 1240 毫米　1/32
印　　张：9.75
字　　数：200 千字
版　　次：2009 年 4 月第 1 版
印　　次：2009 年 4 月第 1 次印刷
标准书号：ISBN 978-7-80718-473-7
定　　价：39.00 元